思想間の対話

東アジアにおける哲学の受容と展開

藤田正勝 編

思想間の対話——東アジアにおける哲学の受容と展開　目次

編者まえがき……1

編者まえがき

本書の主題は、一つは「思想間の対話」であり、もう一つは「東アジアにおける哲学の受容と展開」である。この主題は、本書の執筆者たちとともに行ってきた共同研究のなかで浮かび上がってきたものであった。

本書の日本側の執筆者は、日本学術振興会の科学研究費補助金の援助を得て、この九年間にわたって共同研究を行い、明治以降、西洋哲学を受容しながら形成されてきた日本近代哲学の特質と意義、そしてその現代および将来における可能性を検討することをめざしてきたメンバーである。最後の三年間は「日本近代哲学の特質と意義、およびその発信の可能性」というテーマを掲げ、東アジアの哲学研究者との共同討議を通して、それぞれの哲学の特質と意義を明らかにすることを試みた。

近年では欧米だけでなく、東アジアの諸国においても日本の哲学に対する関心が増大し、翻訳や研究書、研究論文がいちじるしく増加している。しかし、それぞれの成果を突きあわせて検討し、議論することは、これまでほとんどなされてこなかった。それぞれの国に閉じた形で研究がなされてきたのである。

このような状況を打ち破りたいと考え、いま述べた科学研究費補助金による研究の一環として、台湾、韓国、中国で国際シンポジウムを開催してきた。台湾の中央研究院においては「間文化的視野のもとでの東アジア哲学」というテーマで、韓国・江原大学においては「東アジアにおける西洋哲学受容の問題――日韓人文学の対話の深化を求めて」というテーマで、また北京外国語大学においては「東アジアにおける哲学の形成と思想間の対話」というテーマでそれぞれシンポジウムを開催した。

これらの共同研究を通して浮かび上がってきた点の一つは、日本における哲学の形成も日本の独自の思想的な伝統や政治的な状況の中で行われたが、中国や韓国における哲学の形成も、それぞれの伝統に依拠した独自の西洋哲学受容を通してなされたという点である。そのプロセスと、それを通して生み出されたものを比較することを通して、日本の哲学の特徴とその意義とをよりいっそう明確にすることが本書でめざした点の一つである。

またもう一点、明らかになったのは、それぞれの国において哲学が形成されていく過程で、相互に与えあった影響が大きかったという点である。とくに、他の国々に先立って西洋の哲学を受容した日本の哲学が、他の国々における哲学の形成に与えた影響はきわめて大きかった。このプロセスを明らかにしえた点もこの共同研究の大きな成果の一つであると考えている。そのような相互影響にとくに注目した「東アジア近代哲学史」の可能性を問うことも、本書の、そして今後の課題であると考えている。

このような直接的な影響関係を離れても、「対話」は、哲学においてきわめて重要な意味をもっている。というのも、それぞれの哲学や思想の特徴、制限は、他の思想を鏡として、そこに映し出すことによってはじめて明らかになるからである。その違いを踏まえて、なぜそのような違いが生まれたのか、その違いをどのように克服、あるいは創造的に発展させることができるのか、といった「対話」がそこから生まれてくる。その「対話」が、これまでの閉じた形での研究では生み出せなかった、哲学の新しい創造的な発展につながっていくのではないかと考えている。本書はこのような「対話」の成果であると言うことができるし、あらためて哲学において「対話」がどのような意味をもつのかを考えるということも、本書がめざしたものの一つである。

本書の海外の執筆者は、先に述べた国際シンポジウム、および日本で開催した国際会議や京都大学で年二回開催している日本哲学史フォーラムに参加していただいたメンバーである。その際に発表していただいたものをもとに、あらためて原稿を執筆していただいた。心から感謝申し上げたい。この間の共同討議の成果は、それぞれの国で一部はすでに出版され、残りも今後出版される予定である。

本書が、今後、日本の哲学が現代においてどのような可能性をもつのか、あるいは世界の哲学的な議論の場においてどのような貢献をなしうるのかをめぐって行われるであろう議論の基盤になることを願っている。また、この分野で国際交流をいっそう促進し、相互理解の基盤を構築するための足がかりになることを願っている。

藤田正勝

第1部　思想の対話

第1章　思想間の「対話」とは何か

藤田正勝

一　私と汝

思想と思想のあいだの「対話」を問題にするのに先だって、「対話」の本来の意味である私と汝とのあいだの「対話」についてまず論じたいと思う（私と君、あるいは我と汝という言い方の方が一般的であるが、西田幾多郎に倣って「私と汝」と表現する）。

われわれは通常、「私」という独立した存在があって、その「私」が出会う他者とのあいだに「対話」が成立すると考えている。しかし、「私」それ自身というものは存在しないと言ってよいであろう。われわれが「私」という表現を用いるとき、そこにはすでに反省が折りたたまれている。つまり、「私」は、「他」でないものとしての「私」という反省が先行してはじめて語られうる。「他」も同様である。「私」でないものとしての「他」という反省が先行してはじめて「他」が語られる。「私」ははじめから関係のなかに立っているのである。

しかし、関係のなかに立つということは、自と他、あるいは私と汝とが直接に結びつくということではない。他はどこまでも他であり、外部である。外部という規定を抜きにして他について語ることはできない。もちろん外部であるからこそ関係が生まれるということも言いうる。しかし、その関係は関係をもたないことを基礎としている。

西田幾多郎に自己と他者の問題に鋭く切り込んだ論文「私と汝」(一九三二年)があるが、そこで西田はいま述べた点と関わって次のように記している。「私に対して汝と考へられるものは絶対の他と考へられるものでなければならない。物は尚我に於てあると考へることもできるが、汝は絶対に私から独立するもの、私の外にあるものでなければならない」(五・三二三—四)[1]。物に対しては、たとえそれが意のままにならないものであっても、私の側から意味を与え、私のパースペクティヴのなかでその位置を定めることができる。その意味で物は西田が言うように「我に於てある」と言うことができる。しかし汝はそのような私の視点からの意味付与を拒む。拒むだけでなく、それを端的に否定する。否定して自らの視点から、自らの価値尺度に基づいて意味付与を行う。私はその意味づけの一つの対象でしかない。私は他者の意味づけにあらがうことができない。西田の表現で言えば、絶対の他としての汝は「私を殺すといふ意味」(五・三一三)さえ持つ。そのように他は私にとって端的に外部である。

「自」は外部者としての「他」とただちに一つになることはできない。他の意識を自己の意識とすることはできない。その意味で他はどこまでも「絶対の他」である。しかし西田が言うように、他は同時に「自己自身を表現するもの」(五・三〇八)でもある。絶対の他は自己を表現し、私に「呼びかける」——そのとき絶対の「他」は単なる「他」ではなく、絶対の「汝」として立ち現れることになる——。汝に応答し、対話するように求め、語りかける。私はそれに応答し、そのように断絶を超えて応答を求める汝を一箇の人格として認める。そしてこの他を一箇の人格として承認するという行為が、私の側からだけではなく、相互に成立する。つまり「人格的行為の反響」（五・三〇六）がそこに生じる。その応答のなかで私は、私が他者によって人格として承認される存在であること、真に一箇の人格であることを知る。汝を介して自己が何であるのかを知る。そしてこの自覚もまた相互的である。この相互媒介的な自覚を西田は次のように言い表している。「私は汝を認めることによつて私であり、汝は私を認めることによつて汝である」（五・二九七）。

二　対話の場

このように西田は自己と他者との本来的な関わりを、一方で他者に呼びかけるとともに、他方その呼びかけに応えるという相互的な行為のなかに見いだす。そのような異他的なるものとのあいだに成立する相互的な関わりこそ、まさに「対話」という言葉が意味するものではないだろうか。

「対話とは何か」ということを以下で少し詳しく検討してみたいが、その際注意しなければならないのは、ただ単に相手を前にして語ること、あるいは言葉を交わすことだけが対話ではないという点である。対話は対話という場が成り立っているときにはじめて成立する。この相互に語りあう場の成立をも含めて、対話というものを考えることができるのではないだろうか。そのような場なしに語られる言葉は、命令や指示ではありえても、決して本来の意味での対話ではないであろう。「対話の場」で語られる言葉のみが「対話」という性格をもつ。

そして対話の場は、私と汝とが相見える前に予め存在しているのではない。隔たりを超えて二つの項が架橋されたときに、そのつど対話の場が成立する。あるいは対話するものが固有の領域を固有の領域としている枠を取り払い、共通の領域へと歩み出るときに成立する。

ただし、その共通の領域は、対話するもののあいだに存在する空間のことではない。対話するもののあいだに生まれる関わりのことである。恒常的に存在する空間ではなく、そのつどそのつど生じるつながりのことである。

そのつながりはまた、二人の人間が相見えるとき、自ずから生まれるのではない。そのようなつながりが生まれ、関わりが生じるためには、人は自己を相手に対して開かなければならない。そのためにそこにまず「聴く」ということがなければならない。相手に耳を傾けなければならない。しかもただ単に相手の声を聞くだけでなく、相手を受けとめなければならない。それがとりもなおさず、自己を開くということであろう。そしてそれが相互になされるとき、「対話の場」が生まれる。自己を開き、相手を受けとめることは、必然的に、自己に現前してくる、あるいは呼びかけてくる他者に「応える」ことに結びついていく。それが本来の意味での「対話」と言えるであろう。それは一方が他方を包むことではない。それは包摂の関係ではなく、互いに一箇の人格として、共通の場へと歩み出て相手の声を聴きそれに応えること、つまり、互いに相手を受けとめあうことである。

三　思想間の「対話」

この個人と個人との対話に関わることは、同時に、思想と思想とのあいだにもあてはまる。自己自身の思想から見たとき、他の思想は一つの他者である。そのことを私が強く意識したのは、私がドイツのボーフム大学に留学した折、そのもとで学んだオットー・ペゲラー（Otto Pöggeler, 1928–）教授の講演を通してであった。

ペゲラー教授は、ヘーゲルやハイデガーの研究で知られる人であるが、ドイツあるいはフランスなど、ヨーロッパの哲学だけでなく、西田幾多郎や西谷啓治の思索にも大きな関心を寄せていた。二度来日したことがあるが、一九九四年に来日した折りに、「西洋からの西田・西谷への道」という題で、西田の故郷である石川県の宇ノ気町（現在のかほく市）で講演した。(2) この講演のなかでペゲラーは、西田や西谷の哲学を、西洋の哲学が「対話を行うべきパートナー」として位置づけ、その対話の重要性を強調した。

しかしそれと同時にペゲラーは、日本の哲学者の――具体的に考えられていたのは、西田と西谷である――思索が、ヨーロッパの哲学者のそれとやや性格を異にしていることを語っている。すなわち、ヨーロッパの哲学者の眼から見たとき、日本の哲学者の思索が宗教的な伝統と強く結びついている点に大きな驚きを覚えたと語っている。しかも「哲学」であれ、「宗教」であれ、日本でその言葉のもとに理解されているものと、ヨーロッパでそれに対応する言葉のもとに理解されているもの――ドイツ語で言えば Philosophie であり、Religion であるが――とのあいだにズレがあるということを語っている。もちろん両者は内容的に重なるが、しかし完全に同じではないように思われる、と語っている。

たとえば西谷の思索は、単なる反省に陥りやすい哲学や、あるいは、単なる行動の規則に堕しやすい倫理ではなく、むしろ宗教を目指している。しかしそこで問題になっているのは、決して伝統的な宗教の形態――日本で言えば、禅や浄土真宗など――への復帰、あるいはそれの再興ではない。あえて表現すれば、「生の根源へと自己の存在全体において遡行すること」であると言えるのではないか、とペゲラーは述べている。「自己の存在全体において」というのは、単に知のレヴェルにおいてではなく、ということであろう。つまり、身体をも含めた自己の存在全体において、という意味であると考えられる。そういう仕方で「生の根源」――つまりわれわれの生がそこから現れ出てきているおおもと――へと帰り行くことを、西谷は目ざしていたのではないかとペゲラーは言うのである。

そのような意味での宗教は、西洋的な意味での「宗教」とは大きく異なっているし、また西洋的な意味での「哲学」でもない。そういう意味で、最初、西田や西谷の思想とヨーロッパの伝統のなかでの哲学や宗教とのあいだに、あるそぐわなさを感じたのであろうと思う。たしかに西田や西谷の思索には、西洋の伝統のなかで考えられてきた「哲学」の枠のなかに収まらないものがある。それは、彼らが西洋哲学を単に受容するだけでなく、それと批判的と対決しようとしたということに大きく関わっている。そしてそのように西洋の哲学と批判的に対決する際に、日本の、あるいは東洋の思想的伝統が踏まえられていたことが、そのことに与っているのではないかと私は考えている。

四 「知」の根底へ

もともと東洋の伝統的な思想のなかには、「知」というものを前提し、その枠組みのなかで事柄を把握するのではなく、むしろ「知」というものを一つの制限として捉え、その根底に——つまり「知」以前のところに——帰りゆこうとする傾向が強くあったと言えるのではないだろうか。

「知」の根底にあるのは、ものを区別し、区別されたものそれぞれに名を付けるという働きである。いったん名づけられると、それが一人歩きする。区別されたものが初めからあったように思い込まれ、区別が固定化される。そのような固定化の働きをエポケーし、もののもともとのありように立ち戻ろうとする試みが、東洋の伝統思想のなかではくり返しなされてきたと言ってよいであろう。

たとえば、『荘子』の「斉物論篇」に次のような言葉がある。「それ道は未だはじめより封《ほう》あらず。言はいまだ始めより常あらず。これがために畛《しん》あるなり」。「道」は存在の根源的なありようを意味するが、それには「封」、つまり区別がないこと、いまだ事物と事物とのあいだに限界を示す線が引かれていないことが言われている。この限界線を引くのが言葉である。言葉がはじめて区別と対立を作りだす。言葉はこの作りだされた区別のあいだを揺れ動いて、安定しない（「常あらず」）。そのために「畛」が生じる。「畛」とは田のあぜ、境界線のことである。われわれは通常、このあぜ、つまり言語が持ち込む境界線によって区分された事物のありようを事物そのもののありようと思い込み、それに縛られているが、事物のもともとのありようは、そういう「封」とか「畛」とかいったものとはいっさい関わりないのだ、ということがここで言われいる。

あるいは大乗仏教のエッセンスを語った綱要書として名高い『大乗起信論』のなかにも次のような表現がある。「一切の諸法は唯妄念に依りてのみ差別あるも、若し心念を離るるときは、即ち一切の境界の相無し。是の故に一切法は本より已来《このかた》、言説の相を離れ、名字の相を離れ、心縁の相を離れ、畢竟平等なり[3]」。われわれの意識の対象となるすべてのものは、われわれの妄念によって――別の言い方をすれば、われわれがものを見るときに持ちこむ知の枠組みに限定されて――差別の世界として立ち現れてくる。そのような心の働きを離れれば、この差別の世界はなくなる。すべてのものは本来、言葉で表現されるものを超えたものであり、名前や文字で表されるものを超えている。意識の対象としてのあり方を超えたものであり、差別を絶した絶対に平等なものである。このように言説や文字によってはじめて差別のない世界に差別が持ちこまれることが言われている。

このとき、物と物とのあいだにだけではなく、物を見る我と、見られる物とのあいだにも区別がもちこまれる。つまり主観と客観とが区別される。この区別がわれわれの知の前提として立てられる。西田幾多郎が『善の研究』（一九一一年）のなかで何より問題にしようとしたのは、哲学が伝統的にこの主客の対立を前提とし、そこから出発している点であったと言ってよいであろう。

西田は若い時代にきわめて熱心に参禅した。しかし『善の研究』においては禅への言及をほとんど行っていない。おそらく西田は執筆に際して、この書は宗教的な体験について記したもの、あるいはそれに基づいて書かれたものではなく、どこまでも哲学の書であるという意識を強くもっていたと考えられる。しかしごくわずかに禅の世界がこの書のなかに姿を見せている。第三編第十一章「善行為の動機」において、「主客相没し物我相忘れ天地唯一実在の活動あるのみなるに至つて、はじめて善行の極致に達するのである」と言われたあと、「天地同根、万物一体」という表現がなされている。この表現は、禅の公案集として知られる『碧巌録』の第四十則「南泉一株花」を踏まえたものと考えられる。唐の時代の禅僧南泉普願とその弟子であった陸亘大夫《りくこうたいふ》とのあいだに交わされた対話がこの公案の主題である。そこで肇《じょう》法師（晋の時代の高僧、老荘の思想に詳しかったと言われている）の「涅槃無名論」に見える「天地我と同根、万物我と一体」という言葉が引用されている。[4] この「天地我と同根、万物我と一体」という言葉も、見る我と見られる物との区別に囚われた通常のものの見方からの脱却の必要性を語ったものと解することができるであろう。

もちろん西田や西谷の思索は、そのような伝統思想そのものを哲学的に——言い換えれば西洋哲学の用語で——言い換えたものではない。しかしその根底には、知を一つの制限として捉える東洋の思想がそのなかに息づいていると言ってよいであろう。そういうところから、西洋の哲学が追究してきた「知」の限界を明らかにし、それがそもそも成り立つ基盤、あるいはその枠組みを問題にしようとする、ラディカルな性格がそこにはあったと考えられる。

もちろんそれは逆に、西洋の哲学、あるいは西洋の学問に、ものごとを厳密に観察し、区別し、その区別に基づいて精緻な知の体系を組み立てていくという特徴（個性）があるということでもある。東洋の学問は、そのような点で必ずしも十分な発展を遂げなかったと言うこともできるであろう。

ペゲラーが指摘したヨーロッパの哲学者たちの「哲学」の理解と、西谷のそれとの違いは、このようなものを見る眼、あるいは「知」に対する態度の違いから生まれてきているのではないだろうか。しかし大切なのは、そのようなズレの存在が、哲学にとって決して思索の阻害要因にはならないという点である。それは、異なった哲学のあいだの「対話」を阻むのではなく、むしろそれがあるからこそ、まさに内実のある「対話」が可能になると私は考えている。ペゲラーもまた、西洋と東洋の哲学者の思惟のズレに関して同じように考えていたからこそ、西田や西谷の哲学を西洋の哲学が「対話を行うべきパートナー」として位置づけたのだと考えられる。

五　西田とデカルトの対話

そのように「対話」が必要であるのは、われわれのものの見方には、しばしば先入見というものがまとわりついているからである。当然のこととして見過ごされている前提、隠された前提があると言ってもよいであろう。そのことを西田幾多郎の『善の研究』を例に考えて見たい。

『善の研究』における西田の思索の歩みはデカルトとともに始められている。この本のなかで最初に書かれた第二編「実在」の第一章「考究の出立点」において西田は、「今若し真の実在を理解し、天地人生の真面目を知らうと思うたならば、疑ひうるだけ疑つて、凡ての人工的仮定を去り、疑ふにももはや疑ひ様のない、直接の知識を本として出立せねばならぬ」（一・四〇）と記している。この「疑ひうるだけ疑つて」という徹底的な懐疑が西田の思索の出発点であったと言ってよいであろう。

そのように西田が語るとき、デカルトのいわゆる方法的懐疑が意識されていたことは言うまでもない。このように西田の思索の歩みはデカルトとともに始められた。しかしその懐疑の結果、西田が見いだしたものは、必ずしもデカルトと同じものではなかった。デカルトがその懐疑から導きだした結論は、周知のように、「私がいっさいのものを虚偽であると考えようとしているときにも、そのように考えている私は必然的に何ものかでなければならない」[5]（6/32）というものであった。それに対して西田は『善の研究』の第二編第二章「意識現象が唯一の実在である」で、「意識は必ず誰かの意識でなければならぬといふのは、単に意識には必ず統一がなければならぬとの意にすぎない。若しこれ以上に所有者がなければならぬとの考ならば、そは明に独断である」（一・四六）というように述べている。意識に先立って意識の所有者の存在を前提することを、西田は「独断」として退けたのである。

両者の違いをより明瞭にするために、デカルトの『省察』（一六四一年）を——具体的には、そこに記されているデカルトとトマス・ホッブズとのあいだの議論を——取り上げることにしたい。デカルトの第二省察は、「人間精神の本性について」と題されているが、そこでデカルトはあらためて“cogito, ergo sum”の問題について論じている。『省察』には、デカルトの主張に対する批判とさらにそれに対するデカルトの答弁とが付録として収められているが、この第二省察に対する意見を求められたホッブズは、「私は存在する」という命題の知が、「私は考える」という命題に依存していることを認めた上で、この「私は考える」という命題に関する知をわれわれはいったいどこから得るのかという問いを立てて、次のように述べている。「われわれは何であれ働きというものを、その主体（基体）なしに思い浮かべることはできない。たとえば踊ることを踊るものなしに、知ることを知るものなしに、考えることを考えるものなしに思い浮かべることができないように」（7/173）。デカルトはその答弁のなかで、ホッブズがこの命題から、「考えるものは、何かある物体的なものである」という帰結を導きだしたことに対し、そのような推論にはいかなる根拠もないというように反論しているが、しかし、「われわれはいかなる働きもその主体（基体）なしに思い浮かべることはできない」という主張については、その正当性を無条件に承認している。あらゆる働きが「主体（基体）」

に帰属するという主張をデカルトはホッブズと問題なく共有することができたのである。しかし西田はまさにその点でホッブズに、そしてデカルトに同意できなかったと言ってよいであろう。デカルトとともに思索の歩みを始めた西田であったが、その点では逆の結論を導きだしたのである。

六　対話と哲学

この違いは、「経験」というものをどのように考えるかという問題につながっていると考えられる。デカルトに従えば、経験はその主体（基体）なしに考えることはできない。「知覚するもの」があるが故に、知覚という経験が成り立ち、「考えるもの」があるが故に、思惟という経験が成り立つ。それに対して西田の「純粋経験」論は、そのような経験理解を批判するところに成立した。西田によれば、われわれが経験をそのままに受け取るとき、つまり「全く自己の細工を棄てゝ、事実に従うて知る」とき、そこに経験に先立つ「主体（基体）」の存在を認めることはできない。それは、「未だ之が外物の作用であるとか、我が之を感じて居るとかいふやうな考のない」（一・九）状態である。別の言い方をすれば、「未だ主もなく客もない、知識と其対象とが全く合一」した経験こそが、「経験の最醇なる者」である。それに対して主と客との区別は、そのような純粋な経験から派生的に考えられるにすぎない。

中川久定が指摘するように、このデカルトと西田の理解の違いは、それぞれの言語、ないし言語の構造の違いに深く関わっているのではないだろうか[6]。ラテン語、そして現代のヨーロッパの諸言語では、動詞が担うあらゆる行為が、主体（主語）の存在を前提にした形を取っている。いま問題にしたデカルトの "cogito, ergo sum" という命題に即して言えば、cogito という動詞についても、sum という動詞についても、主語は形の上では言い表されていないが、しかし、cogito なり sum という一人称単数形の語尾変化のなかに実質的には ego が現前している。したがって、動詞が屈折する言語によって思索する人にとっては、主体（主語）が行為に先立って存在するということは当然のことであり、「いかなる働きもその主体（基体）なしには考えられない」というのは、フランス語を話す人であれ、英語を話す人であれ、すぐに一致することのできる命題であった。

しかしそれとはまったく違った構造をもつ言語を話す人にとっては、それは決して絶対的な前提とは言えない。日本語では、「暑い」とか、「痛い」、あるいは「できた」、「やった」等々、人称変化しない述語で、しかもそれだけで文章が成立する。この日本語の構造からは、先に見たデカルトとホッブズの共通の理解、つまり「われわれはいかなる働きもその主体（基体）なしに思い浮かべることはできない」という主張は必然的には生まれてこない。

この日本語における表現の構造は、偶然に生じたものではないであろう。相応の根拠があってそのような表現形式が採られたと考えられる。「暑い」という場合で言えば、「暑い」という経験が、主体（基体）を前提にした形ではなされないために、そのような表現形式が採られたのではないだろうか。言語の構造の違いは、おそらく「経験」のあり方の違いと無縁ではない。具体的な例を挙げれば、たとえばわれわれは、「鐘の音がする」、あるいは「鐘の音が聞こえる」といった表現をすることがある。そこでは主体が背景に退いた形で経験がなされていると言えるであろう。そこで経験されているのは、あくまで「鐘の音が聞こえる」ということであって、「私が……聞く」という事態ではない。それに対して、たとえば英語であれば、同じ事柄が、“I hear a bell ringing.” という形で言い表されることになる。そこにははっきりと「私」が居合わせている。「主体」が優越性を保持した形で経験がなされている。

日本語の場合には、表現の構造のなかにそのような主体＝主語の優越性は見いだされない。言わば非人称的なものが、つまり誰ものでもありうる「鐘の音がする」という事態が、それだけ単独で表現される。そのような表現がなされるのは、しばしば主張されるように、主語が省略されたからではなく、当の経験が非人称的な仕方で、あるいは前人称的な仕方でなされているからだと言えるであろう。「鐘の音がする」というのが第一次的な経験のありようであり、「私」という主体＝主語は、主体を特定する必要が生じたときに、第一次的な経験について反省が加えられ、そこではじめて明示的に言い表されるにすぎない。

もし先に見たデカルトや西田の主張が、いま見たような経験、あるいは言語構造の違いを前提にしているとすれば、両者を対置し、比較することによって、つまり両者をいわば鏡として相互に映しあうことによって、その前提に光をあてることができる。そしてそれを通してわれわれは、それぞれの思想が先入見の上に成り立っていないかどうかを検討することができる。もしそこに先入見があれば、それを取り除き、そこから改めて問題を問い直すということができる――それは、先に述べた、個人と個人との対話において自己を「開く」という行為にあたるであろう。私が「思想間の対話」という言葉でとりわけて考えているのは以上のような事態である。このような「対話」こそが哲学にとってもっとも重要なのではないだろうか。それこそが哲学に、事柄をその根源にまで問い進めていく力を与えうると考えられるからである。

注

（1）西田の著作からの引用は、新版の『西田幾多郎全集』（竹田篤司ほか編、岩波書店、二〇〇二―二〇〇九年）に拠る。引用のあとの数字は巻数と頁数とを表す。

（2）Otto Pöggeler: Westliche Wege zu Nishida und Nishitani. In: Stenger / Röhrig (Hrsg.): Philosophie der Struktur – "Fahrzeug" der Zukunft? München 1995.

（3）『大乗起信論』第三段「解釈分」第一章「顕示正義」。「一切諸法唯依妄念而有差別、若離心念即無一切境界之相。

是故一切法、従本已来離言説相、離名字相、離心縁相、畢竟平等」。

（4）『荘子』「斉物論篇」の「天地は我と並び生じて、万物は我と一なり」という言葉を踏まえた表現であると考えられる。

（5）デカルトの著作からの引用は、以下の全集に拠る。引用のあとの数字は巻数と頁数とを表す。Œuvres de Descartes. Publiées par Charles Adam & Paul Tannery. Paris 1996.

（6）中川久定は「デカルトと西田——二つの哲学の言語的前提」（『思想』第九〇二号、一九九九年）のなかで、デカルトと西田の思索の「言語的前提」について論じるとともに、両者がそれぞれの前提に無自覚であったこと、それが両者の思索の制限になっていることを論じている。

第2章　哲学的オーケストラの実現のために

李　光来

一

「思想」は沈黙や独白ではない。思想の本質は対話にある。それは考え（思）と「心」、つまり「ロゴス（logos）を互いに取り交わす」（想）ことにある。ソクラテスやプラトンの場合もそうだったし、孔子や孟子の場合もそうであった。時間を共有する場合だけではなく、そうでない場合も、直接・間接の対話から思想は始まる。対話を意味するギリシャ語“dialogos”の“dia”は本来「〜を通じて」を意味する。従って対話は「ロゴスを通じて」考え（ロゴス）を互いに取り交わすことにほかならない。通常の対話はもちろん、哲学と思想の対話もまた、いっそうそのような意味を持つ。

「対話」は独り言ではない。それは相手とともに話すことである。それは相手の存在を前提にした言葉である。だから対話は本質的に対自的（pour-soi）である。また対話は自他を相互認識する手段でもある。他者との対話は即ちロゴスを互いに取り交わすことだからである。従って対話はそれぞれの考えや心、つまり思想の交換行為である。相互的対話は相手についての理解と認識のための最善の機会になり、通路になる。

「思想」は相手がいる思考のはたらきである。それは相手と対話したがる思いであり、他者に明らかにしたい、そして影響を与えたいと考える思考である。思想はこのように関係的である。思＋想である。思想の意味と内容、そしてその内在的価値はそれ自体では評価されない。

「対話」は思考を運搬（表現）するものである。それはわれわれが考えたものを直接相手に運搬する。人間は対話によってそれぞれの考えを外に運ぶ。運搬（表現）されない考えは内容も意味も、そしてその価値も予想することができない。それ故、声の対話を拒否する沈黙（silence）よりも釋迦牟尼の以心傳心のような黙示（apocalypse）の方が、論理学よりも修辞学の方が、つまり「音声言語における現前性」（présence à parole）の方が優位を持つ。「声の現前性」においては、意味の運搬のための手段はいらない。音声言語は声の自己聴取を通じて自ずから自分に関与するからである。デリダ（J. Derrida）によればパロールは「直接的に現前する」。

彼はそれを指して「パロールの特権」と呼ぶ。つまりソクラテスと孔子、または釋迦牟尼の思想的、精神的特権がそれである。「パロール（音声言語）の意味」はそれへの無限な確信とともに現前性の支配権を持つ。ソクラテスとプラトン、孔子と孟子、釋迦牟尼（Śākyamuni）、摩訶迦葉[1]（Mahākāśyapa）を始めとする釋迦十聖などにおいては、善のイデア、天と天性、仏法と仏性のようにすべてを根拠づける存在者がパロールによって想定された。存在は声、つまり音声言語の現前性によってのみ規定される。仏教思想においても、迦葉の「拈華微笑」のような「声なき声」（voix sans voix）として黙示が現前性の支配権を持つ。

二

しかし賢者のパロールである音声主義（ロゴス中心主義）はロゴスに従って組織され、それぞれの存在論的体系を形成する。東洋においても、西洋においても、音声言語から派生した二次的なものとしての文字言語、つまりエクリチュール（écriture）によって、それぞれの存在形式をもつ言説の体系（形而上学）が組織された。例えば西洋において古代と中世の形而上学は、すべてを根拠づける神的存在を中心に、それによって根拠づけられる存在のシステムを組織した。存在は神的存在と近いところに直接的に現前するか、あるいは遠く離れて間接的に現前するかによってその位階が決定される。

しかしデカルト（Descartes）では、存在は神的存在との関係においてではなく、コギト（cogito）、つまり「自己に対する現前性」（présence à soi）によって規定される。「己へ現前する実体は自ずから自己への関与（rapport）の瞬間に自己を意識し、自己を確信する」(2)。彼は「ego cogito」としての人間を「揺れない基盤」（fundamentum incocussum）といい、一番強い意味での実体、つまり根底をなすと考えた。

しかしこのように確保された自己現前性の支配が完成するのは、それよりずっと後のヘーゲル（Hegel）の時代においてである。ヘーゲルは外（extérieur）や他者としての神的なもの、あるいは質料的極限的存在を認めなかった。もしそのようなものが存在するとしても、それはすべて体系に統合されると考えた。彼が自己へと現前する「絶対的ロゴス」の地平において「音声的エクリチュール」（écriture phonétique）を高く評価するのも、そこにある(3)。彼はライプニッツ（Leibniz）を始め以前の哲学者が神的なものを超越的なものと見なした原因を、自己現前性、自己意識、または自己同一性の論理についての哲学的自覚の不足に求めた。

しかしデリダの考えでは、ヘーゲルが主張した哲学の「自己固有化」、つまり「支配の完結」は錯覚にすぎない。人間は外的、空間的意味作用を通して活動し、その中で生存する。それにもかかわらず、ヘーゲルは絶対的、根源的自己現前の錯覚によって、この意味作用の本来のはたらきを否定する。デリダによれば、意味作用とは本来自己現前性や自己同一性から分離された、つまり自己を「自己から分離」する「他者化」のはたらきである。

デリダは始原（origine）や自己現前からの分離、つまり他者化を指して、哲学的（形而上学的）エクリチュール（écriture）と呼ぶ。ラクー＝ラバルトも「哲学はその始まり以来、純粋に事物を語ること（パロールが直接的に意味するもの）という夢と欲望を持ってきたが、この欲望は、テキストやエクリチュールの作業を経なければならない必然性によって、つねに危険にさらされてきた。そのために哲学は常に哲学の固有の方式とは異なる多くの陳述様式――例えば対話や語り（recit）――を使うしかなかった」と述べ、このような観点から、「哲学は最初からある程度は文学だったのではないか[4]」と反問している。

文字言語によるエクリチュールやテキストは、それが固執してきた存在の始原性と現前性についての思惟と認識の痕跡である。それらは時代を経て、東洋・西洋の思想と哲学の内包と外延を形成してきた。それとともに、存在についての東洋・西洋の根源的思惟は始原と現前についてのエクリチュールという名分を確保してきた。

しかし、ある思想や哲学の体系内に存在する言説がある始原的意味を持つとしても、それは声ではないエクリチュールの結果、つまり他者の痕跡であるにすぎない。プラトンの『テアイテトス』（*Theaitetos*）や『ティマイオス』（*Timaeus*）も、孔子や孟子の『論語』や『孟子』も、またアリストテレスの『形而上学』（*Metaphysica*）やナーガールジュナ（Nāgārjuna）の『中論』も、パロールの特権を代理補充するために残されてきた痕跡にほかならない。

東洋・西洋の思想と哲学は、それぞれの存在の始原性と現前性を空間的に「差別化」し、時間的に「延期」する意味作用、つまり共時的／通時的差延作用（différance）によって生みだされてきたものであり、痕跡の構造を構築（construction）してきたのである。孔子と孟子の人道と王道、大飲光摩訶尊者の禅法とナーガールジュナ（龍樹）の中道正法、またプラトンとアリストテレスのエイドス（eidos）のイデア性とウーシア（ousia）の実体性から始まった差延作用が西洋哲学と東洋思想の歴史の中でそれぞれの意味を散種（dissémination）してきたのである。東洋・西洋の思想と哲学は、現在まで他者が残したエクリチュール、即ち他者の独自的で多義的な痕跡を探し求めてきたのであり、その積み重ねであったと言える。

三

しかし、今まで続けられてきた西洋哲学における差延作用も決して独立したものではなかった。つまり、純粋で徹底的に西洋的なものではなかった。近代以後、それまで唯一神を基礎にしたキリスト教の覇権的な精神によって支えられてきた西洋の思想と哲学が、漸くその内部に自律を獲得し、脱キリスト教的、脱覇権主義的契機を「外の思考」に求めるようになった。それは、イエズス会の宣教師が十六―十七世紀にインド、中国、日本に派遣され、ヨーロッパの精神とアジアの精神とが出会ったことによる。例えば一六〇三年に宣教師マテオ・リッチ（Matteo Ricci）が「神についてのまことの討論」（*De Deo Verax Disputatio*）の中国語訳『天主実義』を出版した。それは「合儒策略」(5)という性格を持つものであった。

マテオ・リッチは神の存在についてカトリックの教理だけに依拠して展開したのではなく、できる限り『四書・六経』と関連づけて叙述した。特に『中庸』、『礼記』、『周易』、『尚書』などの古代の文献に出てくる上帝に関する記述とそれに関わる差延的意味を引用し、儒教とキリスト教が根本において一であるという「儒耶一家」の立場に立って神について論じた。天主は中国の古い経典でいう上帝とは名前が異なるが、その実体においては同一であるという立場に立ったのである。

しかしマテオ・リッチの本来の意図は、天主と上帝との一家的類似性や同質性を考証することではなかった。それは超越的絶対者に対する拒絶感や排他的異質感を減少させるか、あるいは解消するための手段にすぎなかった。むしろ天主の存在証明、人間の霊魂不滅などの基本的な教理を儒教社会の口に合うように脚色して伝達しようとしたのである。(6)

彼は仏教と道教を天主教と両立できない反キリスト教的、非儒教的なものと見なし、これを否定的批判の道具として積極的に活用した。例えば『天主実義』の第二篇で、上帝の概念など天主教受容の基盤になる儒教の性格については親和的に説明しながら、仏教と道教については徹底した批判を行った。

しかし彼の「儒耶一家」の主張は表面的な、つまり偽装策略の理念にすぎなかった。例えば彼が第一篇で「神に至る五つの道」としてトマス・アクィナスの神の存在証明を論じたのもその一つである。また彼は、物事の「四つの所以然」(有作者、有模者、有質者、有為者)という概念を借りてアリストテレスの四原因説まで紹介した。

『天主実義』の執筆を終えた後も、彼は「我々は天主教の信仰真理を天主教の神学書によって明らかにする一方、『四書』と『六経』、その他の文献を参考にして、神の単一性、霊魂不滅性、そして善なる者の栄光などについての我々の信仰に符号する論証を行った(7)」と主張している。しかし論証の整合性を実際に見ることは難しい。むしろ論理的誤謬を繰り返し、偽装した痕跡だけが目につく。

それと比べて中国の儒学思想と当時の中国の社会、文化などを詳しく研究し考察した宣教師たちが儒教の経書の一部をラテン語に訳してフランスのパリへ紹介した『中国哲学者孔子』(*Confusius Sinarum Philosophus,*

1687）は、孔子を始め儒教思想をヨーロッパ社会に紹介する役割を果たした。それは東西精神の意味ある出会いになり、有用な散種となった。この本は十七世紀後半、多くのヨーロッパ人に読まれ、彼らの精神に少なくない影響を与えた。その意味でその宣教師たちは最初のオリエント学者であり、儒教思想と中国人の世界観をヨーロッパに最初に伝達した人たちであった。[8] イギリスの歴史学者マッケラス（C. Mackerras）も、イエズス会宣教師たちは中国人たちをキリスト教徒へ改宗させることには失敗したが、「西洋が中国を理解することには素晴らしい成功を収めた」[9] と述べている。

少なくとも十八世紀末までは西洋人たちは中国文化の優越性を認めた。多くの知識人たちが争ってそれを受け入れようとしたのもそのためであった。フランスにおける中国礼讃論の到来を予感した思想家にモンテーニュ（M. de Montaigne, 1533–1592）と十七世紀の啓蒙主義の先駆者ベール（P. Bayle）がいた。モンテーニュはヨーロッパ人たちに幅広い解放的視野を持たせるために、つまり「知識の不確実性、世界の無限な多様性、道徳的教訓の普遍性に関する自らの信念を支持するために中国の事例を引っ張ってこようとした」[10]。モンテーニュにつづいてベールも、当時の中国の知識人の暮らしと思惟活動を、理性と宗教の一致を強要するフランスの不寛容と迫害を攻撃するためのモデルとして活用した。

十八世紀の啓蒙主義者たちのうち、代表的な中国礼讃論者であったのはヴォルテールであった。彼は『哲学書簡』（*Lettres philosophiques*, 1726）を始め、寓話小説『ザディグ』（*Zadig*, 1748）、『中国孤児』（*L'Orphelin de la Chine*, 1755）、『諸民族の慣習と精神についての試論』（*Essai sur les moeurs et l'esprit des nations*, 1756）、『寛容論』（*Traité de la tolélance*, 1763）などで、ヨーロッパ人の排他的宗教観と不寛容の慣習を批判し、それに対抗するために、中国と東洋を自己他者化の鏡として前面にうち立てた。

特に三二歳の時にイギリスに追放され、三年間そこに滞在した際に、ニュートン、ロック、シャフツベリ、ヒュームなどと交わり、彼らが享受していた自由から強い感銘を受けたヴォルテールは、フランスを束縛しているすべての偏見を破壊することが自らの任務であることを自覚した。この時、そこで刊行した『哲学書簡』(一七二九年パリ議会はこの本を「宗教と道徳と国権の尊厳性を壊す奇妙な本」とし、それを公の場所で燃やすように命じた)で彼は、フランスの頑なな旧体制 (ancien régime) の暴政を、そして寛容を知らない宗教を攻撃するために、中国の孔子と儒教とを援用した。そして孔子を、中国を支配してきた平穏で調和ある政治秩序の土台を作った「原型的な合理主義者」(an archetypal rationalist) と称讃した。

ヴォルテールは孔子を高く評価しただけでなく、絶対権力の圧政と結びついたカトリック教会を攻撃するために、中国の儒教を礼讃した。それはヴォルテールによれば、「理性の自然権を基盤にした理神論的な」宗教であった。それをヴォルテールは、独断をもたず、聖職者をもたない、一言で言えば純粋理神論に立った「寛容的宗教の花」(the flower of a tolerant religion) と見なした。華やかな礼拝儀式、迷信的信仰、腐敗した内部制度からなる一つの巨大な構造物としてのカトリックに比べて、儒教は、社会に道徳的秩序を与え、それを維持するための効果的な体系を持った成功した宗教であった。

『諸民族の慣習と精神についての試論』でも、彼は一番古い文明と宗教形式が中国と東洋にあり、すべての芸術の揺籃もそこに存在するとした。「西洋が持つすべては、東洋から起因する」とも主張した。中国とインド、そしてペルシャで世界の偉大な精神を発見した彼は、ヨーロッパはいまや唯一絶対の世界ではなく、ユダヤ教やキリスト教も他のすべての宗教の中の一つにすぎないと考えた。

ヴォルテールは特に宗教の起源に関するキリスト教の独断的歴史観に反対した。その代わりに彼は宗教の起源を、古代中国を始めとする東洋民俗の歴史の中に探し求めようとした。彼は中国こそが歴史の始発点であると考えた。中国の歴史は旧約聖書に現れている事件よりも古いし、もっと文明化されていたと考えた。彼はこの『試論』でユダヤ民族の歴史をこれ以上ない残酷で野蛮な歴史と見なすとともに、中国の歴史を言葉で形容できないほど高貴なものとして描きだした。彼は自分の寝室に孔子の肖像画を掛け、キリスト教世界の聖人よりもずっと偉大な人物として尊敬した。

しかし、ヴォルテールのそのような歴史観と宗教観は、パリの聖職者や政治家たちを怒らせ、そのために彼はスイスの田舎に移らざるをえなかった。彼は寛容を知らないカトリックの聖職者たちに対して狂信の破廉恥さを悟らせようとした。「破廉恥を打倒せよ!」(Ecrasez l'infâme!)というフレーズがそれである。彼は寛容を不可能にする破廉恥な狂信がどんなに怖いものであるのかを知らせようとした。彼において啓蒙とは、理性の光で破廉恥を打倒することにほかならなかった。キリスト教の歴史は、彼によれば、他者に対する独善的で覇権的な不寛容の歴史であった。それに対して、彼が理解していた中国の儒教は、共存の秩序と寛容の理性とを発揮した宗教であった。

四

十九世紀の欧米人の「他者」としての東洋についての認識は、十八世紀のそれとは全く異なったものであった。いわゆるオリエンタリズム(Orientalism)に認識の変化が生じた。ヴォルテールの「模範的モデル」としてのオリエンタリズムから、現在はサイード(E. Said)が批判する「支配イデオロギー」としてのオリエンタリズムに変わったのである。前者が、西洋の政治や文化、哲学や宗教などすべてにわたる病理現象の自家治癒と克服の代案として東洋から借用されたオリエンタリズムであったとすれば、後者は東洋を服従させ統制することによって東洋を再構成しようとする欧米帝国主義の「支配的物語」(master narrative)としてのオリエンタリズムであった。

「我らヨーロッパの君主は(中国を)褒めよ、辱めよ、そして何よりも模倣せよ」という言葉が示すように、ヴォルテールは、西洋に内在する問題を克服するためにオリエンタリズムを活用しようとした。十八世紀においては、中国は西洋の近代的知のエピステーメー（認識素）となり、削除できない痕跡になった。

十九世紀にはこのような受容的な意志は野蛮的、排他的支配欲望へと変身していったが、十九世紀にも、一部の哲学者や知識人にはなおそのような反省的・受容的意志が依然として強く残っていた。特に十九世紀にオリエンタル・ルネサンスを本格的に成熟させたドイツの思想家らがそうであった。サイードが「当時の哲学者らは、仮想の地域、東方（Orientalia）の流行病に感染した」[12]と表現した人々であった。

（1）自家治癒と克服の代案としてのオリエンタリズム

十九世紀に入ると、自家治癒と克服の代案の手がかりは、中国ではなく、インドに求められた。例えばヘルダー（Herder）やゲーテ（Goethe）、シュレーゲル（F. Schlegel）、ショーペンハウアー（Schopenhauer）、ニーチェ（Nietzsche）らの思考は、「インド人の色調」（an Indian tint）に染められていた。伝達の中間宿主が、中国に派遣されたフランスとイタリア出身のイエズス会宣教師から、植民地インドの支配のために派遣されたイギリスの政治家や外交官、商人に代わり、知識と情報の供給方式と伝達媒体が大きく変化したのである。

ヘルダーは「人類の、人間情緒の、すべての宗教の揺籃東洋を見よう！」と叫び、シュレーゲルも「インドはすべての言語のまことの源泉であり、すべての観念の最初の源泉だった」[14]と主張した。しかし彼らより古代インドの宗教と思想を受け入れて当時のヨーロッパの哲学に画期的な転機を作ったのはショーペンハウアーだった。彼は、古代インドの思想と宗教、つまりバラモン教（Brahmanism）の経典『ベーダ』（Veda）の四つの本集の中でも極致とされる「ウパニシャッド」（Upanishads）やインド仏教の経典が、ヨーロッパの知識人にインド人の古代精神を伝達し、両者を架橋する役割を果たした。

ショーペンハウアーは彼の哲学体系がその根本において「ウパニシャッド」のようなインドの古代思想と宗教から影響を受けたことを認めなかった。しかし彼の主著『意志と表象としての世界』(*Die Welt als Wille und Vorstellung*, 1818) が出版される四年前に、オリエンタリストのデュペロン (A. Duperron) が翻訳した「ウパニシャッド」を読んだ後に書いたエッセイ集『余録と補遺 (パレルガとパラリポメナ)』では、「ウパニシャッド」は「世の中で一番重要な書物である。それは私の人生の慰安であり、私の死の慰安になるだろう」[15]と告白している。

ショーペンハウアーは、「現実的なものがすべて理性的であり、理性的なものはすべて現実的である」と言い、世界史的理性の存在を強調するヘーゲルとは違って、歴史を方向や目的がない盲目的な宇宙的意志の産物、つまりピエロ劇と見なした。彼は世界の基礎に意志を置いた。そこからすべてのものを説明しようとした。それらは意志が多様な形で客観化したものであり、「表象の世界」にすぎない。それは、多元的な現象を「幻想」と見なすヒンズー教の「マーヤー」(māyā、神秘的な力をもった幻) 概念に通じる。また意志の作用と身体の動きとを、同一のものとするショーペンハウアーの主張は、「宇宙の本体としてのブラフマン (梵) と人間存在の本質としてのアートマン (我) が本質的に同一である」とする「ウパニシャッド」の梵我一如の思想に近い。

ショーペンハウアーの倫理学説も古代インドの教えと密接に関わっている。即ち彼は定言的命法の観念を基礎に置くカントの道徳哲学とは異なり、意志を否定する「ウパニシャッド」や仏教の「ニルヴァーナ」(nirvana、涅槃) の中に倫理的な救済の道を探し求めた。つまり「我々の深い本性においてすべては互いに一つである。従って私は単純に異なる人間と似ているのではなく、彼らと私の心の中は文字通り一つであり、同じものである」という彼の主張は、仏教の教えと異なるところはない。[16]彼は一八四四年に出版した『意志と表象としての世界』第二版で「他の宗教よりもはるかに高度な仏教を容認する義務を感じた」と述べ、仏教に対して強い、積極的な関心を示した。特に自分の哲学の核心が生の苦痛と挫折にあると信じる彼は、仏教の「涅槃」概念が自分の思想に通じることを主張した。つまり人生の目標を生の盲目的な意志によって解放されるところに見出した。

このようにショーペンハウアーがインドの古代精神に対して見せた積極的な受容の意志は、中国の古代性についてヴォルテールが見せた関心と意志と同じもの、あるいはそれ以上であった。しかしヴォルテールがヨーロッパ人の蒙昧なキリスト教精神とフランスの異常な精神現象を治癒して克服するという巨視的な目的の下で、中国を礼讃したのに対し、ショーペンハウアーは微視的な目的の下でインドのバラモン教と仏教のマニアになった。「東洋の国家はただ一人だけが自由である」と東洋を見下ろすヘーゲルのように、ヨーロッパ中心主義にひたりきった当時のヨーロッパの思想を根底からくつがえすために、そしてそのために必要な思惟様式を獲得し、自分の内面的精神世界を新しく構築しなおすために、彼はインド礼讃者になったのである。

(2)「支配的物語」としてのオリエンタリズム

すでにルソーは『新エロイーズ』(*Nouvelle Héloïse*, 1761) の中で、「中国人が犯さない罪悪はない、彼らが共有しなかった犯罪はない」と述べている。中国礼讃の時代にも、例外的には、中国を始めとする東洋の奇妙な野蛮さが糾弾されることはあった。しかしこのような糾弾の物語がくり返し語られるようになったのは、十九世紀になってからのことである。十九世紀以後、東洋は西洋人にとって、もはやそれ以前と同じように礼讃と憧れの大地ではなかった。その裏面にあった支配と隷属の欲望が表面に現れ出てきたからである。

内部の混乱と不安の治癒と克服の意志が外部への攻撃意志に変わり、一層強力になった力を通じた差別的支配と搾取によって、慰安と慰労を求めるヨーロッパ人の野蛮性が表に現れ出てきたのである。例えば露骨に帝国主義的膨脹の野望を示すようになった十九世紀のヨーロッパ人のオリエンタリズムがそれである。歴史家であり、比較思想家であるムンジェロ（Mungello）は次のように述べている。「過去二百年の間は中国文化が賛美されたが、今は嘲笑と軽蔑の対象になっている。中国人たちは過去の伝統に執着する存在と認識されるようになった。儒教はその中でも過去をそのまま保持する剝製品と見なされるようになった[17]」。

このように十九世紀のヨーロッパでは人種主義・民族主義・植民地主義などが力を持ち、ヨーロッパ内部の精神的、宗教的混乱が深くなればなるほど、十七、十八世紀とは正反対の目で東洋が見られるようになった。この時から東洋についての支配的物語が争って語られるようになった。例えばヘーゲルは『歴史哲学講義』の中で、中国ではただ絶対君主一人だけが自由であり、ギリシャとローマの世界では少数者のみが自由を持つが、ヨーロッパではすべての人間が絶対的な自由を持つと主張した。

ヘーゲル以後にもヨーロッパでは、西洋が近代科学の発明と資本主義の発祥地であることを強調しようとするとき、つねにいま見たヘーゲルの主張を引き合いに出し、東洋の無知を批判してきた。二十世紀の前半期、帝国主義をより堅固にするために、そのような批判がくり返された。現象学者のフッサール（E. Husserl）もまた、西洋哲学のみが特殊性や地方性から離れ、合理性と普遍性を持つが故に、他文化を量る基準となりうるし、多文化を理解する義務と権威とを有すると考えた[18]。

ハイデガーも一九四六年の春、台湾出身のフランス軍軍属のパウル・シャオ（蕭欣義）に何ヶ月間か、毎週土曜日、錫昌の老子註釈書『老子校詁』を学び、『老子』を共同翻訳するほど、老荘の思想に共感を示した。しかしハイデガーはそれと自分の思想との親縁性を決して明言しなかった。彼は老子の時間性、荘子の存在論的超論理性と日常性を超える本来性、そして老荘の「無としての道」概念を自身の哲学の基底に受け入れたが、それを徹底的に隠蔽し巧妙に偽装した。彼もまた文化の基準としての西洋哲学の優越性を強く意識していたのである。この点を指摘する良心的な西洋人を出会うことは難しいが、例外的にはグラハム・

パークス（Graham Parkes）が、ハイデガーの『存在と時間』（一九二七）にはいくつかの基本的主題において老荘的思惟方法が窺えると述べている。また、特に『芸術作品の起源』（*Der Ursprung des Kunstwerks*, 1935）には、それらの残映が強く残っていると指摘している。

　以上で見た思考方法こそ、ヨーロッパ中心主義（Eurocentrism）の代表的事例であると言える。それは歴史的に東洋の新しい文化と思想に感染し、新しい巨大サイクルを迎える度にその衝撃を何度か経験した西洋人のいわゆる東洋強迫症から始まった病的徴候であった。ヘーゲルやハイデガーの哲学体系の中に再現されたそのような徴候は、ヨーロッパ中心主義をさらに強化した「ヨーロッパ還元主義」（Euroreductionism）でもあった。

　このように現在のヨーロッパ中心主義はどの時代よりも独善的で偽善的である。たしかにイギリスの政治学者ホブソン（J. Hobson）のように、西洋が東洋に多くの借りがあるとすれば、西洋はそこから受けた量りしれない援助に感謝を表明しなければならないと主張し、ヨーロッパ中心主義を幻想と指摘する人物もいる[19]。しかしそのような良心的な宣言は哲学者の中からは聞こえてこない。彼らは理性的になりたがればなりたがるほど知性的に自己中心化する。そのためにサイードも、そしてエジプト生まれの経済学者サミール・アミン（Samir Amin）も、ヨーロッパ中心主義の反普遍主義的性格を批判するのである。アミンによれば、「それは人間の一般的進化法則に関心がないからである。ヨーロッパ中心主義はそれがいくら体系的で重要性をもつとしても、ある種の歪曲にすぎない。多くの主導的な社会理論とイデオロギーがその歪曲のために被害を受けている[20]」。

　しかしヨーロッパ中心主義がもたらす病弊は、社会理論やイデオロギーにのみ限定されない。人間の普遍的思惟の、そして人類の精神的な営みの遺産である思想や哲学も同じである。その合理性と普遍主義を誇りにしてきた理性中心主義（logocentrism）も同様である。

ヘーゲルの言明とは異なり、人間はいつも理性的にはなりたがるが、しかし実際には理性的ではない。「理性錯覚」（reason illusion）が人間を安心させるだけなのである。どんなセントラリズム（centralism）やセントリズム（centrism）も決して理性的ではない。それらは、ヘーゲルやハイデガーの擬似理性的思惟技術のようなナルシシズムから生まれたものであった。その点においては思想や哲学でのヨーロッパ中心主義や理性中心主義も例外ではない。それは西洋的理性の優位を前提に自らの考えだけに依存して非理性的に状況判断する西洋人の自己偏向的先入見の結果である。西洋人が判断基準として強調する合理性と理性性とは、自己診断の道具としては使われず、つねに他者、つまり東洋に対する判断基準であり判断の道具として使われてきたのである。

五

しかしメルロ＝ポンティ（Merleau-Ponty）の考えはこれとは異なる。彼は西洋思想が東洋思想に欠如している普遍性を所有しているという事実を客観的に証明することはできないと言う。また、どんな哲学者も自分の思考の絶対的根源性を誇示したり、世界の知的所有や概念の厳密さを僭称することはできないと主張する。

『シーニュ』においてメルロ＝ポンティは「哲学の中心はどこにもあるが、その周辺はどこにもない」と断言する。また、その中に収められた「東洋と哲学」（L'Orient et la philosophie）の中で、思想と哲学における中心主義を拒否し、中国哲学を含めた東洋哲学の地域性について自分の立場を表明した。西洋の哲学者たちは、中国の哲学者が知的な意味での対象の起源を探し求めることを課題とせず、対象を把握しようともしなかったことを批判したが、しかし、中国哲学ほど、小宇宙と大宇宙の厳密な符合を教え、それら一つ一つに相応しい位置や名称を与え、それを基本的徳目として規定しようとした西洋哲学が未だかつて存在したであろうかとメルロ＝ポンティは反問している[21]。

また彼は、もし西洋が近代的理性と普遍の名前だけを以て東洋を疎外すれば、それ自体が西洋の過去を疎外することになると警告した。近代以後、西洋は折々に必要に応じて東洋との間で意志疎通を図ってきた。東洋もまた、自分自身の意志によるのではないにせよ、必要に応じて西洋と対話してきた。東洋と西洋の間に真の意志疎通が成立したのかどうかを疑問視することは、哲学的懐疑主義者の性急な先入観だと言えるだろう。たとえ一部の西洋思想家たちの歪曲や隠蔽や偽装があったとしても、東洋と西洋の間に、少なくない哲学的対話があったことは否定できない事実である。

むしろ現代、多くの知識人たちは偏狭な地域主義を超えている。「まことに閉鎖された地平は存在しない」というガダマーの主張について、シャフシュタイン（B. A. Schafstein）も、東洋と西洋の哲学が両立不可能だと言われたときにも、実際には両者は接触し、少なからぬ影響を与えあってきたと述べている[22]。クラーク（J. J. Clarke）は、「あまり馴染んでない思考方式も、他者の文化にのみ存在するのではなく、むしろ我々の中にも、よく現れ現前している[23]」と述べている。厳密に言えば、西洋の近・現代の哲学もギリシャ、ローマ、ヘブライなど古代の思想と哲学を重層的に融合したものにほかならない。

はるか昔にアレクサンダー大王はインドで「アジアの衝撃」（Asian Impact）を経験し、「ヨーロッパとアジアの結婚」を自分の理想としたが、今、東洋と西洋の哲学者たちに求められることは、対話だけではなく、相互の理解と受容を通じた哲学の融合の摸索である。ゲーテ（Goethe）もまた、東西の融合を望んだ一人であった。ある詩の中で「東と西の二つの大陸はもはや離れない。だれだろうか、博識の人間よ！　汝は当然これを知らなければならない。二つの世界をお互いに研究することが、即ち私の希望であることを！」と記している。

トインビーもまた東洋と西洋の文化的、知的遭遇が新しい歴史時代の引導者になるだろうと予言したことがある。「未来の歴史家が我らの時代（現在）の一番重要な事件は何なのか？」と問うとすれば、「東洋への西洋の衝撃、そして西洋への東洋の衝撃が、東洋と西洋の文明間の偏狭な区別を架橋し、人類を世界共同体へと導くことである」[24]と述べている。

このように現在、我々は、東西古今の多様な哲学的地平を共有できる場所にいる。現代の我々の暮らしの中には、根本的な疑問を投げかける共通の哲学的主題が数多く登場しているからである。今や思想と哲学において、地域的差異と差別は最早中心と周辺の問題ではない。支配と従属の問題でもない。思想や哲学の中心はすでにどこにもないし、これからもどこにもないであろう。それらに始まりや発生のあとの変化や発展はあるであろうが、そこにはどんな中心決定論もありえない。自己中心的な欲望と思考方式は、それがいくら合理的であっても偏執症的である。中心化は権力意志から生じるある種の「理性錯覚」（reason illusion）にすぎない。

ヨーロッパ中心主義は、長い歴史の流れの中で見たとき、巨大なサイクルの末期症状なのかもしれない。その病的徴候が臨界点に達する今、（すでに列挙した多くの例から分かるように）西洋は、もっとも創意的で神秘的な、そして高い水準の精神文化が蓄積されてきた東洋の中に、破壊的革新の新しいモメンタム（はずみ）を探そうとしているのかもしれない。西洋は今、その間の致命的傲慢が呼び起こした病的徴候に対する治癒と克服のために、もう一度アジアに注目し、アジアと対話しようとしている。アジアの創造的思考と文化から新しい発展を期待しているのである。

ムンジェロ（Mungello）も、「もはや中国を軽蔑する時代は終わり、新しい時代が始まった。未来を予測することは一番難しいが、中国と西洋の未来は、明らかに西洋の傲慢と中国（東洋）の侮蔑に特徴づけられる一八〇〇—二〇〇〇年の出会いよりも、むしろ互恵的に影響を与えあった一五〇〇—一八〇〇年代の出会いのようになるであろう[25]」と述べている。今我々は世界の哲学の「地球的オーケストラ」（Global Orchestra）によって一つのハーモニーを作る時期に来ている。未来の世界において回転舞台に上げられる東西融合の哲学的オーケストラが登場すべき時期が来ているのである。

注

（1）摩訶迦葉はブッタが死んだ後、その弟子たちを率いる十人の指導者（阿難陀、舎利弗、目犍連、阿那律、須菩提、富樓那、迦旃延、優婆離、羅睺羅など）の中で一番賢明な人物として頭陀第一と呼ばれた。ブッダが花を取って見せた時、摩訶迦葉だけがその黙示の意味を以心伝心によって理解し、笑ったとして、「拈華微笑」の故事が生まれた。禅宗では彼を高く評価する。

（2）Jacques Derrida, *De la grammatologie*, Minuit, 1967, p. 146.

（3）前掲、Jacques Derrida, p. 147.

（4）Philippe Lacoue-Labarthe, *Le sujet de la philosiphie*, Flammarion, 1979, pp. 121–124.

（5）樓宇烈と張志剛はマテオ・リッチの布教の仕方を「合儒策略」と表現し、非難した。『中外宗教交流史』、湖南教育出版社、一九九八、p. 230.

（6）이광래『한국의 서양사상 수용사』、열린책들、二〇〇三、pp. 26–27.

（7）前掲、이광래、pp. 28–29.

（8）J. J. Clarke, *Oriental Enlightenment: The Encounter between Asian and Western Thought*, *Routledge*, 1997, p. 40.

（9）C. Mackerras, Western Images of China, Oxford University Press, 1989, p. 30.

（10）D. F. Lach, *Asia in the Making of Europe*, vol. 2, University of Chicago Press, 1977, p. 297.

（11）前掲、이광래『프랑스哲学史』、pp. 158-9.

（12）E. Said, *Orientalism*, Penguin, 1985, p. 50.

(13) R. Schwab, *The Oriental Renaissance: Europe's Rediscovery of India and the East 1680–1880*, Columbia University Press, 1984, p. 296.
(14) R. Iyer (ed.), *The Glass Curtain between Asia and Europe*, Oxford University Press, 1965, p. 188, 194.
(15) A. Schopenhauer, *Parerga und paralipomena*, 2: 185.
(16) B. Magee, *The Philosophy of Schopenhauer*, Clarendon, 1987, p. 199.
(17) D. E. Mungello, *The Great Encounter of China and the West, 1500–1800*, Rowman & Littlefeld Pub. 2005, 김성구訳『동양과 서양의 위대한 만남 1500–1800』、p. 223.
(18) 前掲、이광래『한국의 서양사상 수용사』、p. 417.
(19) John M. Hobson, *The Eastern Origins of Western Civilization*, Cambridge University Press, 2004, p. 19.
(20) Samir Amin, *Eurocentrism*, Monthly Review Press, 1989, pp. vii-viii.
(21) Maurice Merleau-Ponty, *Signes*, Gallimard, 1960, p. 169.
(22) B. A. Schafstein, *Philosophy East / Philosophy West*, Blackwell, 1978, p. 35.
(23) 前掲、J. J. Clarke, p. 183.
(24) A. Toynbee, *Civilization on Trial*, Oxford University Press, 1948, p. 213.
(25) 前掲、D. E. Mungello, p. 223.

(李 基原＝訳)

第3章　西田と異文化間対話
――根源的世界市民主義の可能性

ブレット・デービス

「熊本より東京は広い。東京より日本は広い。日本より……」でちょっと切ったが、三四郎の顔を見ると耳を傾けている。
「日本より頭の中のほうが広いでしょう」と言った。

夏目漱石『三四郎』(1)

我々は無比の異文化間交流の時代に生きている。しかしその交流は〈対等な対話〉ではなく、むしろ政治的、経済的、あるいは文化的な「植民地化」、またはそれに対する反発に由来する排他的な国家主義、あるいは「文明の衝突」に傾いている場合が少なくない。対等な対話の真相と可能性を追究するためには、まず様々な文化的視点から出立する必要があると考えられる。つまり、対話の場所と主体を考えるためには、様々な文化的環境と個人の観点を考察すべきである。本章では、西洋また東洋の諸文化・諸思想を背景にして展開された西田幾多郎の哲学を取り上げ、異文化間対話およびそれに参加する主体としての「真の個」について考えてみたいと思う。ここで、西田の文化論や政治思想のすべてを考察するつもりはない、またそれをめぐる従来の論争に立ち入ることもしない。(2) むしろ、異文化間対話や殊にその対話に参加している主体を現代ではどのように考えるべきか、という問題に即して、西田の哲学のなかで一番手掛かりとなりうる発想を選んで考察したいと思う。時には「内在的批判」も行いながら、この問題に関する西田哲学の現代的な意義を究明することが本章の目的である。

一　異文化間対話の世界史的時代としての今日

西田によると、「十八世紀は個人的自覚の個人主義的時代」であり、「十九世紀は国家的自覚の国家主義的時代即ち帝国主義時代」であり、そして「今日は世界的自覚の世界史的時代に入った」(NKZ 10: 337; また NKZ 12: 426 を参照)。(3) この世界的自覚の時代には、諸国のあいだの建設的な競争は続くことがあっても、帝国主義的な侵略戦争はなくなるはずであり、むしろ異文化間対話により、それぞれの文化や国家が自己実現する時代になるべきである、ということである。つまり、西田は「世界的自覚の世界史的時代」における異文化間交流を次のように考えていた。

「個物的限定即一般的限定、一般的限定即個物的限定たる歴史的現実の世界の自覚的内容というべき文化は固より単に一となるものではない。特殊性を失うということは文化というものがなくなるということである。併し独自の文化の立場から独自の文化を発展し行くということは、唯抽象的に個物的方向にのみ進むことではない。それは文化を否定することに外ならない。種々なる文化が各自の立場を守りながら、世界を媒介として自己自身を発展することによって真の世界的文化が形成せられて行くのである。」(NKZ 7: 452–453)

「独自の文化を発展し行く」ためにも、孤立せずに他の文化と交流する必要がある。言い換えれば、異文化間対話においてのみ、独自の「世界的文化」を形成して行くことができる、ということである。

この異文化間対話の究極の主体が、西田のいう「真の個」あるいは「真の個物」であるとすれば、「世界的自覚の世界史的時代」は新たな世界市民主義を要求する、と私は以下で論じようと思う。たしかに、西田自身は「世界市民主義」を「抽象的な個人主義」に基づいた理念であると批判し、真の個は常に具体的な文化・民族・国家に立脚していると述べている。しかし、従来の世界市民主義に対する西田の批判は、かえって、より〈根源的な世界市民主義〉を展開する助けとなる可能性もある、と考えられる。この〈根源的世界市民主義〉において、「真の個」は、常に特定の文化（あるいは諸文化）的基盤に根づいていながらも、同時に「内在的超越」により、その種的基盤を徹底的に貫き普遍的な場所——すなわち「一般者の一般者」あるいは「諸世界の世界」としての「絶対無の場所」——を自らの究極の源としているのである。いわば片足で特定の文化（あるいは諸文化）に立脚しながら、もう一本の足ではより根源的で普遍的な場所に触れているからこそ、真の個は異文化間対話に参加することができる、ということを本章で論じてみたいと思う。

二　抽象的な個人主義に基づく従来の世界市民主義に対する批判

まず、抽象的な個人主義および世界市民主義に対する西田による批判を検討しよう。要するに「個は種から生れる」(NKZ 8: 528)、つまり個人はかならず具体的な文化的「種」から生じている、という事実をそれらが充分配慮していない、ということを西田は批判している。時に西田は、歴史的世界の生成発展を担う主体は、民族的あるいは国家的な種である、とさえ主張している。たとえば「種とは歴史的世界に於て主体的に働くものである」(NKZ 8: 500)。あるいは「種が世界形成的なる時、それがデモーニッシュ」的な形成力となり、「種が一つの世界の意義を有するかぎり、即ちイデア的なるかぎり、生きた種である」(NKZ 9: 313, 330)。そしてどの時代においても、ましてや今日では、「幾多の種と種とが対立し相争う」ことによって歴史的世界が生成発展するのであれば、「世界的自覚の世界史的時代」とは、個人を主体と見なす世界市民主義の時代ではなく、「最も国家主義的な時代」であると考えるべきである、と西田は主張する(NKZ 8: 519–520)。

しかし、歴史的世界の主体は種のみではない。たしかに「種というものなくして個というものはない」のであるが、逆に「個というものなくして種というものもない」、ともいわなければならない(NKZ 8: 528)。それは個と種はそもそも弁証法的に限定しあうものであるからである。したがって、「歴史を決定し行くものは、個というものでもなければ、種というものでもない、創造的に自己自身を形成するものである。時代が時代自身を限定するのである」、と西田はいう(NKZ 8: 452)。つまり、「弁証法的世界」が自己限定しゆくということである。「我々は創造的世界の創造的要素」ではあるが、種も「弁証法的一般者の種として、自己自身を限定する特殊者として生きる」ので、「個が個として創造的となるということは、単に孤立的に個となると云うことではない、一般の特殊として種の使命を果すこと」なのである(NKZ 8: 452–453)。我々個々人は、抽象的な〈グローバル空間〉においてではなく、具体的な民族や文化すなわち歴史的「種」において生れ育つのである。もし我々がその「種を離れて抽象的個人的」なものになるとすれば、それは、自己を獲得するのではなく、「却って自己自身を失うのである」(NKZ 8: 453)。したがって西田は、「我々はコスモポリタンとしてでなく、国民として真に個人になる」(NKZ 10: 164)、また、「個人は国家を離れることによって世界的となるのでなく、却って国家的たることによって世界的となるのである」(NKZ 10: 327)、あるいは、「私の世界というのは、世界市民的な抽象的一般的世界を意味するのではない」(NKZ 8: 519)、と論じている。

十八世紀の抽象的な個人主義や世界市民主義は、個人が根深く「於かれている」文化・民族・国家の影響力を軽視している、と批判する西田は、A・マッキンタイア（Alasdair MacIntyre）やC・テイラー（Charles Taylor）などの共同体主義者による、リベラルな個人主義やリバタリアニズムに対する批判に大旨賛同できるであろう。共同体主義者たちの批判によると、歴史的に形成されてきた文化に限定されない、また特殊な共同体に依存しない「アトム的個人」という発想や自己理解、それ自体がある特定の歴史的に形成されてきた文化において生れ、またある特定の共同体に依存しているのである。(4)

三　個と種の相互的限定としての弁証法的世界

しかしながら、「真の個」はただの文化的種の産物ではない、とも西田は繰り返し強調している。真の個というものには独立性があり、それはたんなる「種の奴隷」ではなく「時には種を破る」ものなのである。「我々は種から生れるが、我々は又種を形成し行くものでなければならない」、と西田はいう（NKZ 8: 450）。つまり、一人ひとりの個人は何らかの文化的環境において生まれ育ち、さしあたっては「スペイン人」あるいは「韓国人」として限定（形成）されるのであるが、自己限定することができる個人に熟してゆくことによって、その文化的環境を「逆限定」することができる。したがって個々人は、弁証法的一般者としての歴史的世界の産物であるのみでなく、その主体的生産者でもあるのである。「作られたものから作るものへ」という弁証法的生成発展の過程の参加者として、真の個は、それが「於てある」文化的環境に限定されながらも、その環境を逆限定してゆくものなのである（NKZ 7: 305 以降；また NKZ 8: 313–314 を参照）。

生物的生命においては、個は一方的に限定されるのであるが、「歴史的生命では個は種から離れることが可能である、即ち個人の自由がある」、と西田は指摘する（NKZ 14: 395）。つまり、「歴史とは人間の作ったものが又人間を作ることである」とも、また逆に、〈人間とは歴史の作ったものが又歴史を作るものである〉ともいうことができるのである（NKZ 14: 394）。たとえば、シェークスピアは英国の文化・言語に、また道元は日本の文化・言語に形成されながらも、二人はそれぞれの文化・言語を——他文化・他言語を習うことをも通して——大いに「逆限定」したのである。

要するに、西田は個と種の関係を次のように考えている。「種は弁証法的一般者の種として、個は弁証法的一般者の個として、種と個と相対立し相限定するのである」（NKZ 8: 451）。歴史的生命は、「矛盾の自己同一として形成的であり、いつも種として固定せる形を有しながら、形を破り行く可能性を有つ所に、生命がある」のである（NKZ 8: 451）。「種は形である、パラデーグマである。併し個が種から生れながら逆に個が種を形成し行く」のである（NKZ 8: 455）。「種は行為のパラデーグマであり、我々は種から生れ、種的に働く。しかし個物は何処までも種を否定する所に個物であり、種は個物を媒介することによって生きる」のである（NKZ 9: 329）。つまり、一方では、個人はある既成の文化的形態のなかに〈被投〉（geworfen）されているのであるが、他方では、個（すくなくとも「真の個」）は、その既成形態を破り、それから離れる、またはそれを変貌させる自由な力を有しているのである。また、その個の自由を保護し養うことによってのみ種の生命も保たれるのである。

四　異文化間対話に立脚する新しい世界市民主義

一九三六年に行われた三木清との対談において西田は、「ヒューマニズム」の出現を「人間性を圧迫したものに対する人間性の反抗」として理解している。西田は、そのヒューマニズムにおいて訴えられている「個人的自由」の必要性を認めながらも、その社会的統制に対する反抗に導かれ現われてくる「アトミスティック」な人間観を批判している。「本当の人間はアトムのようなものではなく、歴史的世界から生れるものである」という。けっきょく西田が求めるのは、「個人の自由を圧迫する」全体主義（たとえば「ファッショ」または決定論に陥る自然科学あるいは歴史的物質主義としてのマルキシズム等）の一面性をも、人間の歴史性を否認する原子論的個人主義の一面性をも越える、人間は「創造的世界の創造的なエレメント」である、という発想に基づく「新しいヒューマニズム」なのである。(5) それに併せてここでは、個人が文化的環境に規定され依存していることを充分認めない過度の「リバタリアニズム」（自由至上主義）をも、また、「時には種を破る」個人の自由・独立・創造性を充分認めない過度の「コミュニタリアニズム」（共同体主義）をも超える〈新しい世界市民主義〉の可能性、またその有り様を考えてみたいと思う。

共同体主義者と同様に西田は原子論的個人主義を批判する。個人が「種から生れる」、つまり個人の性格やアイデンティーは特殊の文化的環境において成り立つ、ということを原子論的個人主義は充分認めていない、と指摘している。その批判は大いに的を射ているといえよう。しかし一方、個人の存在は完全にその人の文化的環境に還元することはできない、ともいわざるをえない。個人にはその文化的環境からはみ出ているところがある。種にとっては「余分」であるそれは、個人にとっての本質的な「個性」なのである。また、個人の種からはみ出ているところは、普遍に直接触れる可能性のあるところなのである。つまり、特殊の文化に還元されえないところがあるからこそ、個人は直接普遍的な世界（「諸世界の世界」）に触れる可能性があるのである。その意味で、我々個々人は、ただそれぞれの国の国民や文化の代理人であるのみでなく、より根源的に我々個々人は、「創造的世界の創造的要素」として世界の市民なのである。

この〈新しい世界市民主義〉によれば、個人は、抽象的なグローバル空間に浮き、孤立しているアトムではなく、従来の自己が自らの文化的環境に規定されてきたものであるということを自覚することによって、我の自己は本来「創造的世界の創造的要素」であるというより一層深い自覚が可能となるのである。そのより深い自覚によって、我は自らの文化的環境を「逆限定」することも、また、他の文化的環境に由来した他者との異文化間対話に参入することも一層深くできるようになるのである。

五　絶対無の場所における個と個のあいだの対話

「創造的世界の創造的要素」（NKZ 8: 314, 339; NKZ 10: 307）「創造的世界の創造的力点」（NKZ 10: 289）また「絶対者の自己射影点」（NKZ 10: 407）としての「真の個」あるいは「真の個物」は、真の異文化間対話を行う主体であると考えられる。それを説明するためには、個と種のあいだの、また個と個のあいだの弁証法的関係を媒介する弁証法的一般者は、けっきょくのところ「絶対無」でなければならない、ということを確認する必要がある。(6)

そもそも私と汝を包む一般者は存在するのだろうか。論文「私と汝」において西田はたしかに、「私と汝とは同じ一般者によって限定せられ、これに於てあるものとして汝を限定するものは私を限定するものであり」（NKZ 6: 372）と述べているが、その数段落後には、「私と汝を包摂する何らの一般者もない」と断言している（NKZ 6: 381）。なぜ自己と他者を包む一般者の存在が認められないのだろうか。それは、自己と他者が同じ一般者における二つの特殊なものでしかないと考えてしまえば、それぞれの独自性と互いの他性を軽視または無視するということになってしまうからである。あるいは、自己と他者は同じ本質的なものの単なる二つの偶有的な性質にすぎない、と見なすことになってしまうからである。レヴィナスの言葉を借りていえば、それは「他」（l'Autre）を「同」（le Même）に還元してしまうことである。しかし一方、自己と他者を包み、それらに何らかの共通性を与える一般者が存在しないのならば、如何にして自他の関係が成立するのだろうか。

西田は次のように答える。「我々の人格的自己」は「時を包むものから生まれるのである。永遠の底から生まれるのである。私と汝とを包むものから私は限定せられるのである」（NKZ 7: 136）。私も汝も同じ「永遠の底」すなわち絶対無の場所の自己限定として生まれるがゆえに本来的な繫がりをもっているのである。自己と他者は同じ「絶対者の自己表現」であるから、互いの表現を理解することも可能なのである（NKZ 7: 425; NKZ 10: 437, 441; NKZ 11: 378 参照）。

したがって、私と汝、自己と他者、個と個を包む一般者が存在するかどうかという問題を解くためには、二種類の一般者——すなわち「無の一般者」と「有の一般者」——をはっきりと区別する必要がある（NKZ 6: 386）。自己と他者、両方の根源であり、両方の個性の源でもあるのは、「無の一般者」つまり「絶対無の場所」である。一方「有の一般者」は、何らかの特殊的な内容をもったものであり、西田は（おそらく田辺元の影響で）歴史的・社会的な「有の一般者」を「種」と呼ぶようになる。無の一般者すなわち絶対無の場所は、個の個性や創造性、また自己限定の力の究極の源であり、しかも同時に、個と個のあいだの、また個と種のあいだの、相互限定の働き合いを可能にする、「媒介するものなきものの媒介」をする「弁証法的一般者」でもある、と西田は考えるようになってゆく。しかしそれは「一般者と云っても、個物的限定に反し、個物を否定するものを意味するのではない、個物と個物との相互限定の媒介者という意味を有って居るのである」、と西田はいう (NKZ 7: 315)。

さて、この思想をもって真なる異文化間対話をいかに考えるべきであろうか。異なった文化的環境に由来する二人の個人が真に出会うということは、その二人の個人が、二つの「有の一般者」である文化的種の代理人としてのみでなく、絶対無の場所の自己限定として、すなわち歴史的世界の「自己表現的形成点」、つまり「世界の一焦点」あるいは「世界の一観点」同士として出会う、ということを意味する。それはつまり「焦点と焦点とが相対立する」ということである (NKZ 10: 437; NKZ 11: 378)。二人は、それぞれの文化に「作られたもの」であるのみでなく、かえって「創造的世界の創造的要素」(NKZ 8: 314, 339; NKZ 10: 307) としてそれぞれの文化を「作るもの」でもある。「真に個物が個物自身を限定することによって、一般的なるものを限定する」のである。また、「個物は唯個物に対することによって個物となる」、「私は汝を認めることによって私である」、と西田はいう (NKZ 7: 262)。生まれ育ったところの文化に形成された自己が他文化に生まれ育った他者に出会うことによって、自らの文化的形相に対して疑問が生じ、自己の存在そのものが問題化される。けっきょくのところ、「汝」は「私」にとっての「絶対の否定」であり、「私を殺すという意味」をもつ、とも西田はいう (NKZ 6: 401)。異文化に由来する他者の他性を覆うことができないがゆえに、他者を「殺す」、すなわち彼の主体性すなわち自己限定力を奪って「外人」や「アメリカ人」だと対象化し、己の枠組のなかに抑え込むことへの誘惑が生じる。他方、そういう閉鎖的な自我が打ち開かれ、真なる私と汝の出会いとなる可能性もまた生まれる。後者の場合、異文化に由来する汝に出会いその汝に否定されることによってこそ、それが自己の奥底に潜んでいる「創造的なるものに接する」(NKZ 7: 262–263) きっかけとなりうるのである。もしかするとそのような異文化間的出会いは、文化的環境に形成される自己それ以前の「本来の面目」に目覚める機会となりうる。すくなくとも真なる異文化間対話を行う二人は、互いに本来的な創造力を幾分か取り戻し、それぞれの自文化を「逆限定」することができるようになるはずである。

ともあれ、個人は自らの文化に完全に限定されてはいない、という点をここで確認しておきたい。個々人の奥底に文化的限定を超越している〈余り〉のところがあるからこそ、他文化に由来する他者と真に出会うことも、自文化を逆限定することも可能なのである。むろん、個人は抽象的なグローバル空間に浮いている孤立したアトムではけっしてない。個人はかならずどこかの特定の文化（あるいは諸文化）において生まれ育ち、自らの存在の仕方がその文化的環境に養われていることを忘れてはならない。しかし同時に、個々人はそれぞれの文化的環境に還元されえない奥底に〈余り〉の部分があるはずである。個人の究極なる根源は、特殊な文化・民族・国家という「有の場所」ではなく、世界そのものという「絶対無の場所」なのである、ということが西田によって指し示されている。その洞察をふまえて、本論文の最後の節では、宗教的な次元に基づく〈根源的世界市民主義〉という考えを、道徳の問題を取り上げながら展開したいと思う。

六　根源的世界市民主義――宗教に根づいた道徳

ここでいう新しい世界市民主義は、二重の意味で「根源的」である。まずは、抽象的な個人主義に基づいている従来の市民主義とは異なり、〈根源的世界市民主義〉は、個人がつねに特殊な文化（あるいは諸文化）に「根づいている」ことを積極的に認める。しかし同時に、それぞれの個人の「根」がそれぞれの文化的環境すなわち種的世界を突き抜け、その究極の「源」である普遍的世界すなわち絶対無の場所に触れていることをも認める。

西田はたびたび、「我々の自己は根柢的には自己矛盾的存在」であるといっている（NKZ 11: 445; NKZ 7: 422,

426)。ここではその考えを次のように解釈し応用することができるであろう。自己は、一方では、種的存在(たとえば「日本人」)であり、「種から生れる」ものである。しかし他方では、「何処までも自己の底に自己を超えたものにおいて自己を有つ」(NKZ 11: 445–446)。つまり自己の奥底には、「私は何々である」と規定できない、自己を何らかの形やパラダイムに還元できない核心的な〈余り〉がある。その〈余り〉は自己限定の源としての「絶対無」に接しているところであり、あらゆる有的な場所すなわち種的世界を「弁証法的一般者」あるいは「歴史的世界」として包む「絶対無の場所」に接しているところでもある。したがって、個人的な自己は、いわば片足で種的世界なる文化的環境に立脚しながらも、もう一本の足ではその「有の一般者」を突き抜け「無の一般者」すなわち普遍的世界なる「絶対無の場所」に触れているのである。

個人は、その根源的で普遍的な世界に触れることができるからこそ、異文化間対話に参加することも、自文化に対して創造的に逆限定することも、また、もし自らの国家が不正を犯したならば、それに逆らうこともできるのである。それゆえに私は、「国家的民族が道徳の根源となる」(NKZ 12: 398)という考えを支持することはできない。西田によると、「国家と云うのは歴史的世界の個性的自己形成である、個性的自覚である。此故に国家は道徳的主体である。我々の道徳的当為は此から起きる」(NKZ 10: 119)。「国家と云うものが道徳的行為の始となり終となる」とまで主張している(NKZ 10: 5)。しかし、国家を超越するところに道徳の根源と目的(始と終)がないというのならば、ガンジーやキング牧師が行った運動を含むあらゆる国家に対する「市民の不服従」は、かならず道徳的に不正なものである、ということになってしまう。また、国際法の根拠も、「人類に対する犯罪」を裁く根拠もなくなってしまう。

しかし、西田は、道徳の根源が国家より普遍的なところにある、ということを所々で認めている。というのも、道徳は、けっきょく、宗教的な次元に基づいていると考えられるからである。「倫理的当為は何処までも我々の自己の宗教的性質に基礎附けられて居る」、と西田はいう(NKZ 10: 165)。「真に自己に死すること」において「そこからこそ真の道徳心が湧出する」のである（NKZ 9: 334）。つまり、「我々の人格そのものが深き自己矛盾でなければならない。唯我々は自己自身を否定して現実の世界の底に絶対者の声を聞くことによってのみ生きるのである。［…］善は行ずべく悪を避くべきである。但、道徳は単に理性の自律ではなくして、絶対者の命令の意義を有って来る。そこに真に良心の権威があるのである」、と（NKZ 7: 426–427）。

しかし、「良心とは抽象的理性的自覚ではない。日本人なら日本人としての、此時此場所に於ての自覚でなければならない」、とも西田はいう（NKZ 10: 328）。個人は、「国家の一員として、道徳的使命を有するのである」（NKZ 12: 433）、また、「道徳と云うものは、元来、具体的には、何処でも何の時代でも、国家的であった［…］。抽象的に、普遍的道徳と云うものがあったのではない。［…］国家道徳と云うものと道徳と云うものと二つあるものではない」ともいっている（NKZ 12: 408）。

「国家は、道徳の根源ではあるが、宗教の根源とは云われない」（NKZ 11: 463）と西田がいう時、いったいどのように国家と個人、または道徳と宗教の関係が考えられているのであろうか。個人は国家に基づき、そして国家は絶対者に基づいている、といわば重層的に考えているのであろうか。西田によると、「国家とは、それぞれに自己自身の中に絶対者の自己表現を含んだ一つの世界である。［…］かかる意味に於て国家は宗教的である」。国家はそのまま浄土ではないが、「国家とは、此土に於て浄土を映すものでなければならない」という（NKZ 11: 463 – 464）。この場合は、「でなければならない」は当為的課題を示していると理解すべきであり、その当為的課題を自覚的に担わないと「真の国家」にはなれない、と思われる。此土と浄土との関係は、カントの概念を借りていえば、現状と「統制的理念」との関係であるとも考えることができるが、西田の概念にしたがえばそれはむしろ「絶対矛盾的自己同一」の関係であるのであろう。いずれにしても当時の日本の国家こそ真の国家となっている、と西田は主張している。「我国の国体には、絶対の歴史的世界性が含まれて居る」、なぜなら、「日本精神の真髄は、何処までも超越的なるものが内在的、内在的なるものが超越的と云うことにある」からである、と（NKZ 12: 434）。宗教的な超越性また歴史的世界性を含み、「民族中心主義」や「侵略主義」を、また「帝国主義」を脱するという、「今日の世界史的課題の解決が我国体の原理から与えられると云ってよい」、と西田は当時の日本国家の優越性を自負しているようにも思われる（NKZ 12: 433－434）。

西田の理想と当時の現実とのあいだの間隙、また、西田が自覚的にその隔たりを設け、「意味の争奪戦」（上田閑照）あるいは「反体制的協力」（大橋良介）を行おうとしていた、という説得力のある説はここでさておき、西田の理想自体について考えてみたい。まず、「何処までも超越的なるものが内在的、内在的なるものが超越的」となることを完全に実現する国家はありうるのか、すなわち「此土に於て浄土を映すものでなければならない」という〈当為的課題〉は、果たしてどの国家でも完全に解決しうるのであろうか。国家は絶対者の自己限定であるということは認めても、それは「限定」されたものであるからこそ、本質的に完全なものではないのである。そして、不完全であるかぎり、国家が、内に向かっても外に向かっても不正をなす、ということが原理的に何時でも起こりうるのである。したがって、道徳的当為は、ある国家の法律やある文化の掟には還元できない。それゆえ、道徳的に正当な市民の不服従ということが原理的に何時でも何処でもありうるのである。その場合、個人の良心の源は〈国家を通しての〉ではなく〈国家に対しての〉絶対者の命令と理解すべきであろう。

「道徳の根本的立場と云うのは、自己の内面的当為にあるのではなく、全然自己が無となって、世界の中心から自己を見るという場所的自覚の立場でなければならない。故に道徳的当為は、その根柢に於て、絶対者の自己表現として命令という性質を有って居る。［…］道徳は抽象的に人間としてからでなく、絶対者の自己表現としての国家の国民として、即ち歴史的個人としての当為、此時此場合に於ての当為でなければならない」、と西田はいう（NKZ 10: 330–331）。しかし、歴史的個人は、時と場合によっては、「内在的超越」

(NKZ 11: 398–399, 433–434, 463) によって「絶対者に面して」(NKZ 10: 6)、すなわち「全然自己が無となって、世界の中心から」道徳的に行為する際、国民として国家に服従するばかりでなく、世界市民として国家に逆らわなければならないこともありうる。西田哲学の宗教的な根底に即していえば、国家ではなくむしろ個々人の宗教的経験が「道徳的行為の始となり終となる」というべきではないだろうか。

道徳の根源は、内在的超越によって触れるもの、つまり自己の奥底で「世界の中心から」聞こえてくる絶対者の命令すなわち良心の声に基づくものである。この発想をもって、〈抽象的な世界市民主義〉とともに〈具体的な国家主義〉の限界を認め〈根源的世界市民主義〉を展開するということが必要なのではないだろうか。今日は「国際化」というよりも「グローバル化」すなわち「世界化」の時代である。というのも、異文化間に行われている対話や交流は、国家と国家のあいだのみでなく、個人と個人、または様々な団体と団体のあいだで行われているからである。実際、古来より異文化間対話・交流は、国家と国家のあいだのみでなく、各々の国のなかでも行われてきたのである。[7] 国際的な異文化間対話または国内的な異文化間対話のいずれの場合にしても、道徳は、世界から国家へ、そして国家から個人へと下りてくる、という一方通行的な構造では不十分であり、個々人の良心は直接世界に通じている部分があると考えるべきであろう。

西田のいう意味での宗教的な存在として、我々個々人は、それぞれの国の国民でありながらも、世界の市民でもある。有限的な存在として我々は特殊の国家や文化的環境から生まれ、そこに立脚しつづけているが、我々の究極の「於てある場所」は、特定の国境に囲まれた領域に限定されていない。異文化間対話・交流をする時は、他者の国家的・民族的・文化的な特殊性を積極的に認め、また、自らの特殊性をつねに省みながらも、究極のところでは同じ世界に住む同じ世界市民として、我々は道徳の宗教的な根源を内在的超越的に自覚すべきであろう。

注

（1）本論文は二〇一三年三月に京都産業大学世界問題研究所で行われたシンポジウムでの発表に基づくものである。そのシンポジウムの主催者森哲郎氏は、開会の挨拶でこの漱石の文章を引用した。更に漱石の表現を借りていうと、本論文で展開しようとする〈根源的世界市民主義〉に、ある意味での「私の個人主義」が含意されているのであれば、それはたんなる自我主張を弁ずるものではなく、かえって「則天去私」という宗教的な次元において実現するものである。また、以下で論じるように、それは西田と同じく共同体主義者による近代的な個人主義への批判の妥当性を踏まえたうえで展開するものである。

（2）次の重要な四点のみを記しておく。上田閑照「西田幾多郎――「あの戦争」と「日本文化の問題」」、藤田正勝編『西田幾多郎選集』別巻二、燈影舎、一九九八年、四六二―五〇九頁。Rolf Elberfeld, *Kitarō Nishida (1870–1945). Moderne japanische Philosophie und die Frage nach der Interkulturalität* (Rodopi, 1999)。小阪国継『西田哲学と現代』、ミネルヴァ書房、二〇〇一年、第二章。藤田正勝『西田幾多郎の思索世界』、岩波書店、二〇一一年、第八章。私は次の二つの論文において、西田の文化論と政治論にかんする他の諸相を取り上げてる。Bret W. Davis, "Nishida's Multicultural Worldview: Contemporary Significance and Immanent Critique,"『西田哲学会年報』、第十号、二〇一三年、一八三―二〇三頁。Bret W. Davis, "El Uno y los múltiples mundos: acerca de la visión alternativa de la globalización en Nishida," trans. Augustín Jacinto Zavala, in Augustín Jacinto Zavala (ed.), *Alternativas filosóficas: Investigaciones recientes sobre la filosofía de Nishida Kitaro, fundador de la Escuela de Kioto* (Morevallado Editores, 2012), pp. 257–301.

（3）西田からの引用は『西田幾多郎全集』岩波書店、第四刷、一九八七―一九八九年による。NKZと略し、その後に巻数と頁数を記す。なお、旧漢字と旧仮名遣いは改めている。

（4）Charles Taylor, "Atomism," in Shlomo Avineri and Avner de-Shalit (eds.), *Communitarianism and Individualism* (Oxford: Oxford University Press, 1992) を参照。

（5）「ヒューマニズムの現代的意義――西田幾多郎博士に訊く」」、『三木清全集』、岩波書店、一九八六年、十七巻、四九二―五〇四頁。

（6）西田の「私と汝」の関係については次の二つの拙論でより詳しく論じられている。Bret W. Davis, "Das Innerste zuäußerst: Nishida und die Revolution der Ich-Du-Beziehung," übersetzt von Ruben Pfizenmaier, Eberhard Ortland and Rolf Elberfeld, *Allgemeine Zeitschrift für Philosophie* 36.3 (2011): 281–312. ブレット・デービス「二重なる「絶対の他への内在的超越」――西田の宗教哲学における他者論」、『日本哲学史研究』第九号（二〇一二年）、一〇二―一三四頁。

（7）「西田は、ある一つの民族は国家の民族的基盤をなしている、という前提をもっていた」。彼は「多数の民族的国家からなる多文化的世界を予想していた」のではあるが、「多民族あるいは多文化的国家を認めることも予想することもしなかった」のである、というジョン・マラルド氏の批評に同意できる。John Maraldo, "The Problem of World Culture: Towards an Appropriation of Nishida's Philosophy of Culture," *The Eastern Buddhist* 28/2: 194.

第4章　日本哲学の成立、意義そして展望

卞崇道＋林美茂

卞崇道——問題の起こりから話しましょう。中国哲学界で中国哲学の「妥当性」に関する論争の幕が切って落とされた時、その影響を受け中国の日本哲学研究者も同様の問題、即ち日本哲学の「妥当性」の問題を提起しました。提起した問題は似ていましたが、中日の学術界の状況は全てが同じというわけではありません。日本ではすでに早く一九〇〇年（明治三三年）に、著名な思想家であった中江兆民（一八四七—一九〇一年）が「我日本古より今に至る迄哲学無し」[1]と断言しました。兆民の論断は当然その歴史的な背景に対応するものでしたが、ここではその具体的な背景には触れないでおきましょう。ただ、彼のこのような断定はその後の日本哲学界に大きな影響を与えました。つまり今日に至るまで、日本哲学界の主流の考え方としては、前近代（徳川時代終結まで）の日本には思想しかなく哲学はなかったということになっています。哲学は古代ギリシアで生まれたヨーロッパの学問であり、幕末に、後に明治初期の重要な思想家となる西周がオランダに留学し、ヨーロッパの philosophy を日本へ紹介し、「哲学」をはじめ、一連の哲学用語を翻訳したのが、日本哲学の始まりとされています。

畢竟するに、前近代日本には哲学があったのでしょうか、日本哲学の「妥当性」はいったい何に依拠しているのでしょうか。日本哲学の有無を討論する意義は何でしょうか。これは近年来、中日哲学研究者が熱く議論している課題です。

日本に哲学があるか否かの判断基準は「哲学とは何か」という問題を如何に理解するかにあります。林美茂博士は古代ギリシア哲学を専攻されていますね、あなたの理解をお聞かせ下さい。

林美茂――「哲学とは何か」という問題ですが、実は現在に至るまで東西の学術界においてまだ定説はありません。問題は「哲学」の誕生から始まっており、それは一つの学問というより、一つの精神、求証求真の精神なのです。周知の通り、philosophy の語源はギリシア語の"philosophia"で、原意は「愛(philo)智慧(sophia)」です。人間の魂の「智慧」に対する尽きることのない「愛」によって、言い換えれば、つまり一連の観察、思考、探索、追究の過程で数々の言論(logos)が残され、これらが我々のいわゆる哲学文献となり、人々の研究対象となり、研究によってまた斬新な言説が生まれ、先人の思考の中に存在する限界や非合理性を批判、突破、超越し、より合理的な言論を求める、ヨーロッパ哲学史はこのような歴史であり、このような過程は同様に「愛智慧」精神をその源とするのです。

もし古代ギリシア時代に誕生した「哲学」の追究からみるならば、その主な特徴は、①宇宙世界自然に関する根源的思索と原理的追究であり、②現実功利を越えた求知行為です。世界(事物)の真相を知りたいと思う以外には他に現実功利的な目的を追究しないということでもあります。③次に、盲目的に信用せず、権威が存在しない、一切は疑うことから始まる、徹底的な求証求真のロゴス精神がその特徴です。

では、上述の特徴を「哲学」かどうかの評価基準とすると、中江兆民の断言は決して言い過ぎではなく、日本には古代から明治に至るまで確かに古代ギリシアの最初の意味における哲学の関係文献はありませんでした。しかし、もしアリストテレスの学問分類から見たならば、状況は違ってきます。

アリストテレスは人間の学問探究を観る、行う、創るの三つに分けました。観るは「神学＝第一哲学＝形而上学」、「数学」、「自然学」を含みます。行うは「政治学」、「経済学＝家政学」、「倫理学」を、また創るは「詩学」だけを含みます。長い時間の中で、人々は形而上学＝存在論＝本体論のみを哲学の代名詞とするのに慣れ、哲学の実践面である政治学、倫理学、美学を哲学の範疇から除外してしまいました。

我々は、理論上の根源性や原理性の探究、また徹底した求証求真の精神が、哲学が科学になる根本原因であり、また哲学そのものの根本でもあると認識しています。しかし、実践の中の規範性、普遍性の探索と追究は、現実存在に関わる哲学の意義であり、それを哲学でないとして排斥することはできません。それが有する哲学としての「妥当性」は否定できません。私は極度に狭い意味で哲学を理解することには賛成しません。理論、実践及び人間の創造性という三つの面から哲学を理解するべきであるし、哲学の有無の問題もそのような観点で議論されるべきであると考えています。

この点から言うと、前近代の日本には哲学思考が存在したと考えることができるでしょう。例えば日本では、道元の『正法眼蔵』や親鸞の思想を記した『歎異抄』などが表す、世界や人間存在についての深奥な思考が存在しました。ただ、このように広義で哲学という概念を理解するときには、「汎哲学化」の傾向に注意することが必要です。哲学と思想とのあいだにはやはり違いがあります。その違いがあることを理解することも必要です。

哲学は（人間を含む）世界万物の「根源性」、「原理性」の探索であり、論理の上で努力して真実存在に迫る求知の過程であり、その論理的整合性を最大限まで追究し、遂には仮定前提のない真理の把握に到達することを目ざします。

藤田正勝教授は『日本問題研究』に発表された「日本如何接受〝哲学〟？」という論文で、西周がなぜ「philosophy」を「理学」と翻訳せず、「哲学」という造語を採用したのかについて詳細に説明を尽くしていますが、それによって我々の「哲学」と「非哲学」という学問の根本的区別の理解が大いに啓発されます。[2]

藤田教授は論文の中で「儒学の特質は〝真理〟を儒学の起点に据えた孔孟の説にあり、それを代々伝授することを求め、永遠に受け継いでいった」、即ち「西周は儒教が内包する根本的な問題は先人の言に固執するところにある」と指摘しました。一方「ヨーロッパの学問の根底は伝統遵守を前提としてはおらず、その真理観念はむしろ批判的検討を通してこそのものであり、それによって事物の真相が把握されうる。つまり、真理は一貫して発展の中に存在する」と言っています。このような根本的な違いによって西周は〝philosophy〟を「理学」とは訳せず、「哲学」の訳語を採用し、区別したのです。

卞崇道——あなたの解釈からわかることは、哲学に対する理解はふつう二種類に分かれ、狭義では形而上学(存在論、本体論)の意味での哲学であり、広義では実践的な部門をもということですね。アリストテレスの分類した学術領域からすると、当然ヨーロッパ哲学は形而上学という狭義の哲学に収まるものではありません。今に至るまで我々はずっと西洋哲学の主張に縛られ、さらには狭義の哲学理解の束縛を受けていますが、もしグローバル化が進む現代にあって、依然としてヨーロッパの狭義の哲学理解に依拠して東アジア哲学の「妥当性」を論ずるのであれば、それはもう意味のないことだと思います。

林美茂——日本哲学の「妥当性」について議論するに当たって、まず一つの基準をはっきりさせておくことが必要です。広義にせよ狭義にせよ、哲学の本質、その最重要の問題は「知」であり、徹底した求知精神は変わらないということです。古代ギリシア時代に哲学が誕生したのは、古代ギリシア人の「知」へのあくことのない探究があったからこそです。以後も、「知」の問題が世界の認識において最も重要な問題であったからこそ、西洋的な意味における哲学が確立し得たのです。

この西洋の哲学が追究してきた「知」は、決して我々が一般的に理解している「知」、即ち人間がふつうにもつさまざまな事物に関する認識ではありません。それは、この種の「知」を本当の意味で反駁不可能なる真理というレベルにまで追究していきます。即ち「真知」の高さにまで追究していきます。この追究こそが、西洋哲学が思想から区別され「哲学」となった根本理由なのです。中国あるいは日本哲学の「妥当性」問題に関して絶えることなく疑問が呈されるのは、我々東洋人の学問、特に中国を主流とした古代経学思想において、「知」の問題をどこまでも追究し、また繰り返し問うという探究の精神がなく、「知」を人間の智慧と真知とに区分するということがなされなかったからです。つまり「臆見」と「知識」との峻別を行わなかったからです。西洋哲学の根本は正に、如何にして人間の「臆見」を哲学的探究によって「知識」の高みにまで押し上げるかにあります。この種の「知識」が真知であり、それはすべての存在に関して原理的な理解へと至ろうとします。正にこの為、哲学は往々にして「形而上学」と同一視されますが、本当はそうではなく、上述のアリストテレスが区分した学問領域の実践哲学の範疇の中で、国家、社会、家庭、個人の行動の原理的探究も、同様に根源的な認識を含むと言えます。

卞崇道――ということはつまり、今日我々は哲学と形而上学との同一視を越えて、哲学概念の内包と外延を拡大し、哲学に対する新たな理解を以て基準とし、日本思想を改めてつぶさに観察しなければなりませんね。じつは日本の著名な哲学者である西田幾多郎は哲学に対して早くから独自の理解を持っていました。それはどういった「哲学」理解だったかといいますと、西田はベルクソン『精神力』の日本語訳（小林太一郎訳）出版に際して書いた「序言」に、「哲学は我々の生命の論理的自覚の意義を有するかぎり、それは民族的でなければならぬ。イギリスにはイギリスの哲学があり、ドイツにはドイツの哲学がある。フランスにはフランスの哲学がなければならない(3)」。この理解を基にすると、中国には中国の、日本には日本の哲学が存在します。それぞれに哲学が存在するのは、哲学がただ単純な論理操作や単純な文献研究ではなく、「生命の論理的自覚」であると考えたからなのです。西田はいわゆる「生命」は、具体的に言うと、「言語」を通して事物を感知し、思考し、表現するという我々の全ての活動を指すと考えています。自覚的にこのような人間の活動、人間の存在のあり方を具体的に把握し、それに対して概念的理解を加える、これもまた哲学であると言えます。

林美茂――問題は「概念的理解」に関わります。我々アジア人はこの種の厳密な概念を積みあげていく思考に長じていないのです。一方ヨーロッパ人はソクラテス以来「定義」を重視し、事物の本質についての探求を行ってきました。近代以前の日本人の思想文献の中には基本的には「概念的理解」を見いだすことができません。それは近代以降に出てきた学術的傾向です。したがって「概念的理解」という観点から見ると、近代以前の日本に「哲学」が存在したとは断言できません。

私は「我々の生命の論理的自覚の意義を有するかぎり」という西田の言葉は、精神に関わるものとして理解する必要があると考えます。つまり、ここで言われる「論理的自覚」は自覚求知の精神を目指すものです。その観点から言うと、哲学は「民族的でなければならぬ」という言葉の意味もよく理解できます。先に言った問題に戻りますと、哲学は学問的探究でもありますが、更に重要なのはそれが精神に関わっているという点です。その面から日本哲学の「妥当性」について考えてみると、近代以前の日本にも哲学は当然有ったということになります。日本の古代思想には広範囲において哲学的思考の要素が存在しました。広義の哲学という観点に立てば、日本哲学の有無という問題は争う必要のないものであり、中国哲学の有無についても同様です。学問の方法では、西洋のそれと東洋のそれとの間に違いがあったかもしれませんが、精神の面では、つまり哲学の倦むことなき探究という点では、西洋と程度の差こそあれ、本質的には変わりはないと言えます。

卞崇道――あなたの見解を基に、西田の上述の理解と渡邊二郎教授の論文「客観性の探索と主体性の確立――「日本哲学」の課題」(4) を結びつけると、私は日本には古代から哲学(あるいは哲学思想)があると言ってよいと考えます。大まかに言えば、それは以下の三つの面を含みます。一つ目は、古代からの日本人の価値観、自然観、宇宙観、人生観等、即ち日本人の自然と人間に関する思考です。二つ目は、西洋哲学を取り入れた後のそれに対する研究の成果です。三つ目は、西洋哲学との対決（対話）の過程において日本の学者が独自に構築した哲学です。

林美茂――渡邊教授に話が及びましたが、我々は皆彼をよく知っています。比較的早い時期に日本哲学の「妥当性」の問題について考えた学者の一人です。彼の哲学に関する境界線引きは広範で、哲学の一面的な理解を克服しようと努力しています。例えば彼は、『岩波哲学思想辞典』で「哲学」について次のような解釈をしています。（1）「哲学を広く人生観および世界観の全般にわたる諸思想の意と解すれば、それが古くから東洋でもインド・中国・日本において仏教・儒教・道教その他諸思潮となって展開されてきたことは言うまでもない」。（2）「けれども現代においては、とりわけ西洋哲学に由来する厳格な論理性において追究される、統一的全体的な人生観・世界観の〈理論的基礎〉の知的探求が、哲学の根本性格を成すものと世界各国で考えられていることは、間違いのないところであろう[5]」。渡邊教授の観点からすると、彼の理解する哲学には明らかに広義と狭義の二重の意味があります。広義の観点から言うと、人生観、世界観に関わる諸々の思想は全て哲学とみなすことができます。他方、狭義の理解に立てば、依然として西洋哲学の本質からの理解、つまり哲学を厳格な論理性追究と統一的、全体的な人生観、世界観の理論的基礎の知的探求に限定されます。今求められるのは、西洋哲学を認めた上で、その領域を拡大し、アジアの古代思想、宗教を全て含むものとして「哲学」を考えることです。

渡邊教授の考えに呼応するように、南山大学宗教文化研究所は現在その研究プロジェクトの中で『日本哲学資料集』（英語版[6]）の整理と編纂を進めていますが、この研究所の公開ホームページでは、西洋哲学が日本へ入った後の日本の文献を日本哲学文献とするだけではなく、前近代の日本思想も日本哲学の資料として資料文献集の中に編入しています。例えば、仏教の空海・親鸞・道元等、儒学の林羅山・伊藤仁斎・荻生徂徠等、神道・国学の北畠親房・本居宣長・平田篤胤等、武士道の宮本武蔵・山本常朝等、各領域の重要人物を全て網羅しています。これはとりもなおさず、現在の日本の哲学に関する理解が、渡邊教授の路線に沿って進んでいることを意味します。南山大学のこの研究の代表者の一人であるジョン・マラルドは論文「生成中の哲学を定義すること」において、西洋中心主義に立って哲学を定義するか、その枠を越えて定義するかという問題を提起しています。彼によれば、今の世界では哲学の定義の問題に関して「文化内」と「文化間」の二大陣営に分かれています。(7)「文化内グループ」はギリシア・ローマの伝統的な意味で哲学を理解しようとします。それに対して「文化間グループ」はギリシア・ローマ以外にも同様に知的探求があることを認めます。つまり「智慧を愛する」というもともとの意義にしたがって哲学を理解します。このため、二種類の学問陣営が存在し、一つは哲学の範囲を限定し、他の領域と厳密に区別します。それに対してもう一つは哲学の範囲を拡大し、さまざまな内容をその中に組み入れます。

ジョン・マラルドの分け方に従えば、広義の哲学は当然「文化間グループ」の学者の観点に属します。「哲学の範囲を拡大し、その発展内容を受け入れる」という路線を採用します。卞先生が先ほど纏められた日本哲学の三つの内容を見ると、二つ目と三つ目は問題無く哲学と認めることができます。なぜなら、それらは全て西洋哲学を受け入れた上で哲学か否かという理解・把握・評価をしているからです。問題は一つ目、いわゆる「古代からの日本人の価値観、自然観、宇宙観、人生観等、即ち日本人の自然と人間に関する深層的思考」をどう見るかということになります。

先に述べた『岩波哲学思想辞典』での渡邊教授の「哲学」理解を基にするならば、この一つ目も問題になりません。しかし、このように哲学を理解することには、注意すべき点が一つあります。それは、先ほども言いましたが、「哲学がない」という極端から「汎哲学化」というもう一つの極端に走ってしまう恐れがあることです。それは全ての「思想」を「哲学」の中に繰り入れてしまうことを意味しますが、そのことによって思想と哲学との区別が曖昧にされてしまいます。他方、マラルドの分析を手がかりにすれば、この問題を克服できるように思います。「知的探求」は、研究を基礎にした厳格に弁別された内容を含む必要があるからです。従ってたとい「文化間グループ」の立場を取ったとしても、古代日本人の価値観・自然観・宇宙観・人生観の全ての文献をそのまま哲学の「発展内容」とすることはできません。

卞崇道——二つ目・三つ目に関しては、近代以降の日本の哲学研究の足跡を振り返ってみれば明らかで、議論の必要はないですね。一つ目の問題、即ち明治以前に日本哲学があるかということですが、それらは主に文献の解析を通して得られる日本人の自然と人生に関する、深層にある思考の成果です。例えば、日本で初めて国によって編纂された歴史書『古事記』（七一二年）・『日本書紀』（七二〇年）及び初めての詩歌集『万葉集』（八世紀末）からは、古代日本人の精神的な営みについてのさまざまな情報が伝わってきます。中国で有名な日本哲学研究者・朱謙之は「日本では七世紀中頃の大化の改新以前に、純粋な哲学形式での世界観はまだ存在しなかったが、それでも哲学がなかったとは言えない。日本哲学の思惟は（『古事記』『日本書紀』に記載された）古代神話伝説の中に萌芽的に現れ、そこから真の哲学史に移行していった」[8]と述べています。『古事記』は日本人の宇宙観・生死観を反映した初めての思想文献と言っていいでしょう。八年後、『日本書紀』が編纂されましたが、この中の「神代」巻の内容は『古事記』とほぼ同じで、中・下巻の天皇に関する記述が違っており、『日本書紀』は七世紀末まで、『古事記』は六世紀末までを叙述しています。『古事記』上巻である神代巻は神話伝説を基に書かれ、『旧約聖書』の「創世説」に相当し、主に世界の起源・日本国土の生成が語られ、古代日本人の神・自然・人間関係に関する思想が反映しています。

もし創世神話を天地形成の類型の三種類、即ち形成型・生産型・製作型に分けるとするなら、『古事記』が描いた創世説は天地開闢の形成型と国土生成の製作型を共に含む二重の性格を持っています。この種の特徴は天上物と地上物の二重起源にも関係し、まだ討論の余地が残されています。

林美茂――ここでは私は、卞先生や朱謙之大先輩とは意見が少し違います。というのは前に出てきた「汎哲学化」の問題です。もし『古事記』『日本書紀』『万葉集』など日本の古代神話・歴史・文学等の文献をすべて哲学的な思惟としてしてしまいますと、「哲学」と「思想」の境界が曖昧になってしまいます。確かに、『古事記』や『日本書紀』の中には古代日本人の自然観・宇宙観を見ることができますし、さらには『古事記』の中で描かれた高天原の八百万の神々を古代日本人の天文学や星座と結びつけて解釈する学者もおり、これらは問題ありませんし、古代日本の素朴な宇宙・自然思想の現れとして理解することも問題ないと思います。『万葉集』も同様で、恋歌が多数を占めるとはいえ、その中にはやはり古代日本人の生死観・自然観・倫理観・価値観など重要な思想内容を見出すことができます。しかし、我々が広義に哲学を理解すべきだと強調するに当たって、無原則に全てを「哲学」に繰り入れてしまってはならないと思います。

「思想史」と「哲学史」の区別があるのは、「思想」以外に、「哲学」という「思想」とは別の知識体系が存在するためです。どんなに哲学の領域・範疇を拡げても、哲学の根本を曖昧にすることがあってはなりません。それは言いかえれば、哲学は「ロゴス精神」という独自の知識追究の態度を必ず備えていなければならないということです。西洋哲学の起源を見渡したとき、哲学は、正にギリシア人が神話的な思惟に別れを告げた時に誕生したと言えます。初期自然哲学が現れる前、ギリシアには既に輝かしい神話文明がありましたが、これらの文明はどれも哲学の起源にはなりませんでした。ターレスが、自然を自然のままに観察思考し、その起源に関する説明を行ったとき、哲学が生まれたのです。神話・物語・文学などは、言わば“mythos”に属し、そうした宇宙や自然の起源の説明は虚構と想像の産物であり、主観的思惟の上に立てられたものにすぎません。そこには客観的根拠や論理的説明がありません。この種の説明をそのまま「哲学」と言うことはできません。「思想」は「臆見」であり、主観的な思惟に基づくものですが、「哲学」は必ず「ロゴス」（logos）の基礎の上に立ち、客観的根拠をもつ学説へと到達することをめざします。想像・虚構を排し、厳密な思弁・論理・論証に基づく言説なのです。

もしこのような区別に立脚すれば、神話に属する『古事記』『日本書紀』および『万葉集』は全て"mythos"であり、「ロゴス的精神」による追究がそこには欠けています。したがってそれをそのまま日本人の哲学的思惟として扱うことはできません。しかしながら、先ほど話した平安仏教・鎌倉仏教での数名の高僧の著作は違います。それらは神話や物語の説明ではなく、一種の宗教原理・時空観・倫理観などであり、信仰の基礎にある原理的なものを論理的に表現しています。それは広義の哲学範疇に入るものです。その意味で、これら古代から前近代の日本人思想の中にも既に哲学的な思惟が存在していたことは、当然認められます。

卞崇道――『古事記』『日本書紀』『万葉集』などが古代日本人の哲学的思惟の性格を備えているかどうかという点については、まだいろいろな意見があるでしょう。林美茂博士は哲学と認定するための基準を自分で持っていますが、この基準は古代ギリシア哲学の中に現れている哲学の重要な基準であり、正統な哲学的思考に属しています。従って確かに哲学の有無を討論する時に我々が注意しなければならない点です。あなたの認定基準によれば、古代日本の『古事記』『日本書紀』『万葉集』は哲学の範疇に入りませんが、仏教思想の中には基準に合う文献があるということですね。とても嬉しいことに、これに関しては我々の意見は一致しています。確かに、仏教は日本へ伝わり日本人の思想・精神生活に大きな影響を与えました。これらは日本の哲学思想の歴史の始まりだとも見られます。仏教は日本人に二元世界の観念をもたらし、また人間に関する理解を豊かにしました。空海の『三教指帰』（比較思想）や道元の『正法眼蔵』（時間観）、親鸞の思想を書いた『歎異抄』（悪人正機説）などは、全て豊かで深い哲学的思考を含んでいます。

林美茂――これ以外でも、江戸時代は日本の思想家が輩出した時代で、創造的な思想が数多く生みだされました。日本儒学・国学・洋学・武士道・神道などの思想の中には日本人の哲学的思惟の営みが見られます。しかし、同様に、全ての思想を哲学の領域に繰り入れるわけにはいきません。思想文献の中から哲学に属する内容を探し出さなければなりません。

卞崇道——疑いなく、近代以前の日本には既に多くの自然と人間に関する哲学的思考の成果が蓄積されています。西洋哲学を取り入れるためのしっかりした基礎があったと言えます。

林美茂——最初の問題に戻ってみたいと思いますが、私は哲学は一種の精神であるという理解をしていまして、その観点から見ると、日本文化の中には早くから哲学的精神が存在していました。哲学文献がどれだけ存在するかというのは問題ではありません。この種の精神とは、たゆまぬ知識欲であり、徹底した求証求真の精神なのです。私の見るところでは、アジア諸国では日本人の物事を追究するときの態度ほど、古代ギリシア人のそれに近いものはありません。日本人の「知的好奇心」はギリシア人のそれととてもよく似ています。哲学がギリシアで誕生したのは、ギリシア人たちの「知的好奇心」が旺盛だったからです。正にこの好奇心の故に、現実の学問探究や知的追究が功利性という目的を越えて、知識欲を一種の無目的な行動とならしめ、知りたいと思うことが目的それ自身となったのです。これは我々中国の知識人のような、「書を読めば黄金の家が手に入り、書を読めば玉のような美女が手に入る」という、読書と現実の出世や金儲けが直接リンクし、現実の物や名誉の追究が勉強・学問の目的となっていたのとは違います。科挙制度はこの種の目的を正当化・合法化するシステムであったのです。

日本史全体を見渡すとすぐわかりますが、日本人も最初中国の科挙制度を取り入れようとしましたが、結局、成功しませんでした。その歴史はとても複雑で、日本の律令制度での官僚の昇進・任免と一定の関係がありました。しかし結局、直接的な功利性の獲得という目的に結びついた科挙制度は日本では広まらず、日本の知識人の勉学の目的は内在化し、純粋な精神性が追い求められました。こうした精神風土から、古代ギリシア哲学誕生に必要だったのと同じ気候・土壌条件が生まれました。

近代、明治期の日本人たちは西洋の学問を積極的に吸収し、消化していきましたが、その上にいわゆる日本哲学、つまり日本人の文化気質にあった、そしてアジア的思惟の特質をそなえた哲学（西田幾多郎・鈴木大拙等）が成立しました。これらは皆日本人の功利性追求を越えた知識欲、いちじるしい「知的好奇心」、ギリシア人に近い向学精神と直接関わっていると思います。もし哲学を一種の精神としますと、日本人は古代からこの種の哲学的素質と精神風土を持っていたと考えられます。確かに明治以前は、哲学という学問は存在しませんでしたし、純粋哲学の文献もありませんでした。明治時代から日本人が西洋の学術的概念や学術的思考、方法、学問体系等を取り入れ始めた後、やっと一つの学問として哲学を持つようになりました。しかし、我々は日本に哲学があることを認めなければなりません。実際、狭義の哲学であれ広義の哲学であれ、日本に哲学があることは否定しようのない事実です。

卞崇道——現在、日本の哲学思想界では一方で伝統を踏襲しながら西洋哲学の理論的な諸学説を研究するとともに、もう一方で実践哲学に注目しようとする動向が現れてきています。

日本人の人生観・世界観の歴史伝統を再認識すること、また哲学的基礎の上に立ってそれについて客観的な探究を行うことは、我々が現在日本研究を進める上での新しい課題であると言えます。日本学術界の近年来の動きとして、グローバル化の中で日本人自身が主体的に自覚した哲学的な「人生観・世界観」というものを確立し、世界に向かって発信しようとしています。林美茂博士、現代の日本哲学の課題と可能性についてお考えがありますか。

林美茂——日本学術界がまず解決すべき問題は、日本自身の哲学に対する自信を如何にして確立するかだと思います。私の長年の日本生活の経験によると、未だに日本学術界の多数の学者が日本には価値ある哲学的思考が存在しないと考えていますし、ドイツ哲学の研究者は基本的に京都学派の哲学を軽視しており、西田哲学に対しても非難の言葉を向けています。しかし以上で見たように、我々は、日本哲学の意義と価値をはっきりと確認することができます。いま必要なのは、日本哲学に属する文献を研究・整理し、日本哲学研究を志す研究者たちにそれを供することです。例えば、ギリシア哲学ではプラトン・アリストテレスが自ずと研究対象になりますし、ドイツ哲学ではカントやヘーゲル、ハイデガーの名前が自ずと浮かびます。中国哲学ということであれば諸子の名前と文献が机上に出てくるでしょう。しかし、日本哲学の場合、その研究対象がまだ十分に確定されていません。

私は、以下の文献を整理し、すぐに使えるようにしなければならないと考えています。（1）日本人がヨーロッパ人の思惟方式・論理的思弁方法を用いて哲学的諸問題について研究した論著。（2）純粋なヨーロッパ人の哲学方法と概念体系など西洋哲学の立場に立ってなされた研究の成果。（3）ヨーロッパの学術用語・学問体系が日本に入る前に、アジアの思想文化の影響を受け日本で形成された儒学・国学・仏教など、日本の伝統思想の経典文献。（4）神道・武士道・茶道・花道・狂言・能・歌舞伎などの日本人独自の哲学的思考に関する文献、以上の四つです。

まとめて言えば、日本哲学の現在の課題はまず、日本哲学文献の発掘と整理、つまりこれまで積み上げられてきた豊富な学術資源を整理・再編成し、その基礎の上に立って日本独自の哲学を提唱することでしょう。例えば、ここ十数年来日本で起こってきた「公共哲学」の構築の試みはとてもよい例です。この試みは現在、日本学術界の各領域の中核の力を結集し、領域間の垣根を打ち破り、学問の横断的交流・対話を実現し、現代の諸問題を取りあげ、新しい時代の哲学を生みだしていく可能性を探究しています。私はこの公共哲学構築の試みが持続的になされれば、二十一世紀に日本が世界に向けて送り出す、新時代を切り開く価値ある哲学がそこから生まれてくるという予感を抱いています。

卞崇道——あなたの見方にまったく賛同します。今日の話題はここまでにしましょう。今後も日本思想と哲学に関心のある多くの識者の方々に、いろいろとご意見を頂ければと思っています。

注

（1）中江兆民『一年有半』、『中江兆民全集』第一〇巻（岩波書店、一九八三年）、一五五頁。
（2）藤田正勝「日本如何接受〝哲学〟？」、『日本問題研究』第一号（河北大学、二〇一二年）六―一二頁。
（3）『西田幾多郎全集』第一三巻（岩波書店、一九七九年）、二一七頁。
（4）『日本問題研究』第一号（河北大学、二〇一二年）、一三―一五頁参照。
（5）『岩波哲学・思想辞典』（岩波書店、一九九八年）第一一一九頁。
（6）Heisig / Kasulis / Maraldo (ed.), *Japanese Philosophy: A Sourcebook*, Hawaii UP, 2011.
（7）マラルド（John C. Maraldo）「生成中の哲学を定義すること」、J・W・ハイジック編『日本哲学の国際性――海外における受容と展望』（世界思想社、二〇〇六年）、二六四頁。
（8）朱謙之『日本哲学史』（人民出版社、二〇〇二年）一頁。

（宮崎隆幸＝訳、林 美茂＝校閲）

第２部　東アジアという視座から見た哲学の形成

第5章　東アジアと哲学
——一九三〇年代の対立と相互作用

高坂史朗

序　一九三一年（昭和六年）の思想史的意義

一九三〇年代の問題は一九二九年のニューヨーク株式市場の大暴落に始まる。その世界恐慌下に、それぞれの国がブロック経済をしいて、帝国主義的再編成をはかるもので、その動きを正当化する民族主義の国家哲学の問題でもある。それはファシズムとナチズムそして天皇制国家に顕著に見られる。一九三一年（昭和六年）は満州事変（柳条湖事件）が起こった年である。そして一九三七年盧溝橋事件の日中間の全面戦争へと突入するのである。ところがその一九三一年日本の思想史・哲学史上で顕著な動きが始まる。新カント学派の時代からヘーゲル主義への転換点であり、マルクス主義の隆盛である。

この一九三一年が思想史的に分岐点であるとともに世界の思想動向との交点でもある。このことは東アジア各国においても同様の歴史的振動を与えている。中国では柳条湖事件、盧溝橋事件へと日中間の全面戦争の時代、朝鮮では日本の帝国主義支配の皇民化政策が強化される時代である。その国家間の対立の激化の中で、哲学者はその民族という場と歴史的課題を担って、学問的普遍性という思惟を展開した。そこには対立・断絶とともに、個々には無自覚であっても、東アジア間の相互作用が存在したのである。そのことを明らかにすることによって、世界は各国史ではなく、まさに世界史的に展開していることを示すと同時に東アジア間の文化の相互作用を明らかにしたい。(1)

一　京都学派の哲学的課題

1　西田幾多郎の哲学

西田幾多郎の『善の研究』の出版は明治四四年(一九一一年)で、明治維新以来の日本の近代化の、あるいは西周が導入した「哲学」という学問の日本での一つの完成であり、同時に大正時代の時代思潮を開く象徴的な存在であった。西田幾多郎の『善の研究』、それ以降の西田の哲学活動を一般に西田哲学と呼ばれるが、その哲学の活動は大正期を貫き、昭和三(一九二八)年の定年退官後も続く。西田の一貫した問題意識としては「自己」と「超越」、それも〝絶対者への超越〟ではなく、いわば〝内在的超越〟、「無への超越」がその哲学の中心課題である。それは『善の研究』から『自覚に於ける直観と反省』(一九一七年)『働くものから見るものへ』(一九二七年)『一般者の自覚的体系』(一九三〇年)と一貫して個と全(類)の立場であった。これは当時の大正期の思潮、および新カント学派の哲学的課題とも相応する。大正の時代の思潮は民本主義・資本主義で文化思潮も教養主義という、個人が人類に依拠したあり方をとる。日本の新カント学派の流行もドイツの新カント学派隆盛に依拠している。人間主義・批判主義・人類同胞主義がそこに見出せる。その個と全という哲学課題および西田を中心とする京都の哲学界のあり方に大きく変化を与えたのは哲学的には田辺元の「西田先生の教えを仰ぐ」であり、思想的には三木清の時代感覚を鋭敏に看取したジャーナリスティクな活動である。いわゆる京都学派の形成はここから始まると言えよう。そしてその中心的なテーマは「歴史的意識」と「社会存在論」である。

2　歴史的意識と社会存在論

歴史的意識を担ったのは三木清である。戸坂潤の言葉によれば三木清は常に「終始一貫歴史哲学者」であった。三木の歴史哲学は大きく三段階で展開される。1「ヘーゲルの歴史哲学」(一九二九年)に著された「歴史はすべて現在性に向つて解釈されてゐる」というディルタイのヘーゲル理解に基づく論である。2この歴史意識における現在性の中に「未来の意識の欠けてゐたこと」を指摘・反省し、つぎの段階ではマルクス主義の〝歴史意識〟に依拠する。唯物弁証法の立場をとる。しかし彼がマルキストの立場に身を置いたとしても、その立場が不徹底であるという批判を受ける。さらに自らもその唯物史観の直線的時間意識に満足できない三木は過去を負って未来へ踏み出す瞬間としての現在である「歴史主体」を模索することによって、西田哲学へ再接近することとなる。それが第三の段階である。

この三木清の歴史意識の立場を「観念論の粉飾形態」「浮浪弁証法」と激しく非難し、自らを正統マルキストと称した人々がいる。服部之総、本田謙三、戸坂潤らである。彼らは三木に導かれてマルクス主義を学んだのであるが、その彼らが三木を糾弾することによって、自らの立場を正統と主張するのである。その一人戸坂は自分の弁証法を「科学的精神」という言葉に託した。「科学精神とは事物の運動に従って把握する精神である。それは自然科学一点張りの科学万能主義と異なった実証的精神に貫かれている。それは事物の時間的歴史的推移の必然性をとらえる歴史的認識の精神である。それは世界を根底から動かす技術的精神である。この科学的精神を認識する実在が「科学的世界」であり、一方では自然科学的世界の「自然弁証法」であり、他方では社会科学的世界を特徴づける「史的唯物論」である。この両者を統一媒介するのが唯物弁証法・弁証法的唯物論となる。戸坂はこの「科学的精神」こそが天皇制に対抗する力と考えた。

逆に西田哲学の枠組みの中で歴史哲学を打ちたてようとしたのが高坂正顕である。高坂の『歴史的世界――現象学的試論』(一九三七年)は歴史的世界の種々なる現象の分析とその分析を通じて歴史的世界そのものの成立を跡づけようとする。歴史は文化のみによって動くものでもなく、逆にまた単に国家のみによって動くものでもなく、文化と国家という二つの中心を持った楕円であり、主体的決断によってその両者が媒介され、その主体的実践によって歴史的中心にまで総合される。それが歴史的主体である。ここで問題とするのは従来のカント研究から受け継いだ「文化」の問題とヘーゲルから課題として受け取った「国家」そしてマルキシズムの「実践」である。さらに高坂正顕の『歴史哲学と政治哲学』(一九三九年)は果敢に世界の現実と政治的世界にアプローチしている。京都学派の人々は西谷啓治の「哲学や宗教の研究に身を託してゐる者の一人として、此等のものと国家との関係を今の自分の力で出来る限り明かにしてみることが、現在のやうな状況に於て特に必要事と感ぜられた。」(2)「世界関連と世界史のうちから見た現在の日本の地位を自分なりにはつきりさせたいといふ要求」を抱いたのである。

3　田辺元の「国家的存在の論理」

田辺元は一九三〇(昭和五)年に有名な「西田先生の教を仰ぐ」という文を草して「絶対無の自覚を以って凡ての超越的対象を内在化し、自覚的限定の一般者に一切を包むことは、哲学の立場を越える宗教体験に属し、哲学はこれを終極原理として構成を行ふべきものでなく、たゞこれに極限的関係を有つことが出来るに止まるのではないか」という批判をなしている。これは西田の個と全（無）という自覚の立場に対して歴史的社会的な人倫世界（種的基体）の論理を主張するものである。ここから田辺のいわゆる「種の論理」が生み出されてくるのである。それは個人と種的基体（社会存在）との対立を否定的媒介として、国家存在の原理を種的基体に認め、この国家強制を自由に転じて自己犠牲即自己実現、統制即自発的協力なる国家組織の建設において、否定的に基体即主体の転換をなす絶対否定の媒介性を確立する、と論じる。そしてこの議論は、基礎的存在論は国家的存在論である（「国家的存在の論理」（一九三九年）という論考へと至っている。もちろん田辺は「全体主義と個人主義との両方に反対して、その抽象性を指摘し、絶対媒介的国家主義の実践的媒介性を強調」（VII-93）する。田辺元の西田批判に始まる社会存在、階級・民族・国家の議論は多くの哲学者をさまざまに、その議論に巻き込んでいった。(3)

二　「中国哲学史」

1　胡適 History of Chinese Philosophy

中国の一九三〇年代の哲学的活動は馮友蘭の『中国哲学史』（一九三一年）の出版が象徴的な意義を持っている。まさに柳条湖事件の年である。当時馮友蘭は清華大学の文学院長の職にあり、国共対立の政治的渦の中にいた。この作品自体は前任の燕京大学時代の「中国哲学史」の講義をもとにしたものである。ところで自国の「思想（儒教）」を「哲学」と呼び、「中国哲学史」という言葉を定着させたのは胡適である。胡適は蔡元培の要請で北京大学哲学科教授となり、コロンビア大学での英語の学位論文の内容 History of Chinese Philosophy を帰国の船の中で中国語に置き換え「中国哲学史」と表現した。そしてそれを『中国哲学史大綱上巻』を出版したのは一九一九年であり、五・四運動という中国の歴史的転換と軌を一にしている。ただ馮友蘭の自伝によれば一九一五年には北京大学に「中国哲学門」が規定上設けられていたが一九一七年の胡適着任まで実質的な内容はなかったという[4]。

胡適の「中国哲学史」（先秦名学史）の主眼は「中国哲学在世界哲学史上的位置」（中国哲学の世界哲学史上の位置づけ）にある。胡適の著作意図が西洋哲学史に対抗する中国ナショナリズムであることは明らかである。しかもそれは西洋思想をただ単に「夷狄」のものと拒否するのではなく、西洋哲学に対抗し得る〝思想内容〟を見出し、内在的な発展の中で中国近代化の道筋を探ろうとするのである。しかも論理学的発展をその発展史に内含しているという見解を取る。孔子の正名、墨子の三表法、別墨及び恵施、公孫龍の辯学、荘子及び荀子の名学など、中国思想家それぞれの論理学を明らかにしている。梁啓超は「胡適は名家を一学とは認めてゐない。各人各人が名学（論理学）を有する、と云ふのであつて真に絶大なる見識である。各人の学術を批評するのにその名学からその学問研究の方法を見出している」[5]と賛美する。

さらに付言すれば、日本哲学史は近代以降にしか使用せず、それ以前を日本思想史と呼ぶ。つまり西田哲学、田辺哲学という呼称は一般的だが聖徳太子の哲学や仁斎哲学・徂徠哲学とは呼ばない。これは西周の「哲学」の命名の意図によるのであるが、それに対して中国は四千年の中国哲学史の伝統があり、孔子の哲学、老荘哲学、朱子の自然哲学という言い方はこの胡適を分岐点とする。

2　馮友蘭の「中国哲学史」

さて馮友蘭の『中国哲学史』である。彼の「第一編子学時代」は一九三一年に出版された。まさに日中戦争が始まり、中国共産党と国民党との対立の激化の中でである。馮友蘭は一八九五年に生まれ、一九一八年に北京大学を卒業。その後、一九二三年までアメリカ・コロンビア大学でジョン・デューイやウッドブリッジの指導を受けた。彼の立場は当然プラグマティズムから出発する。そして新実在論へと移行し、さらに弁証法の立場へと展開する。それはまさに中国哲学史の変遷を具現している。

馮友蘭の「中国哲学史」は胡適と異なった観点を持つ。彼は中国哲学史を「子学時代」「経学時代」「それ以降」に分け、時代の発展性を明瞭化した。それも中国哲学史と中国の歴史展開との連動性を強調したのである。子学時代について「哲学とは哲学者による体系的思想だから、個人の著述のなかに表現されなければならない。孔子以前には個人的著述の事例がないため、正しい意味での哲学が存在したかどうか知るすべはない」(6)と述べる。胡適が老子から始めるに対して「学派を創った」孔子から中国哲学史が始まるとする。その春秋時代には経済制度の一代変革があり、奴隷制から封建制へと移行するという社会変革の考察がなされている。明らかに唯物史観の影響下に考察が展開される。

「子学時代」に対して「経学時代」を次のように表現する。董仲舒の主張が実行されて「子学時代」は終わり、董仲舒の学説が成立して「経学時代」が始まった。それ以来、孔子は変じて「神」となり、儒家は変じて「儒教」となった。「中国の大部分の思想は儒家のもとに統一され、そして儒家の学は「経学」として確立した。これ以降、董仲舒から康有為に至るまで、著書立説する者は、ほとんどの場合、その思想がいかに新奇なものであっても、経学に根拠を求めない限り一般の人には是認されないことになった。(7)その意味で「経学」という語は思想の硬直、停滞の代名詞であると論じている。

康有為以降は新しい時代が始まるのであるが、それは古文経学の出現するにいたって、孔子が「人」の姿を取り戻す時代なのである。この記述から中国人が「哲学」に託した意図が明らかとなる。学問はかつて経学・諸子学・宋明理学と区別された。経学の権威に学問は硬直化した。しかし、新たな時代の問題はむしろその経学が疎んじた部分の学問が対応力を持っていた。そこで、経学から脱するために諸子学へ一旦戻し、それを「中国哲学史」として、儒教をも含めて展開することによって、思想的対応を図ったのである。そしてこの時代を封建制から半植民地・半封建制へと移行する時期とはするが、中国の歴史的現実から記述が曖昧なものになっている。つまり明瞭な三区分論になっていないのである。

この馮友蘭の三分割の時代区分はヘーゲル的ないしは唯物史観的、すなわち弁証法的歴史区分に色濃く影響を受ける。また本人もそう主張する。しかしこんにちから見て彼の語る歴史区分はヘーゲル的よりもむしろ中国人の歴史的淵源への歴史観「三統説」に近いかもしれない。馮友蘭の唯物史観は「否定」を伴わないものであり、中国化された弁証法ではあるが、ともあれ「中国哲学史」は〝唯物史観〟をいかに適用するかが主要な課題となった。

3　唯物史観

唯物史観の導入は馮友蘭が最初ではない。李大釗と陳独秀らの働きが大きい。中国におけるマルクス哲学の導入の経緯を略述しよう。(8) マルクス主義哲学の伝播者の多くは、日本でマルクス主義哲学を理解摂取し、それを翻訳して中国に紹介した。陳博堅・李大釗・李達・李漢俊・胡漢民などである。一方、ヨーロッパに遊学した進歩的青年、周恩来・蔡和森などもフランスやドイツなどの地で実際の体験を通し、マルクス主義哲学の文化的背景を理解した。さらに、一九三〇年代ソ連から伝わったマルクス主義哲学は、教条主義的なものではあったが、以後五十年間「正統」の地位に就いた。艾思奇の「大衆哲学」(一九三八年)、「哲学与生活」(一九三九年)などがその例である。

中国での唯物史観の援用は〝唯物論〟と〝唯心論〟の対立抗争の哲学史として描かれる。たとえば、従来の哲学史は墨子を孔子の次に並列し、儒家の影響のもとに起こり、別の一家をなした、と論じてきた。それに対してマルクス主義の哲学史では「孔子の唯心主義哲学思想」に対して「墨子の進歩的社会観と唯物主義認識論」が対抗する。さらに「孟子の主観唯心主義哲学思想」や「老子の唯心主義哲学」が地主・貴族階級のイデオロギーを呈して思想表現する。それに対抗するのは後期墨家であったり、荀子や韓非の〝唯物主義〟であり、奴隷制社会の階級対立を露わにしている。しかも、自然科学をとらえようとする「気」の立場が〝唯物論〟の発展と見なされて論述されている。この教条主義的な歴史観はややもすれば形式主義的な押しつけに陥る可能性をもってはいるが、逆に「正統儒教」からは見えなかった隠された歴史や、歴史的諸矛盾、異端思想を見出す契機になると評価できるのではなかろうか。

個々人の哲学の活動とともに全国の哲学会の活動が活発化した。一九三〇年代、北京のいくつかの大学の哲学系が連携して中国哲学会北京分会が設立され、さらに全国的に組織化され、一九三五年に第一回の年会が開かれた。しかしこれらの活動も国共対立、抗日戦線の影響を色濃く反映したものであった。つまり、マルクス・レーニン主義の哲学と上海の教授達の「中国本位の文化建設宣言」およびそれに対する「西洋文化」の擁護論などである。

三　朝鮮「哲学会」の設立

1　京城帝国大学の設立

朝鮮への哲学の移植は兪吉濬が『西遊見聞』に「哲学此学은知恵를愛好」と哲学（철학）を紹介したこと（一八八四年）によるが、かれは一八八一年に来日、福沢諭吉の家に寄留するほど福沢に私淑した。他方中国からの影響は梁啓超の活動や作品からの影響（一九一〇年）である。さらにラッセルとデューイが東京と北京で講演した（一九一九年）ことがシンドロームのような現象を生み出した。(9) 一九一〇年一九一九年という年号はいうまでもなく日韓併合と三・一独立運動の年である。国家存亡と国難が朝鮮の青年に哲学への志を駆り

立てている。そしてそれは一九二〇年代の海外留学（哲学的exodus）を急増させている。若き哲学徒は「この道のみが国難克服のために選択しうる最善の方法と信じた」のである。

他方、朝鮮総督府は一九二四年に京城帝国大学を設立した。ここに赴任した人々は安倍能成・宮本和吉（哲学・哲学史）、白井成允（倫理学）、上野直昭・田中豊蔵（美学）、速水《はやみ》滉《ひろし》（論理学）などであった。

この京城帝国大学に関してひとつエピソードがある。「西田幾多郎の〔書簡一四九六〕昭和六（一九三一）年八月三日木村盛宛」の手紙につぎのようにある。

御手紙拝見いたしました　先日御出下さいました節は失礼いたしました　御話の義は私にはとても思ひもよらぬことであり私は今後唯一ケの老書生として残されたる仕事を完成する外もはや何等の余念を有せず

吉野博士の御推挙実に私には身にあまる名誉と存じますがとうかはつきり私にその意志なき旨御伝へ下さい　何卒あしからず

八月三日　西田

木村盛様(10)

吉野作造は昭和六年、京城帝国大学の第三代目総長志賀潔の後任に西田幾多郎を推し、木村盛を通じて打診したが、西田は吉野の推挙を断り、一学究であり続けることを選んだ。西田が志賀潔のあと京城帝国大学の第四代総長になっておればどうなっていたであろうか。西田の哲学的展開と京城帝国大学の行く末にさまざまな想像が沸き起こる。

京城帝国大学は確かに日本の植民地政策の大学であり、朝鮮半島の支配を確立するための日本人・朝鮮人の人材を養成するための大学である。しかし学問の普遍性はその政策目的だけに導かれるものとは別の作用ももっていることは確かである。「哲学」という面ではこの京城帝国大学の哲学科が朝鮮で制度的に哲学徒を生み出す初めての機関であった。当時、普成・延禧などの専門学校の哲学関連科目が三—四コマ程度に過ぎなかったのに比べ、京城帝国大学哲学科の基本教科は哲学・哲学史・倫理学・支那哲学・美学・心理学・宗教学・宗教史・社会学など、朝鮮国内で体系的な哲学教育を行うことのできる唯一の学科であった。一九二九年京城帝国大学から第一回の卒業生を出した。哲学科の権世元・金桂淑・朴東一・裵相河・趙容郁らである。かれらは、卒業後すぐに哲学研究活動を開始した。『新興』という総合雑誌が創刊された。朝鮮の哲学界にとって一九三〇年代はまさに激動の時代であった。日本、ドイツ、アメリカに留学していた多くの哲学徒が帰国し自国で教鞭を執った。

2 「哲学会」の設立（一九三三年）

一九三一年はヘーゲル没後百周年にあたる。ヨーロッパの哲学界がヘーゲル哲学に対する再評価を展開し、日本もその渦中にあったが、当時京都大学の留学生だった田元培が『国際ヘーゲル連盟叢書』に寄稿し、朝鮮国内でもヘーゲル主義運動が起こった。『新興』のメンバーたちがその中心であり、その年の七月と一二月に出版された『新興』第五、六号が、まさに韓国におけるヘーゲル没後百周年記念号だった。第五号には金桂淑の「ヘーゲル思想の前史：ヘーゲル百年祭を迎えて」と申南澈の「ヘーゲル百年祭とヘーゲル復興」という論文が載り、（第六号には）蘇哲仁の「フォイエルバッハ哲学：ヘーゲルを記念する意味で」と申南澈の「新ヘーゲル主義とその批判」という論文が掲載された。

とりわけ申南澈の論攷は、ヘーゲル的要素が生の哲学に相当な影響を与えたにもかかわらず、その影響を受けた哲学的形態は、実際はヘーゲルの精神からかけ離れていると主張し、ヘーゲルの真の精神のためのヘーゲル復興ではなく、社会的にはマルクス主義に対抗するファシスト的反動理論を導き出すためのもの、という見解を明らかにする。つまり、真の意味でのヘーゲル復興とは「革命する心臓と改革する頭脳」が社会的、政治的問題に対して主体的に作用することであるとマルクス主義の立場を鮮明にする。

一九三二年『新東亜』十一月号が哲学の特集号を企画したことや、一九三三年に国内の哲学者たちが結集して、初めて韓国で哲学学会を結成したこと、さらには『哲学』という学会誌を出版したことは朝鮮の危機の時代あって特筆すべきことであろう。

一九三三年は、それまで外国で哲学を学んで帰ってきた人々と、京城帝大哲学科出身者たちが合同して最初の哲学会を組織し、学会誌を創刊した年である。そうして誕生したのが「哲学研究会」と『哲学』である。海外から帰ってきていた安浩相・李鍾雨・李載薫・金斗憲らと、京城帝大卒業生の権世元（一期生）・申南澈（三期生）をはじめ、その年に卒業した（五期生）高亨坤・朴鐘鴻・朴致祐らが会合して哲学研究会を発足させ、鐘路のＹＭＣＡ会館で哲学講演会を開催した。これが好評を博するや、李載薫を編集者として、哲学学術誌を出版した。『哲学』第一号である。ここに掲載された論文の題は、以下の通りである。

朴鐘鴻「〈哲学すること〉の出発点についての一疑問」
権世元「哲学とは何か、哲学の永遠性について」
李載薫「具体的存在の構造」
李鍾雨「外界実在性の根拠」
安浩相「客観的論理学と主観的論理学」
金斗憲「倫理的評価の理念」
申南澈「ヘラクレイトスの断片語」

冒頭に置かれた朴鐘鴻の論文「〈哲学すること〉の出発点についての一疑問」は、その表題からしてこの時代の哲学者たちの哲学する理由についての代弁であり、自身の哲学的思索のための告白である。「《哲学すること Das Philosophieren》の出発点がわたくしの問題である。[…] まず、わたくしの疑問は《哲学すること》の出発点を問題として提起しうるか否かから始まる」と。彼によれば「哲学することは人の本性に属することであって、単なる学科の一部分でもなければ、学者の理智によって編み出した、ある特定の領域でもないであろう。哲学することは、人にとって根本的な生起である」。それゆえ、哲学することは、その出発点によって方向を決定されざるを得ないという。哲学することは本質的に、それ自体の定義を問う前に、出発点がまず問題視されるのではないかと彼は自問する。そして結論として彼は、あらゆる哲学者たちの出発点が、彼らの時代・民族・階級や個性によってそれぞれ異なるように「我々の哲学することの出発点も、この時代の、この社会の、この地の、この現実的存在自体にあるのではないか」と主張する。現実的地盤を離れて出発点を選ぶ哲学は、結局その時代と社会に対していかなる現実的意味も持てないのみならず、哲学自体においても新しい境地を開拓することは難しいだろうと、考えるのである。

世界的な経済恐慌と、全体主義的独裁権力が横行していた不安定な当時の国内外情勢のなかで、朝鮮の哲学者たちの課題は、現実から逃避する哲学ではなく、現実的苦悩を自覚して、克服するための現実哲学を提示することであった。とくに、申南澈・朴致祐・田元培は、民族主義に基礎をおく弁証法的唯物論と、祖国の開放のための革命の哲学を強調し、朴鍾鴻・安浩相・金斗憲・韓稚振なども、哲学する根源的動機を、民族の不運な現実にあることを主張するのである。(11)

続く『哲学』第二号(一九三四年)の掲載された論文は、朴致祐「危機の哲学」、朴鍾鴻「哲学することの実践的地盤」、李載薫「存在-認識」、申南澈「現代哲学の存在 *Existenz* への転向とそれより生じる当面の過程」、李鍾雨「生の構造について」、李寅基「個性類型とその教育的意義」、安浩相「理論哲学とは何か」、金斗憲「故滝鎔博士の意欲論」であり、『哲学』第三号(一九三五年)は、李寅基「教育原理としての個性と社会と文化」、田元培「社会学の論理的構造」、李載薫「哲学の問題および立場」、安浩相「理論哲学と実践哲学について」、葛弘基「懐疑主義の論理的方法」である。

3　朝鮮総督府の弾圧

ところが、これら哲学者たちによる危機意識と抵抗精神の思索をも危険思想として朝鮮総督府は弾圧した。一九三六年総督府は十二月に、「朝鮮思想犯保護観察令」を公布して、『哲学』の編集および発行人だった李載薫を思想犯として拘束した。それによって『哲学』は強制的に廃刊され、哲学研究会の解散も余儀なくされた。一九三七年には韓稚振も拘束され、朝鮮人の哲学活動に身の危険を感じるようにさえなった。この年「皇国臣民の誓詞」が朝鮮人にも強要され「民族」のみならず哲学的「普遍性」もまたこの地では否定されたのである。そのような中で残された安全な活動空間は京城帝大の哲学研究室のみであった。彼らは安倍能成・宮本和吉などの京城帝大の日本人哲学教授とともに活動を続けた。それがいわゆる「哲学談話会」の活動であった。この会合は朝鮮の哲学研究の最後の砦であった。

四　結び

以上、東アジアの地域、それぞれの国家の中で一九三〇年代の哲学者が何を求め何に苦闘したかを明らかにした。人々は歴史の中で日本・中国・朝鮮という国家・民族の課題を担って、思索し苦闘したのである。そしてそこには歴史や国家に限定されて哲学的思索をする姿とともに、哲学的思索をなすことが歴史を創造的に限定し、国家の行く道を指し示そうとする哲学者達の普遍的思惟のあり方が浮かび上がってくる。(12)

注

(1) 本論文は二〇一二年九月十五日に北京で行われた卞崇道教授の主宰する「中華日本哲学会」と藤田正勝研究代表の研究会の合同のシンポジウムで発表した草稿である。対話の相手を中国人研究者を意図して論攷を草した。この論文は同時に中国で出版される『卞崇道記念論文集』にも中国語で掲載される予定である。卞崇道先生は生涯を日中の哲学対話に捧げられ二〇一二年十二月三十一日に逝去された。先生の逝去を心より悼み、この小論を捧げたい。また、中国版に添えた卞教授への献辞を添えさせていただく。

＊卞崇道先生に捧げる

一九九九年の北京の夏は四十度を軽く超える日々だった。私は卞崇道先生の主宰する「日本哲学・思想研究会」で講演した。そのあとに開かれた懇親会において、卞崇道先生は「来年の夏に、日本哲学の日本の研究者と私たち中国の研究者と議論したい。高坂さん按配していただけませんか」と提案された。居合わせた十数人の人々の拍手に押されて、私も「実現させましょう」と安請け合いをした。その日の暑さか、その場の人々の熱さか、それとも「老酒」に酔っていたのか、あるいは、中国に私の論の理解者を得たということに酔っていたのか。おそらく、そのすべてであったであろう。

このようないきさつのもとで、翌年北京で中国社会科学院哲学研究所主催のシンポジウム「東アジアにおける近代日本の意義」(二〇〇〇年)は実施された。また卞崇道先生との学問的な交流もここから本格化した。もちろんそれより以前に私は卞崇道先生の『日本近代思想のアジア的意義』を共感して読んでいた。京都大学に非常勤で「日本哲学史」の講義をしていたときに、呉光輝君とも個人的に話す機会があり、卞崇道先生のその著作についても触れると、呉君も卞先生を尊敬しているという。意を決して一九九九年呉君を介して卞先生に会ったのが冒頭の逸話である。その後、開封での「二十一世紀と東方文化」(一九九九年)北京を挟んで京都で「東アジアにおける近代哲学の意義」を韓国からも研究者を招いて、私たちの「東アジア間の思想対話」が始まった。その学問交流は十数回におよんでいる。卞崇道先生の研究は日本思想への深い理解に基づき、常に新しい視点で展開され、日本を的確に捉えるばかりではなく、日本の問題点を浮き彫りにし、同時に中国の問題を自覚した有り様であった。このような立派な人格と洞察力を備えた中国人が日本を正しく理解してくれているということは日本人にとっては大きな喜びであった。私の至らないながらも中国を理解しようとする想いはこの卞先生に導かれてのことだった。

私はある時卞崇道先生の『現代日本哲学与文化』の「附録三」にある「関西大学与恩師竹内良知」と「朝日新聞笹井送披店」を読みながら、遙か昔の記憶を辿っていた。この文章の内容をどこかで知っていた。それはおそらく竹内良知・関西大学教授が一九八〇年代に朝日新聞の夕刊の文化面に「新聞配達で生活を支えながら日本の哲学を学ぶさほど若くはない中国人留学生」(卞崇道先生は一九八〇―八二年関西大学に留学した、当時三十八歳であった)の紹介記事の記憶であったろう。私はその頃博士課程を終え、「哲学」を志したものの専任職もなく、多くの大学の非常勤講師をしながら、志が挫けそうな思いをしていた。この「日本哲学を志す」中国人留学生の記事に、我が身を省みて胸を熱くしたことを覚えている。二年前、天津でその話をしたとき、卞先生は「その記事は私も知りませんでした」とのこと。卞崇道先生のご存命中にこの新聞記事を見つけ出し、お目にかけたかった思いを今新たにしている。

(2) 西谷啓治『世界観と国家観』(弘文堂、一九四一年)一頁。
(3) 高山岩男『文化類型学の概念』(一九三三年)『世界史の哲学』(一九四〇年)、蓑田胸喜「田辺元氏の科学政策論の学問的誤謬を分析す」(一九三三年)、務台理作『社会存在論』(一九三九年)、西田幾多郎「国家理由の問題」西谷啓治『世界観と国家観』(一九四一年)、南原繁『国家と宗教』高坂正顕『民族の哲学』(一九四二年)
(4) 馮友蘭『自伝2』(平凡社、二〇〇七年)一五―一六頁。
(5) 梁啓超『胡適の中国哲学史大綱を評す』(郭湛波「最近五十年以来の思想方法」神谷正男訳『現代支那思想の諸問題』生活社、昭和一五年、一九五頁参照)。
(6) 馮友蘭『中国哲学史』(冨山房、一九九五年)三三頁。
(7) 同書、五八一―五八二頁。
(8) 徐素華「中国におけるマルクス主義哲学」(藤田正勝・卞崇道・高坂史朗編『東アジアと哲学』、ナカニシヤ出版、二〇〇三年)一三六頁以下参照。
(9) この一九一九年のデューイの中国、日本の訪問、ないしは一九二〇年のラッセルの両国の訪問および講演に対する両国および朝鮮の反応が東アジア世界の哲学動向の差異を顕著に表している。

デューイは、一九一九年の二月九日に来日し、東京帝国大学で八回の講演をなした。タイトルは、The Position of Philosophy at the Present: Problems of Philosophic Reconstruction（現在の哲学の位置——哲学改造の諸問題）である。のちにデューイは日本人は民主主義を盛んに議論するが、結局は天皇制を離れないと語っている。その日本滞在ののち四月二十八日に中国へ向かっている。彼が中国に着いたのは五月一日すなわち五・四運動の起こる直前であった。中国では「尚志学会」「北京大学」「新学会」「中国公学」の四団体が招請した。彼の滞在は一九二一年七月までの三年余りに及び、北京、南京、上海などで五つの大講演会が企画された。この招聘の中心は弟子である北京大学教授の胡適、あるいは蔡元培北京大学学長らである。デューイも中国をたいそう気に入り「第二の国」と呼んだ。この五・四運動とともにデューイのプラグマディズムは中国哲学界に大きな影響を与えている。

ラッセルもデューイを招請した中国の四団体が組織した講学社の招きにより中国を訪問、デューイと重なる形で一九二〇年十月から翌年七月まで滞在している。その帰途日本に立ち寄り、二週間の滞在ののち帰国している。そして結果は「親しい中国・不快な日本」で終わった。二週間の顚末やそれ以前の日本のラッセル誤解・半解あるいは中国に対する差異などは三浦俊彦「B・ラッセルと中国・日本」（『比較文学』第二九号、一九八六年、七—二一頁）に詳しい。このラッセル訪日に際し、西田幾多郎も改造社の求めに応じて京都のホテルでラッセルと会見している。さらに『改造』の要請で「不十分の英語で多少の話をした位のことで、印象記を書く様な鋭さと器用さとを有たないのを遺憾とする。」と前置きしながら「学者としてのラッスル」（全集XI、一三二—一三五頁）を綴っている。そこでは「ラッセル哲学に冷淡な雰囲気さえ漂っている。「ラッスルがこれまで世に出している著述によつて哲学者として如何程の人であるか。氏は認識論に於て新実在論を主張する人である。此点に於て実用主義を主張するデューイ氏とは正反対の立場に立っている。［…］併し私をして有体にいうことを許さるるならば、私はラッスル氏などの新実在論には左程期待するものではない」と述べ、新実在論の考えはボルツァーノ、あるいはマイノングの対象論やフッサールの現象学の中にも含まれている。またドイツ哲学の基礎において一層深いものがある。ただ「数学と論理との関係」に評価すべきものがあるが、「この点に於いてマールブルク学派の哲学に同情を有するのである」とする。「社会改造についての著述」については「学問上の著述として価値を論ずべきものではない」とまで述べるのである。

朝鮮のラッセルとデューイの影響を李光来は「とくに、当時の若いエリートたちの西洋哲学に対する関心を大いにかきたて、彼らの知的好奇心を海外留学の決心へと繫げた契機の一つが一九一九—二〇年に北京と東京で行われたバートランド・ラッセルとジョン・デューイの哲学講演であった」と述べる（李光来『韓国の西洋思想受容史』御茶の水書房、二〇一〇年、一五八頁）。

（10）西田幾多郎『全集』（新版）第二巻、岩波書店、二〇〇七年、四五—四六頁および〔人名解説と索引〕五三頁（吉野作造の項目）編者藤田正勝の教示による。

（11）李光来、前掲書、一七二—一七八頁参照。

（12）本稿は先に述べたように中国人・韓国人の読者を想定した文章が基になっている。したがって拙稿の日本での既刊の文献との重複があることを寛恕願いたい。またこれらの議論の詳細については高坂史朗『東アジアの思想対話』（ぺりかん社、二〇一四年）を参照されたい。

第6章　東アジア近代哲学史の可能性
――土田杏村のこころみにみる

清水正之

はじめに

「日本哲学の特質と意義」を明らかにし、「その発信の可能性」を探るという課題にとって、近代西洋哲学に最初に接した日本での近代哲学の形成と、東アジアにおける哲学的営みとを、ともに哲学史として相互に橋渡しすることも重要となろう。はたして哲学史のこころみが今もなお哲学自体の営みといえるだろうか、疑問はあろう。本稿では、あえて、東アジア、とりわけ日中間での哲学的対話の前提となる哲学史の叙述の可能性という問題を考えてみたい。東アジアでの哲学史的叙述という課題にとくに重要な意味があるものは、第一に、西洋哲学をどのように受容したかという問題、第二に、東アジアにおけて受容された西洋哲学とそれぞれの伝統的なるものとの関係いかんという問題であろう。このふたつは、東アジアの近代化以降の問題であるが、なお現在の問題でもある。本論では、西洋の衝撃をうけての近代の哲学的営みの経緯について日本での自己認識の一例を提示したい。

一　土田杏村における東アジア哲学史のこころみ
——“Contemporary Thought of Japan and China” より

西洋哲学の受容、そして伝統と近代との関係という二点に関心をよせ、かつ実際に哲学史の叙述を手がけた、近代日本の民間の哲学者の一人をとりあげる。土田杏村（一八九一—一九三四年）は、イギリスの書肆の求めで、英文で“Contemporary Thought of Japan and China”Williams and Norgate,London, 1927（『日本中国現代思想研究』）[1]を英国ほかで出版している。土田は、広義の京都学派の一人というべきだが、アカデミズムの外で社会的評論をもっぱらとしていたため、講壇的な視点からの近代日本哲学史では、異端の存在といえる。この本で土田では、講壇哲学と社会思想家との溝の存在という問題にふれながら、みずからを社会思想家にちかいとともに、講壇哲学との橋渡しをなし得る人物と自己規定している[2]（IV-19）。土田杏村は、いわゆる京都学派という呼称が定まるより以前[3]、西田哲学がすこしずつ形をあらわしていく時代に、西田に学び、その学問的形成をなしとげた。

土田自身は、まず博物学を東京で学び、その後西田幾多郎に惹かれ京都大学の西田の元に移った。卒業後は、評論家として、きわめて多くの分野で健筆をふるった。土田が、西田幾多郎の哲学のスタイルを「一箇のモノロオグ（モノローグ、monolog）」と批評した言葉はよく知られる。一方、西田は土田を「その思索は深いとはいわれない」と評している。しかし、土田の西田哲学への敬意と評価は一貫しており、「モノロオグ」という批評も後述するように、近代日本哲学の総体の動向の土田のとらえかたのなかで、理解されるべきであろう。土田は、学生時代から評論を手掛けていたが、卒業後はドイツ・オーストリアの新しい動向を中心に、文化哲学、社会哲学、解釈学、現象学等を旺盛に受容しつつ、社会・文化あるいは風俗・流行などの分析にむかった。評論家でありつつ、講壇哲学の周辺にいてその動向にも詳しいものとして、きわめて俯瞰的で総体的な視点をもつ。

まずは『日本中国現代思想研究』の構成[4]から見ていこう。土田は、近代の哲学の課題を、日本そして中国が直面した産業主義が、「生活」にもたらした普遍的な事象をどう哲学的にとらえたか、個別的な事象が「普遍性」もつという「近代生活」の発見をどのようにしたか、および、そこに胚胎した問題をどう思想的にとらえたか、であるとする。土田は自らの叙述が、日本や中国の東洋的特徴をあげるという態度ではないことを、とくに西洋の読者に向かって断っている。そして近代日本での西洋哲学の受容を論じたあと、引き続き同じ視線を中国にむけ、中国での西洋哲学の受容と展開について論じるという構成をとる。英語版序で土田は東アジアの近代についてこう書いている。

個別的なる認識から同質的なる認識が出発したとき近代が出発したのではない（これは近代以前の生活様式だ）。近代生活の発見とは、私の考えでは、寧ろこれら二つの認識の統一、即ち個別的のものの中に普遍的の意義を認め又は普遍的のものを個別のものの中に実現しようとすることを意味する。即ち近代生活の発見とは、象徴的生活の発見[5]である。人類の寛容心、デモクラティックの精神、即ち真に人間性を尊重しようとする念慮はすべてそこから生れる。（IV-14）

（ここで扱われた問題は）すべて東洋人がその生活の統一を通して、或は生活の統一への努力を通して、すべて真面目に考えた、彼らに特殊な問題であると。またそれ故に、世界のすべての人に対して重

大な問題を提供していると。「生活の統一」は後に検討しよう。(同)

土田の自らを「講壇哲学者と社会評論家の間」にあって「その両端へ幾分かは公平の態度を取ることが出来そうだ」(IV-19) とする。今日まで日本の近代哲学史のこころみは決して多いとはいえない。その中で、土田の提示した図式はかなりの部分が継承されてきた。以下、その哲学史的叙述を簡単にみておきたい。

二　日本に於ける近代哲学受容の成立

土田は、近世の末期から明治期に日本に輸入された「外国思想」を三潮流にわける。すなわち最初に、英米の功利主義自由思想、第二にフランスの社会的自由思想、第三にドイツの国家主義である。英米功利主義は、明治維新よりまえに輸入され、英語教育を基本としたことなどに影響をいまにのこす。その代表は福沢諭吉である。一貫してリアリズムの傾向をもたらした。そのなかに「人格主義的傾向」をもつものとして中村正直をとくに挙げている。中村の人格主義は一種の主観主義的なる観念論を生み出すが、それは福沢的リアリズムより国民の伝統に近く、なじみやすいものであったという。明治二〇年にいたるまで、功利主義的立場は政治哲学的傾向としてつづいた。

明治一五年以降は、明治二三年の国会開設もあり、フランス流の自由民権思想が勢力をもった。その代表は、ルソーの社会契約説を翻訳した中江兆民である。ついで、明治二〇年代以降は、ドイツの国家主義が取り入れられ、政治哲学としてドイツ思想が正統派となった。それは反動的な当時のナショナリズムに呼応したものであった。井上哲次郎がその代表のひとりである。デモクラシーの思想運動は、そのなかで萎縮した。

以上が、最初の受容の局面である。明治三〇年代までの日本の思想界は、日本の国家建設と国民的政治権利と密接な関係を持って発達した。土田は、このような明治期の哲学受容期の哲学史的ながれを、「日本の国家的建設と国民の政治的権利とに不離の関係をもって発達したもの」（IV-47）としてとらえ「思想的内省」には乏しいとする。しかしこうした傾向は、「国民的要素」にかなったものであって西洋哲学の単なる「模倣」ではなかったとみる。その保守主義は欧化主義への反動となって「国粋保存」主義を巻き起こした。土田のこの時期の哲学史には比較的同情的であるが、こうした思想的傾向の全体を、「国民的浪漫主義」と呼んでいることに注意したい。日清戦争は、外来の思想と国民の歴史的伝統とが「衝撃」した出来事であった。

日本の哲学史は、受容期を脱して新たな展開にはいる。「国民的浪漫主義」の高潮は、日清戦争から日露戦争にいたる明治末期の、資本主義による産業的発達にともない、思想の社会的特色を濃くした。他方で、国家的統制から個人を解放せしめようとする思想を生みだし、高山樗牛のニーチェ哲学の紹介と高唱はその一現象である。さらに日露戦争後は、自然主義が「猛然」と起こった。これは主観的個人主義と社会的リアリズムの二つの面をもっていた。主観的個人主義は「人生哲学」というべきものであり、国家の専制的統制力から解放された主観性が精錬されはじめた現れとみることができる。後者の社会的リアリズムの傾向はプラグマティズムの研究につらなる。

明治の末期には、新カント派哲学が研究されだした。他方で、ベルクソン、オイケン、タゴールなどの哲学も盛んに受容され、一般民衆の間にも流行したが、これは「人生哲学」への興味が民衆一般にひろまったことを意味する、と土田はいう。

続いて、土田は、欧州大戦後（第一次世界大戦後）の哲学史を叙述の対象にする。この時期は、土田にとっての同時代史であるとともに、近代日本の哲学的達成の一つである西田哲学の生成を論ずる核心部になる。大戦後の哲学思想は、二つの傾向、すなわち講壇哲学としての新カント派の流行であり、他方で社会科学、社会運動においての社会主義的主張の流行であった。「今やカントとマルクスとは現代思想の中心を示す二つの流行語」(IV-51) となったのである。

三 「現代」思想史としての哲学史

以上のように第一次大戦までの思想的展開を叙述した土田は、大正中期以降昭和初期までを同時代の「現代思想」の領域としてえがいている。後節でより詳しくふれるが、中国の思想的展開も、また現代思想の展開として視野に入る。土田によれば「現在のところ」日本と中国との思想はなお「同一の思想圏」をつくっていない (IV-52)。しかし、中国の全土がもっと強く国家的に統一せられた時には、そこから必ず世界へ影響しうる偉大な思想家を送り出すに相違なく、日本の思想と中国の思想とが、東洋同文の文明及び思想として、ともに提携しつつ進むことの出来るのも、中国がこの「国民的浪漫主義」がある高さまで成功せしめた時からであろう (IV-55) と、土田はいう。土田は、この時期の日本の哲学が、ようやく近代の普遍的な課題に正面から向き合うことになったと見るからである。

土田は以上のように思想史的な概観したうえで、「国民的浪漫主義」の一定の完成とその超克という視点をたてて、あらためて近代日本の何人かの代表的人物をとりあげ、その「体系」をとらえようとする。土田の視点の概略を以下に記しておこう。

まずは、客観主義的哲学というべき自然科学的哲学および進化論的哲学を取り上げている。加藤弘之と丘浅次郎である。加藤はヘッケル、スペンサーの影響下に、利己主義と生存競争を正当化する進化論的哲学を唱えた。このあと大戦後の哲学の動向は、国家主義的なものから、国家を超越した共同社会的理念の上に道徳観を形成しようとする動向となっていった、と土田は見る。丘浅次郎は動物学者であるが、哲学的な方法に理解をもっており、厳密な意味での進化学説は丘によって日本に紹介された。丘は、動物の団体と人間の団体とを区別し、人間の団体の利己的傾向を進化の悲観的側面とみなしている。丘の進化論はまたプラグマティズムに影響を与えていたという。

次いで土田は、明治末期に始まる新カント派の哲学の受容を、「理想主義哲学」と一括して論じている。「主観主義の展開」を新カント派受容の前史としてふりかえっている。それは土田が、主観主義から超個人主義的に抜け出る方向をさぐったものと新カント派を見るからである。その「主観主義的理想主義」にあたるのは、日清戦争から日露戦争にいたる一〇年間に勢力をえた高山樗牛がいる。また「ドイツ理想主義」の受容もまた新カントに先行するものとみなせる。そうした中で、桑木厳翼、朝永三十郎らの努力によって理想主義としての新カントが受容された。二人の功績は「個人主義より超個人主義への転向が、専門哲学界に於いてほぼ完全に達せられた」ものとされる。また西田幾多郎の論文『現代の哲学』（一九二六年）を、ドイツ・オーストリアの現代哲学の、「最も公平に論評され位置づけられた」（IV-80）ものと評価している。

第三に、大正中期以後、日本の哲学はドイツ哲学に傾斜する。この時期に啓蒙期を脱して、専門的になり、視野を拡大したとみている。哲学以外の文化科学と自然科学の研究者も哲学に関心をもち、方法論の厳密化をめざした。また先験哲学の思想が、「西洋哲学を咀嚼して自己独特の哲学を組織し始めたが、次第に東洋的特色を帯びるものとなり、世界の哲学界に対して日本が重要な役割を占める」ことを遠い将来に期待できる可能性を土田は見出している。問題なのは、主観主義的に徹して超個人主義になることで、あらためて客観主義に転じるべきであるが、民衆にとっては、主観主義的個人主義に同調することで「先験主義的哲学の立場」が容易に受け入れがたい状況にあることである（IV-76）。

四　「現代」哲学の評価

土田の見解に添って、この時期の哲学の特徴をさらに詳細にみておこう。近代日本哲学史の、西田幾多郎と筆頭とする哲学的潮流にむける土田のまなざしは興味深い。

第一に、土田は、日本の哲学界が、英、仏、独、墺、伊の哲学に視野を拡大すると共に、ドイツ哲学とくに新カント派的視点からそれらを見るものが多くなったことを指摘する。また、形而上学的傾向は次第に破棄され、「純粋なる認識論を建設しようとする」哲学的傾向、「人生観たる地位から離れ認識を研究する厳密科学」を志向する傾向があらわれた、という。このことは、すでに「国民的浪漫主義」が機能を終えたことを意味すると土田はみる。そして新カントおよび現象学は、東洋的伝統とも適合するだろうという趣旨を述べてもいる（IV-82）。

第二に、文化科学、自然科学の研究者が、方法論を哲学的に厳密に考察しようとする傾向を生み出したことである。その例として、田辺元の『数理哲学研究』『科学概論』、左右田喜一郎の『貨幣と価値』『経済法則の論理的性質』、土方成美『財政学の基礎概念』等が挙げられる。そのほか政治学、法律論、教育学で新カントへの関心が高まっており、今後は新カントばかりでなく、フッサール、マイノング等の現象学的、対象論的研究が採り入れられるだろうと予想している。

第三には、哲学が東洋的特色をもってきたことである。大戦後哲学的関心が高まり、出版も盛んになった。「最近の十年間は、実際に哲学の孤独なる花が一時的に開花し得る秋日和であった」と土田はいう。そのなかの目立つ出来事が、西田幾多郎の『自覚に於ける直観と反省』であった。この論文は「彼（西田）の思索の道のモノロオグであり、したがってそれは一般民衆に取り決して理解の容易なものではなかったが、哲学的思索の必ず至るべき深みを実例により示した点で日本哲学界に発達の著しい段階とつくったもの」であると評している。そして左右田喜一郎の言葉をひきながら、形而上学の要求が「東洋的色彩」を濃くしているとみている。さらに田辺元、紀平正美、西晋一郎らも、その形而上学なる点で、東洋的であり、西田と類似していると論じる。

なおこの傾向に対して、形而上学的でない認識論的批判哲学もまた盛んである。桑木厳翼、左右田喜一郎、さらに田辺元は「西田の哲学を取るけれども、その表現のスタイルや取り扱う問題は形而上学的色彩を帯びず、むしろ左右田と共通的なる感じを示している」(IV-87)と評される。

この形而上学からの解放という動向が現れたのは、「国民的浪漫主義」が一応の完成をみたからである。なお土田の「国民的浪漫主義」は私たちの現代社会での「国民国家」という把握との関係という問題を惹起する。しかし土田の趣旨は、「日本の国家建設と国民的政治権利」の双方を含意したものであることは注意が必要であろう。一応の完成をみたとはいえ、「国民的浪漫主義」の理想は、完全には達成されてはいない。そこで、今後の日本哲学は「一方でコスモポリタニックな、厳密に科学的な認識論を建設するに対して、他方では、この認識論に対し個性の倦怠を感ずるものを滅ぼし得ないであろう」から、その中から、力強い「純粋に東洋的な色彩を持った人生観の哲学を産出せしめることであろう」とその見通しを述べている。なお、形而上学的であることを土田は必ずしも否定的ではない。形而上学ないし「人生観の哲学」と「認識論」の両方の傾向を、土田は「現在の日本に必要だ」とみていることを留意しておきたい。両方をあわせもつものが、土田の見るところ、西田哲学であった。

五　西田哲学の形成とその周辺

引き続き土田は「新カント主義と新ヘーゲル主義」と題した三つの章をたて、ドイツ理想主義哲学の摂取者のなかから、代表的哲学者として、とくに桑木厳翼、西田幾多郎、田辺元、紀平正美、左右田喜一郎を挙げ、詳細に論じている。とくに「新カント主義と新ヘーゲル主義（一）」の章は「日本が創った最も高い哲学を語るとき第一に着眼しなければならない偉大な哲学者」としての西田哲学の生成展開を、同時代（一九二六年、『日本中国現代思想研究』の改訂版の出た年をふくむ）のこととして並行的に見ているものとしての新鮮な批判となっている。

土田はまず「哲学の啓蒙家になろうとは欲していないし、外面の社会問題に対しても多くの興味を持っていないらしく見える」西田を、「その表現は全く詩人的なるモノロオグ」であるとともに、「東洋的なる清僧の感じ」があるとして、その「明晰透徹」な論著を評する。土田は、西田がはじめは、ヘーゲルのディアレクティークの哲学への関心から出発したと指摘したあと、最初に現代哲学に寄せた関心は、ジャームズ、ベルクソンの体験的なものであったが、純粋深遠なる体験を「論理主義の厳格な批判」を通さねばならないとし、ベルクソンの純粋持続の哲学と新カント派の批判主義との結合を、現代哲学の主たる問題とした、と理解する。西田のいう「思索を体験する」とはヘーゲルの弁証法に由来するであろうが、その後コーヘンの範疇論、論理学を学び、マールブルク学派からの多くの「滋養」を吸収したと見ている。西田哲学の土田による同時代的証言は多くの興味を惹くものであり、現代に至るまでの西田理解の哲学史のなかでの意味を探る必要があろうが、本論では、哲学史の可能性という問題意識から、別の機会をまつこととしたい。以下、簡潔に西田理解の要点を記す。

『善の研究』『思索と体験』によって「自覚」において存在と当為との結合した立場をえた西田は、さらに思索をふかめ『自覚に於ける直観と反省』をもって一つの段階に達した、と土田はいう。しかしそれは『善の研究』においてすでに胚胎していたことでもあった。「思想の如きも決して情意に関係ないのではなく、情意は知識に比してわれわれの目的そのものであり、発展の極限に近いとなした」点において、後年の「価値を形而上学的に段階づける根本的の考え」はすでに西田の思索に含まれていたのであった。認識主観と種々の世界の構成との関係、何らの立場を取らない直接経験の世界、すなわち物自体を、絶対自由意志の世界とすること、さらに西田の文化や芸術への言及にふれたあと、絶対自由の意志の立場は、その哲学を論理学から倫理学さらに美学へと展開され、論理学、倫理学、美学の三部門の組織を完成させたとする。(6)

他方、西田は宗教哲学、社会哲学にはその努力をかたむけていない。しかし、当初から、人格と人格との結合を予想していた。またかれの思想全体が形而上学的でもあり、宗教的でもあるため、その哲学には「街頭の問題を顧みること」を要求できるものではなく、彼のわれわれに教える人生の領域もそうしたものではないが、しかし「日本が曾て持つことの出来た世界に誇る一つの完成した哲学」(IV-106)だと評価する。

土田が、この哲学史を書いている同じ時期に西田の哲学はさらにすすむ。「働くもの」(一九二五年)「場所」(一九二六年)がそれである。「厳密なる認識論を内に含む形而上学の建設」のもくろみが、意志をふくむとともに意志よりも上位なるものを求める思索として結実したもの、より完成したものとなったとみている。西田の哲学の完成は、日本に於いて「形而上学派」と「認識論派」との溝を一層深くすることになった。

土田は、あらためて西田の二論文へ批判を公表した左右田喜一郎にふれ、その形而上学の批判的指摘、それに対する西田の反論にふれる。いまだ哲学体系を公表してはいないが、田辺元を「今後最も注目すべき」西田の後継者としてみている。『科学概論』(一九一七年)『数理哲学研究』(一九二五年)にふれつつ、西田を出発点としながら、自覚的体系の真相を一層現象学的にすすめようとするものとして評価する。さらに西田哲学と類似した性格を持つとみる西晋一郎の倫理学（『倫理学の根本問題』一九二三年など）、紀平正美（『行の哲学』一九二三年）の哲学を振り返っている。

われわれは今や，西田、田辺、西、紀平の哲学を観察してきた。それらに共通的なる思想は、存在と当為の結合した、自発自動的なる所謂自覚を根底として、一の形而上学を構成し、自然と文化の諸範疇をすべてこの自覚の経過の中に位置づけること、それらの究極に於いて歴史主義に到達することであった。この思想は、東洋の哲学と西洋の哲学のそれとを結合せしめることの出来た一つの優れた見方であったと言わなければならない。

結論として土田は日本では、講壇哲学が「社会哲学の範囲」においては優れた業績を未だ残していないこと、講壇哲学が今後社会改造の生きた原理となる方向へ進むことを期待している。

本稿は土田杏村自身の哲学的立場を正面から問題にするものではない。(7) かれの哲学史のとらえ方におのずとうかがわれる土田の志向を明らかにするに止めたいが、とくにここでは、土田自身の哲学に関わる問題に若干ふれておこう。彼の活躍した大正期は国際主義とローカリズムとが激しくぶつかった時代であった。そのなかで共同体の理解は土田の一つの問題であった。土田は、国家哲学はすでに使命をおえたものとして退ける。「国家の哲学的意義は果たして本来それほど絶対的なものであるか」と疑問を投げかけている。土田にとって、国家は唯一の共同社会ではない。「全共同社会は多元的に多くの共同社会を含んだ統一」である。紀平正美は、哲学は自国語をもって表明されねばならないと主張したし、西晋一郎は「道徳的言葉はその国民特有のものとして起こるべきであり、外国の道徳的言葉の翻訳であってはならぬ」といったが、土田は両者を批判し、その一面での真であることを認めつつ、「多元的特殊性を基体とする哲学や道徳」は相互に相通ずることが出来ないということはできないし、「全共同社会は無限の特殊性を包含」しつつしかも「絶対自由の意志」であることを失わない、とのべ両者を批判している（IV-140）。

土田は、社会主義への共感と関心をよせていた。土田は、日本近代哲学史の最後に「文明批評と社会思想」の章をおき、ジャーナリズムの文明批評をとりあげ、また社会主義運動の思想を叙述している。「広義の社会主義」（IV-204）に賛成しつつ、ユートピアニズム、アナーキズムには反対することを明言していることを加えておきたい。

六　中国現代哲学思想への関心

土田にとり、現代中国への思想的関心は、日本の現代思想、哲学への関心と重なっている。近代中国の問題は、土田にとってまさに現代思想史である。彼は中国思想の専門家ではなかったが、この本の最終章で、当時の日本の学界の研究をふまえ、また中国のいくつかの現代思想のテキストに目を通して論じている。形而上学、自然科学的認識、社会哲学、伝統思想等、日本の哲学史をみる視点に通じていることが分かる。

土田によれば、伝統的な中国の哲学思想は「直感的知識の非組織的表明であった」が、「人性」の心理学的反省に始まって、「個人道徳を建設し、家庭の慣習と経済とを整備し、国家において道徳と政治を一致せしめ、最後に世界平和の究極的目的を達成しようとする」という共通の性格を有するのである。社会哲学にその特徴はとくに現れる（IV-209）。産業主義と資本主義的生産組織の発達は、人類を世界統一に向け始めた。「それ自身が含む欲望を究極まですすめようとする」西洋文明に、中国もまた日本と同じく「この新しい思想をいかに処理すべきか」という問題に直面したのである（IV-210）。

その際、中国は二つの課題を負うことになった。古代からの伝統的哲学をいかに新しく整序して現代的意義を持たせ、同時に独創的な思想として、主張すべきであるか。すなわち、伝統的哲学の新しい理解の問題である。第二は、中国はどれだけの程度で、またどんな変易をくわえ西洋の思想を受容すべきか。この第二点は、一般的な文明の問題であるが、さらに「専門的に狭義に」学問的哲学としてみた場合の課題でもある。このような視点から、土田は中国哲学の問題を四つに分けて論じている。（1）伝統思想の新理解、（2）西欧文明との接触、（3）形而上学か自然科学か、（4）社会思想のありかた、である。

（1）ついては、康有為の『礼記』「礼運篇」によって「大同主義」の議論を紹介し、西欧の社会理想を主張する共産主義やアナーキズムと同じと見る彼の思想にふれ、大同主義によって、老荘思想とは別の系統の無政府共産主義の主張が古代にあったことを知ることが出来た、評している（IV-214）。

康有為は、孔子の思想を新しく生かし現代に全面的に継承することを提起した。しかし「孔子の思想の一面を新しく生かすことと」と「孔子の思想を現代に於いて全面的に継承することと」とは異なる問題であるのに、康有為は、前者の論証がそのまま後者を論証すると考えた点は問題であり、まさにその点を、マルキスト陳独秀が批判したのである。陳独秀は、孔子の思想は封建時代の学説であり、孔子への民衆の態度は、康有為の主張とは全く反対に、これを排撃すべきである、とした。土田は、陳独秀のいうように孔子哲学を封建主義的道徳であることは否定できないが、孔子の立言は「道徳の本質に就いてはなはだ価値多い、永遠的の立言」であると評する。

その意味で土田は、「古い哲学を新しく解釈しつつある」梁啓超と胡適に着目する。とくに胡適の西欧学の科学的方法を中国に欠けたものとして採り入れるべきだとする態度を評価する。土田は、中国の思想家に望むことは、中国古代の哲学を、第一に「科学的な正しい見方で権威ある哲学史」の構築をめざすこと、第二に、古代哲学を現代的にあたらしく生かすこと、だといい、それが成就されるなら、中国思想界は、「真に多幸」となるであろうと述べている（IV-217）。

（2）の西洋文明の接触の点では、土田は独自の主張をしている。それは、西洋文明に東洋の精神文明を対置させ、両者を「結婚」させるという、日本でも中国でも歓迎された考えへの反対である。土田によれば、西洋文明は、それなりに「文明の欲望」とも言うべき「特有なる精神的要素」をもっているのであり、西洋東洋の接触は、精神的要素同士の接触なのである。西洋の物質的面と東洋の精神的面とを接合するという計画は日本でも中国でもうまくいかないだろうという（IV-220）。

西洋の文明と思想が中国に食い込んできた事態に対して、さまざまな変革が引き起こされた。それを土田は、文学革命、思想革命、反宗教革命、社会主義運動にわけて論じる。そのどれもが陳独秀にかかわっているとして、その主張を中心に論じている。

思想革命について「国語的の文学、文学的の国語」（『胡適文存』）を標語として、現代の思想を現代の言葉で表現しようとした胡適を、プラグマティストとして高く土田は、評価している。また、すでにふれた、孔子教への反対運動としての思想革命のほか、キリスト教への反宗教運動に言及し、梁啓超の、迷信と宗教とは別であり、宗教は人類社会に有益かつ必要であるとして、非宗教が白熱化すると、その精神作用は、白熱した宗教と同じになってしまう、という論を紹介している。

土田は、ついで東洋文明の特色を支援しようとする思想であり民衆に間に根強い支持者のある辜鴻銘、梁漱溟に多くの筆を費やしている。とくに辜鴻銘は、中国の「人性哲学」、「道」への復帰をときデモクラシーに疑いを持ち、後に日本にわたり保守主義者として歓迎された。土田は、その西洋文明を批判し、産業文明と人間性との戦いであるとする彼の見方が、ラッセル等に共通していると評価する。しかし一概に近代文明を物質文明とすることには反対する。土田によれば、文明の物質的面は、精神の外形的表現にすぎないからである。東洋は「綱常倫理」に指導されていること、「われわれの生活の一部面である政治や経済やが、それ自身生活全体の統一から離脱しないことを意味する」(IV-226) ことを指摘している点で、辜鴻銘に賛成するが、しかし「科学の進歩もまた絶えずわれわれに新しい視野を展開している」ことに目をつぶることはできないし、この新しい展開を「生活によって如何に統一することが出来るか」がわれわれの現代の問題であろうと、批判している。商業的文明を批判しても歴史的必然をわすれてはならないのであり、辜鴻銘の讃える共同社会は、隷属的な共同社会になっているのではないか、という (IV-228)。

なお、梁漱溟については、現代の文明は西洋化の時代だが、再度中国化し、最終的に印度化するという文明観を批判的に紹介している。最後にあらためて胡適について、その『五十年来の世界哲学』にふれ欧米哲学としてジェームズ、デューイ等のプラグマティズム、ベルクソンの直観哲学、ラッセル、マアヴィン等の新実在論に関するその叙述にふれ、中国専門学界の現状にふれている。

次章では、ジャーナリスティックな論争と社会思想を土田は論じている。中国哲学に対する見方として、特に土田的な視線は「形而上学か科学か」をめぐる論争の紹介であろう。民国一二年の張君勱の『人生観』と演説、それに対する北京大学地質学教授丁文江の反駁にふれる。土田は、人生哲学派と進歩主義者との論争として言及している。この論争に対しては、梁啓超、陳独秀、胡適らが意見を述べており、言論界が活発化した、と土田は注目している。

さらに土田は、梁啓超が『科学的精神と東西文明』では、科学の意義を正しく観察していたが、その後科学の破産を叫ぶものと変わったとし(『梁任公近著第一輯』)、胡適がそれに対しておこなった批判にふれる。論争は、唯物論者陳独秀と胡適の論争に展開し、科学派と形而上学派と唯物史観派の論争に発展したとして、三つの主張のそれぞれのさらなる展開を希望するとのべている。

社会思想の部分では、社会主義的思想として、孫文の「三民主義」「五権憲法」の要旨を紹介している。そのほか、社会主義者にして新民主主義を主張する江亢虎、マルキストとして陳独秀および李大釗、アナキストとして師復らをあげ、最後に世界主義者周作人をあげて、「中国における現代思想」の章を閉じる。

七　日本の哲学、中国の哲学

以上、土田がどのような思想的哲学的潮流に関心を持ったかを概観した。土田は、「東洋の思想を進歩とみることができるだろうか」と問いを立て、答えは「然りかつ否」という。現代の思想が、その伝統を内面的に発展させず、生活上の現実的根拠をかき、東洋と西洋のものをがらくた（ラグ）のように寄せ集めている限りは進歩はないのである。しかし西洋で発達した産業主義と資本主義とが東洋の生活に一大革命をおこし、東洋自身がそれを起こさねばならなくなったという時点にわれわれはいる。

東洋の哲学思想の欠点のひとつは、それが「方法的」でなかったことにあると土田はいう。それは論理的でなく直覚的であったし、「自己の心情を整頓するには緻密だが、環境を自己の要求に適合せしめる手段」では粗放であったというべきである。

その東洋における日本の位置につては、日本の哲学はその努力によって、「ナショナル・ロマンチズム」を背景とする「形而上学」を建設したが、今や頑迷なる形而上学から脱却し認識論的になっている。第一次大戦後の新しい社会思想の輸入は、日本に思想的動揺を与えたが、一段と「国民的浪漫主義」は完成してその衝撃にたえることができた。国際主義の方面の利点であったと土田はいう。いいかえれば「中国の現代思想はひとまず国民的浪漫主義となりそれが略略完成せられたとき国際主義にならねばならない」（IV-251）のである。さらに「日本及び中国の思想は、かくのごとく過去半世紀の間に、ある点から見れば、たしかにその価値を落としたけれども、しかし私はその前途をいささかでも悲観しているものではない。その哲学は、一度は根本的に方法的となり、国際主義的となり、したがって固有の個性を失った。けれどもそれは、東洋人が本来哲学的思索の能力を低くしか持たないことをしめしたものでもなければ、また東洋が今後固有の特色を産出せしめ得ないことを示したものでも何でもなかった。私の考えでは、これもまた発達の一つの経過にしか過ぎない」(IV-251)。とのべ、「東洋の現代思想が過去の非方法的な十分に打破して、東洋的個性をうしなったとき」むしろ真に個性的な東洋の芽生えとなるだろう、と結論している。

土田の哲学史は過去のものであるが、なお現代的な問題性に満ちているといえるだろう。現代のグローバリズムと個別共同体の問題に通じている。産業化の進展は、思想は「コスモポリタニック」となろうと土田はいう。「東洋の生活様式」、そして「それの統一の一般的表現である哲学」は、「近い将来東洋化するというより、世界のすべてと共通化するだろう」と土田は考えていた。しかし、それは、世界のすべての人民が同一の哲学をもつことではない。そのような事態は希望も出来ない。哲学がそれ自身存在するには「つねに生活の不統一の存在を必要とする統一の行動」(IV-255)であるとするなら、世界史は解決できない謎へ考えを進めていかねばならないだろう。

思想が個性的であるためには、その生活が個性的でなければならない。東洋の生活が西洋の生活に違っている限りは、しいて註文しないでも、東洋の哲学は西洋の哲学と全く同じい(ママ)ものにはならないであろう。もしも両者の哲学の間に、個性的の相違の極めて少なくなったときが来たとすれば、それは世界を挙げて、その生活が共通的の事情の下にあった時で、その大勢を止めることは何人にも出来るものではない。(IV-252, 253)

もちろん世界のすべての人間は「他人の生きる様式」には寛大でなければならない(IV-253)。現状では、日本と中国の哲学は連関がなく、むしろ相互連関よりは互いに別個に西洋と連関している。「しかしながら思想は畢竟生活の統一的全体的表現であるし、日本と中国はとは最近半世紀、ますます同一の事情の下に生活している」から、そこで醸育せられる思想は、「外形的には」ことなっていたにせよ、これを「現実の生活態度」必ずしも顕著なる相違をしめしているものではない。今後日本中国の精神的連関をあきらかにすることで、「根底的なる精神生活が強固に結合するのでなければ」日中の「親善関係」は成立しないだろう。そして「哲学」は「現実的なる生活の統一的全体的表現であるから」「思想の連結とは、共通なる生活事情において生きる両者が、それに処する生活態度について相互に批判し、忠告し合うこと」を意味する(IV-257)といい、日本・中国共通の問題として、認識論と人生哲学との統合、すなわち価値哲学と認識論との相互的統一であろうと論じている。即ち「厳密に方法論的あるとともに全人的、統一的であるもの」「内省的で深く個人の信念に結合すると同時に社会的共同生活の目標を失わないもの」こそ「次代の哲学」であるべきだという(IV-201)。

おわりに

土田は『日本中国現代思想研究』では、哲学と思想とをあえて厳密には区別せず使っている。とくに中国の哲学への期待に現れている。それは社会哲学を重視する土田の姿勢でもある。和辻や土田だけでなく、近代日本の哲学史・思想史を手がけた多くの研究は、ドイツ文献学にはじまり、とりわけ、ディルタイ解釈学、そしてその延長での現象学の方法におおく学んできた。それは伝統的思想と近代哲学を、日本の伝統的哲学的土壌のなかで、接合しようとするこころみでもあった。中国でも近年、単なる美学的哲学としてでない解釈学への関心が高まってきたように思われる（何衛平『解釈学之維』人民出版社、二〇〇九など）。新儒教の研究にもそれはうかがわれる。東アジアの哲学史を描く場合、そしてそれが伝統思想をも含む場合、今後伝統思想を、過去の感性的な実質をふくめて、内在的に再解釈し一個の哲学的言説として仮構しなおす解釈学的方法は重要になろう。

注

（1）土田杏村自身による日本語版の原題は『日本支那現代思想研究』となっている。土田杏村全集（第一書房、一九三五年）第Ⅳ巻に所収。

（2）土田杏村からの引用は、上記土田杏村全集により、巻数―頁と表記する。なお〝Contemporary Thought of Japan and China〟については、日本語訳が英文版と大きな異同がない限り、全集・巻Ⅳに所収の土田自身による日本語訳に原則としてよっている。引用箇所は「巻数―頁」と表記した。なお引用は一部現代表記にしてある。

（3）『日本中国現代思想研究』では、「京都派」という表現で、西田幾多郎を中心とする京都の学派を指している。

（4）ちなみに『日本中国現代思想研究』の目次を参考までにあげておく。

第一章「序論」、第二章　進化論的哲学、第三章「理想主義哲学の発達」、第四章「新カント主義と新ヘーゲル主義（一）」、第五章「新カント主義と新ヘーゲル主義（二）」、第六章「新カント主義と新ヘーゲル主義（三）」、第七章「文明批評と社会思想（一）」、第八章「文明批評と社会思想（二）」、第九章「文明批評と社会思想（三）」、第十章「中国に於ける現代思想（一）」、第十一章「中国に於ける現代思想（二）」第十二章「結論」。日本語訳には、附録として「現代の東洋思想」が加わっている。

（5）個別の事象が、全面的な問題を象徴的に表現している、という意味での「象徴主義」を土田は採っている。

（6）「一つの価値意識が自覚に於いて自己自身を反省することによって無限に展開する彼の自覚的体系を周密に追求し、又それらの各自覚的体系相互の関係をも自覚自身によって解こうと欲したのである」（Ⅳ-94）と西田の『自覚に於ける直観と反省』をまとめている。

（7） 土田の立場を示す一文を引いておく。講壇哲学と文明批評との間を結ぶものは何かについても示唆的である。「[…]私は、社会的現実を分析する時には大いに発生的見方へ依頼するけれども、個人的又は社会的に生活の目的を批評する時には、やはり先験哲学の立場に立たなければならない。併し私は、認識論的基礎を考察する時には、カントの哲学を発展せしめた新カント学派の論理主義にも全然的に信頼するものではない。そして所謂論理主義と心理主義の結合を、現象学的立場の上に求めようと思う。然る時に新カント学派の先験哲学は、再びその意義を発揮することが出来るであろう」（IV-202）。

第7章　「中国哲学」と「日本哲学」の成立について

王青

一　日本に「哲学」はあるか

日本にいわゆる「哲学」が存在するのかどうかは、日本の哲学界において重大な問題であろう。この問題について、西洋人だけではなく、日本人自身の答もかつて否定的であった。最も有名なのは、中江兆民（一八四七―一九〇一）の『一年有半』の中の答である。「我日本古より今に至るまで哲学なし。本居（宣長）、(平田）篤胤の徒は古陵を探り、古辞を修むる考古家に過ぎず。［…］近日は加藤某（弘之）、井上某（哲次郎）、自ら標榜して哲学家と為し、世人もまた或いはこれを許すと雖も、その実は己れが学習せし所の泰西誰某の論説をそのままに輸入し、いわゆる崑崙にこの棗を呑めるもの、哲学家と称するに足らず」と言われている(1)。

中江兆民の「日本に哲学なし」という主張は日本社会に大きな影響を与えた。一九六七―六九年の間に、

『岩波講座哲学』が出版された時、最後に「日本の哲学」という一巻が付け加えられたが、「日本の哲学」とは一体何を意味するのかをめぐって、さまざまな議論がなされた。この巻を編集した橋本峰雄氏は論文「形而上学を支える原理」の中で、「「哲学」はやはりいうまでもなく明治以降に西洋から受容した新しい学問であり、それはなによりも普遍性を本質としなければならない学問である。「日本の」という語がもっぱら特殊性、特異性を強調するために冠せられるものとすれば、「日本の哲学」とは一つの形容矛盾でしかないであろう[(2)]」と述べられた。

周知のように、「哲学」という訳語で“philosophy”に対応させ、日本で西洋の哲学について研究と紹介を行ったのは「日本近代哲学の父」と称される西周（一八二九―九七）であった。西周は「哲学は諸学の上の学」、「諸学の統轄」であると述べている。彼はわざと東洋の伝統思想や伝統文化に由来する「理学」や「儒学」などの用語を避けて、最初に“philosophy”を「希哲学」に訳したが、後にそれを「哲学」とした。それは「哲学」を含む西洋の文明全体が、それまでの東洋の伝統文化と根本的に異質な存在であるという理解を西がもっていたからである。

西周以後、西村茂樹（一八二八―一九〇二）を主な代表とする儒教復活論者と井上圓了（一八五八―一九一九）を主な代表とする仏教復活論者が明治時代の思想界の主流になった。彼らは儒教や仏教など東洋の伝統思想を復活させる形で当時の日本を風靡していた浅薄な欧化主義を批判しようとしたが、天皇制を基礎とする国家主義が、その思想的な背景にあった。

井上圓了が構築したいわゆる「純粋哲学」＝「総合哲学」の体系は、井上哲次郎により発展させられた。井上哲次郎（一八五六―一九四四）はドイツの古典唯心論の哲学を儒学、仏教などと結びつけて、「現象即実在論」を展開した。彼はドイツに留学した期間に、すでにビスマルクやシュタインなどの国家集権主義の学説に熱中し、帰国後には儒教的倫理復興の風潮の中で国家主義の国民道徳論や忠君愛国の忠孝論を提唱した。

『教育勅語』の御前解説者として、井上哲次郎はこの書の序文で勅語の趣旨が「孝悌忠信ノ徳行」と「共同愛国ノ義心」にあることを明らかにした。「国君ノ臣民ニ於ケル、猶父母ノ子孫ニ於ケル如シ」という家族主義的国家観と、「国家ハ有機物ト同シク［…］君主ハ譬エバ心意ノ如ク、臣民ハ四肢百体ノゴトシ」という国家有機体説を結合した国体論に基づいて国家至上主義的忠孝倫理こそ教育勅語の核心であることを強調した。(3)

井上哲次郎は当初、もっぱら西洋の哲学の研究をしたが、やがて東洋の伝統的倫理道徳を再解釈し、「日本哲学」を含む「東洋哲学」を構築しようとした。「近来我邦に於いて欧米の思想を継承して諸種の主義を唱導するものがあるけれども、道徳の実行に至っては甚だ振るわない．［…］要するに、東西洋の哲学を打ちて一丸となして更に其の上に出づることが今日の学界の急務である。今は余りに翻訳的哲学に拘泥する傾向が勝ちて居るから少して東洋哲学に注意すべきである。それには仏教哲学も結構であるが、陽明学のような儒教哲学を疎外すべきではない。この点から見ても日本陽明学派の史的研究は決して怠るべきでないと思う」(4)と強く主張した。『日本陽明学派之哲学』（一九〇〇年）、『日本古学派之哲学』（一九〇二年）と『日本朱子学派之哲学』（一九〇五年）というシリーズは、まさに東西の哲学を融合させようとする彼の事業の成果であった。

西周が東洋と西洋の文化の異質性を際立たせたのに対し、井上圓了や井上哲次郎は、伝統的な倫理思想を復興させ、いわば東洋と西洋の文化の調和論を提示した。その目的は忠孝一体の天皇制国家主義の学説を作り上げることにあったと言えよう。また、「東洋哲学史は余が明治十三四年の頃より編著を企図せしところにして［…］帰朝以来、益々日本哲学に関する史的研究の必要を感じ、聊か徳教の淵源を闡明し、学派の関係を尋経せんことを務めたり。［…］我国民的道徳心は、即ち心徳の普遍なるものにして、心徳は実に東洋道徳の精粋と謂うべきなり。此書東洋哲学史中にありては才に大鼎の一臠《いちれん》にすぎないといえども、庶幾くば心徳の何たるかを世界万国に発揚するの一具たらんことを」と、東洋道徳論の精髄というべきものを世界に向けて発信しようと試みた。[5]

一方、西田幾多郎（一八七〇―一九四五）およびその思想的継承者である田辺元、西谷啓治たちは、井上圓了以来の仏教など東洋の伝統的思想文化の意義を再評価する視点を継承しながら、西洋哲学の論理や概念でそれを再編し、それによって日本的特色のある、しかも西洋哲学と対決できる近代哲学体系を樹立した。

西田は一九一一年に『善の研究』という本を出版した。彼は、一〇年間の参禅の体験を理論化することによって、「純粋経験」という基本概念を打ちたてた。「主観－客観」という二元対立的思考様式を批判し、「純粋経験」の立場から、すべての事柄を把握することを試みた。西田哲学は西洋の哲学だけでなく、東洋の仏教、特に禅宗の思想を踏まえて、日本で最初の独創的な哲学を作りあげた。その試みは、デリダ（一九三〇―二〇〇四）ら、現代の西洋の哲学者たちの、ヨーロッパ哲学のロゴス中心主義と形而上学に対する批判にも通じるものがある。[6]

西田哲学と京都学派をはじめとする日本近代哲学は、日本の哲学界で重要な位置を占めているが、近代以前の「日本思想」は依然として「哲学」として認められていない。このことは、恐らく伝統的儒教思想には「学理」としての論理が欠如していると認識されているからであろう。一方、この問題について、中国の日本学研究者はどう考えられているであろうか。

二 「中国哲学」の「妥当性」危機について

中国哲学の研究者たちにとっても、日本には一体哲学があるかどうかという問題は決して対岸の火事と見なすことはできない。なぜなら「中国哲学」にとっても、その「妥当性」は大きな問題であるからである。この問題は実は中国に限らず、朝鮮と韓国、更に東南アジア諸国などの後進国でもいずれ問われる問題である。周知のように、ヘーゲルら西洋近代の哲学者たちは、西洋中心主義の立場から、専制中国には思想の自由と主体性がないため、哲学も成立しないと主張した。東洋の伝統的「思想」に大きな興味を抱いていたハイデガーも、東洋の「思想」は非概念的な思惟を特徴とするので、本当の意味での「哲学」とは言えないとした。デリダも西洋中心主義と形而上学の両方に反対するが、哲学はあくまで古代ギリシアを源とするものとし、中国の思想を「哲学」とすることには反対した。

要するに、西洋中心主義の立場を持つかどうかに拘わらず、中国には「思想」があるが、「哲学」がないとされたのである。したがって「中国哲学」という概念それ自体の「妥当性」が問われているのである。この問題は中国と西洋の文化交渉の過程において発生したものであり、実は哲学だけではなく、他の学問たとえば文学、歴史学、経済学、政治学なども同様な問題に直面した。

一九一二年、北京大学に哲学科が作られたことにより、「哲学」が独立した学科として中国の近代教育システムの中に導入された。一九一三年に民国政府の『教育部公表大学規程』において、「哲学科」は中国哲学と西洋哲学の二つに分けられ、「中国哲学」には『周易』、『毛詩』、『儀礼』、『礼記』、『春秋公羊、谷梁伝』、『論語』、『孟子』、周秦諸子、宋理学などが含まれていた。

近代学術の性格をもった中国哲学史上における最初の著作は、一九一九年に出版された胡適《こせき》の『中国哲学史大綱』であろう。胡適はこの本の中で哲学の定義、中国哲学史の区分および世界哲学史における中国哲学の地位などの問題について詳しい論述を行った。彼は「人生の大切な問題を研究するのは、根本から考え、根本的な解決策を探る学問である。この学問は哲学と言い」、哲学の下にはまた宇宙論、知識論、倫理学、教育哲学、政治哲学、宗教哲学などさまざまな種類があると述べている。

一九三一—三四年に刊行された馮友蘭《ふうゆうらん》の『中国哲学史』は、哲学の内容と方法、哲学と中国義理学との関係、中国哲学の特徴などについて論じている。馮友蘭は、哲学がもともと西洋から輸入されたものであり、そのため、中国哲学史を講じる作業は西洋哲学に似ている内容を中国古代の学問の中から選択して述べることになると考えた。大まかに言えば西洋哲学は宇宙論、人生論、知識論という三つの部分に分けられるが、中国哲学にもこの三つに対応する部分が含まれている。胡適、馮友蘭以後も、西洋哲学の概念や枠組みを使って中国哲学史を取り扱うことは、多くの学者の共通認識となった。従って胡適の『中国哲学史大綱』と馮友蘭の『中国哲学史』が中国哲学史の礎石を築いたと言っても過言ではないだろう。

中国哲学の妥当性の問題は、中国哲学史学科の創立初期からすでに存在していたが、二十一世紀初頭に鄭家棟、陳来らによって再び注目され、議論が深められていった。「中国哲学」の妥当性の問題、あるいはその危機というのは、本質上は西洋近代学術の枠組みや言語システムと中国思想の概念範疇との結合点をいかに探し当てるか、つまり、ただ西洋の普遍的理念を証明するのではなく、近代的論理や言語概念でいかに中国の伝統思想を解釈し、いかに再構築を行うかという問題であった。

彭永捷《ほうえいしょう》は中国哲学史学科の創立とその後の歴史を振り返って、馮友蘭や牟宗三《ぼうそうさん》の枠組みが中国哲学学科の主流になったが、しかしこのようなモデルは中国哲学史をただ西洋哲学を手本とするある種の哲学の比較研究であったこと、つまり「中国に在る哲学」になったにすぎず、最終的に「中国的哲学」を作りあげることができなかったと批判した。

彭永捷は西洋文化のグローバル化がすでに回避できない文化的事実になっていること、そして「哲学」はもう西洋哲学の固有名詞ではなく、世界のそれぞれの文明体系の中で共有される名称になり、中国でもすでに一般的なものになったと指摘した。したがって、中国哲学史という名称をそのまま使用することには問題がないが、肝心なのは中国哲学自身の問題意識に関心を向け、それを展開することであるとする。そして伝統的哲学用語を復活させ、伝統哲学自身の哲学範疇で伝統の哲学を解釈する必要性を強調した。つまり、伝統哲学自身から哲学の方法と理論を抽出して、それを中国哲学史の研究に再使用することを呼びかけた(7)。

近代西洋の学科制度の中で、いかにより大きい範囲において中国哲学を承認させることができるかという問題意識がそこにあった。鄭家棟によれば、「「中国哲学」が最終的に西洋世界に承認されるかどうかの決め手は、いくつかの「メタ哲学（metaphilosophy）」の問題上に（決して単に文化機能上ではない）ある種のオリジナルな知恵を提供できるかどうか、そして西洋哲学の発展に対してある種の挑戦を行うことができるかどうかにある。文化的要素を完全に哲学の外へと排除しようとする考えは幼稚であるが、「中国哲学」をあるグループの信仰だけに属させるのは、いくつかの西洋学者の偏見に基づくものである。［…］私たちは伝統の中から普遍性の問題に切り込み、それに対応する適切な方法を確保しなければならない(8)」。

また趙景来は、「哲学」という概念の理解に潜んでいる西洋中心的立場を解消し、それを広義のものに拡張しなければ、本当に文化の枠を超えた哲学的対話に入ることはできないし、二一世紀の人類の哲学・知恵を発展させることはできないと指摘した。「中国哲学」の努力すべき方向は中国人を含むこの世界の人々が、その根本問題に関心を向け、それぞれの仕方で解決策を見出していくことであると主張した(9)。

周知のように、哲学という表現は、ギリシア語と英語における「愛」（philo-）と「知恵」（sophy）という二つの言葉からなっているが、「知恵」についての理解はそれぞれ異なっている。そのため、「哲学」についての見方もそれぞれ異なり、西洋においても決して普遍的かつ統一的な「哲学」が存在しているわけではない。哲学はそれぞれの哲学者の哲学思想の中に存在し、まさに各哲学者の哲学思想が西洋「哲学」を構成したと言える。この意味から言うと、哲学は決して抽象的なものではなく、つねに具体的特殊的なものである。

「哲学」の立場から「中国哲学」の妥当性が問題にされる場合、おそらく「哲学」と「西洋哲学」とが等しいという前提があるように思われる。そこでは哲学の普遍性と特殊性とが混同されている。張岱年《ちょうたいねん》は『中国哲学大綱』の中でこの問題について詳しく論じた。彼は、哲学がある種の学問の総称であり、西洋哲学もまた、その一つの範例であるが、唯一の範例ではないと主張した。宇宙と人生について論じるすべての理論を哲学と称することができるのである。したがって、中国古代の諸子の学、例えば玄学、道学、義理の学もすべて哲学の中に入れることができるのである。

牟宗三も、哲学に普遍性と特殊性との区別があること、また中国の学術思想は西洋の学術思想とは異なっており、西洋哲学の枠組みで中国に哲学があるかどうかを判断することができないことを主張した。彼は、「およそ人間性の活動について、理知と観念を以て説明し反省するものは、すべて哲学である」と述べている。この基準から見れば、中国にも当然「哲学」がある。哲学における西洋哲学と中国哲学との関係は、白色人種と黄色人種との関係に喩えられる。白色人種を基準とし、そこから黄色人種を否定することができないのと同じように、西洋哲学を基準とし、中国哲学を批判することはできない。西洋哲学の主導権を奪い取り、中国哲学の固有の問題について、独自の方法を用いて「中国哲学」の歴史を記述することによって、「中国に在る哲学」が真の意味で「中国的哲学」になるであろう。(10)

中国哲学界ではここ数年来中国哲学の妥当性の問題をめぐって以上のような議論がなされてきた。次第に「哲学」を人間の真理を追求する普遍的思惟活動と見なすとともに、中国哲学も西洋哲学もその中に位置するものと考えられてきた。そういう観点から、西洋文化の「哲学」上における覇権的地位を打ち破り、「西洋哲学」との対話を図っていく必要があるという共通認識が持たれるようになった。

三　中国における「日本哲学」

中国の学者は、中国の伝統的学術の中から「哲学」という学科は生まれなかったが、「哲学思想」は生まれたと一般的に考えている。したがって、近代以前の学問思想を含む「日本哲学」が中国において研究されたのは自然なことであった。中国における日本哲学研究の開拓者である朱謙之は、日本の学術思想史について丹念な研究を行い、「日本哲学」が発展した軌跡を明らかにした。彼によって書かれた『日本の朱子学』（生活・読書・新知三聯書店、一九五八年）や『日本の古学と陽明学』（上海人民出版社、一九六二年）、『日本哲学史』（生活・読書・新知三聯書店、一九六四年）および二冊の日本哲学史料集は中国の日本哲学研究の礎石となった著作である。

朱謙之の日本哲学思想についての研究は、方法論から言うと、歴史哲学と密接な関係がある。彼は『歴史哲学』の中で人類社会の発展のプロセスを宗教の時期、自己の時期、社会または科学の時期と総合的な時期に分けるとともに、日本哲学思想の発展過程を、「神学的段階から形而上学的段階へ、また形而上学的段階から科学的段階へ」の三段階に区別した。

朱謙之の『日本の朱子学』と『日本の古学と陽明学』、『日本哲学史』の三部作は資料の面では主に井上哲次郎の『日本陽明学派之哲学』、『日本古学派之哲学』、『日本朱子学派之哲学』に依拠したが[11]、しかしその観点や立場に関しては、ソビエト科学院の『哲学史』や三枝博音の『日本の唯物論者』、そしてとりわけ永田広志の『日本哲学思想史』からもっとも強い影響を受けたと朱謙之は自ら語っている。

永田広志は『日本哲学思想史』の中で、「人類が自然の中の様々な論理的要素と範疇を認識する歴史発展の研究から、つまり人類の認識史を研究する観点から」日本近代以前の思想について見れば、確かに「日本には哲学がない」という中江兆民の名言を想起することができる。そして「以前の日本では、哲学思想の発展が一般的に侏儒的であったことは疑いえない。[…] そのため近代の先進的な思想によって過去の思想遺産を吸収するという観点から見れば、日本哲学史を研究する価値は大きくない」と「日本哲学史」について否定的な見解を述べた。しかし、「歴史の過去は現代に結晶され、揚棄されたものであるという観点から」

あるいは「哲学の歴史において、日本社会の歴史自身がいかにそのイデオロギーに影響を与えたのか」という視角から考えるなら、「日本哲学史の研究が決してむだな苦労ではない」[12]とも述べている。そういう観点に立って、永田広志は以下のような研究方法を採った。「日本のイデオロギー史の中から本来の哲学的内容を抽出して哲学史を書こうとしても、哲学の思想と密接に関係する各種の思想動向や、哲学的思惟の発展に本質的な影響を与えた道徳観・政治論に言及しなければならない。そのため、本書は哲学史を含んだ、思想史一般と言うべきものとならざるをえない」[13]。

永田広志の影響を受けながら、そして文革時代において何度か政治的な嵐を経験した後に、朱謙之は意識的にマルクス・レーニン主義の方法論を用いて日本哲学思想史を研究し、一連のパイオニア的な研究成果を生みだしていった。『日本の古学と陽明学』の前書きにおいて、彼は次のように記している。

> 日本哲学史は、日本における科学的唯物論の世界観と規律の胚胎、発生と成長の歴史である。[…]日本哲学史を研究するのは、主にマルクス主義の観点を以て日本の唯物論の哲学思想の発展を述べ、そして過去のすべての唯心論の哲学体系を批判するためである。しかし唯心論の哲学の中でも、ヘーゲルの弁証法にも合理的な内容があるように、陽明学左派の弁証法にも合理的な核心があるということを忘れてはいけない。近代日本哲学の主流は弁証法的唯物論と歴史的唯物論であるが、その思想背景を追究しようとするなら、マルクス主義が日本に伝わる以前の、唯物論哲学と弁証法思想成立の準備時期の哲学諸流派を検討しなければならない[14]。

以上の文章から見ても分かるように、この時に朱謙之が依拠したマルクス主義的な観点と方法は、実はその時代の政治的イデオロギーであり、この時代においてなされた日本哲学研究は、単純な学術研究ではなく、マルクス主義哲学の真理性と普遍性を論証するための恰好の事例にすぎなかったことを否定できない[15]。

朱謙之の研究成果を受け継いだ、次の世代の研究者である王守華、卞崇道両氏の『日本哲学史教程』は、日本哲学思想の一般的な特質といくつかの具体的な問題について新しい研究成果を生みだしたが、「日本哲学史を研究するには、経済的基礎がイデオロギーを決定するという唯物史観によって示された基本的原理」と「党の原則とを貫徹し、階級分析の方法」を用いて、「哲学発展の長い歴史的流れの中から哲学発展の基本的法則（理性の法則や規律）と手がかりをとらえ[16]」ようとするものであった。この著者の発言から見ても分かるように、この本の研究方法と立場はまだ完全に時代の制約から脱却していなかった。

これは研究者個人の研究能力の問題というより、むしろ時代が強いたものと言えるであろう。朱謙之や王守華、卞崇道ら中国における日本哲学研究の先駆者たちの研究には、その時代に特有な政治的イデオロギーの烙印が押されている。しかし他方、近代以前の日本社会にも独自な哲学的思惟活動があったことを積極的に認め、そしてそれを近代につながる重要な構成部分と見なした点は、中国の日本哲学研究の一つの特徴と言えるであろう。

二〇一一年一月、中国の四〇人近い学者による五巻本の『東方哲学史』が出版された。これは世界の学術史上において初めて全面的かつ体系的に東アジア、南アジアと西アジアおよび北アフリカという三大文化地域の古今の哲学思想の発展のプロセスを「東方哲学」として考察したものである。特に三大古文明――インド文明、漢字文化圏とアラブイスラム文化圏――の哲学思想史の全体像と発展過程を描いて、「東方哲学」の独自な内容を明らかにした。「日本哲学」に関する内容は、今までのマンネリ化された方法論といくつかの具体的な歴史事実について修正を行ったが、朱謙之と王守華、卞崇道氏など先行する研究者たちの「日本哲学」についての研究成果を継承し活用したものであった。

慶応義塾大学の納富信留教授は二〇〇九年四月に第二回中日哲学フォーラムにおいて「「哲学」の普遍性

――古代ギリシアと現代日本の対話」という学術報告を行った。納富氏によれば，古代ギリシアの“philosophy”は「普遍的」理念を有するものであったが、時代、地域、言語、伝統文化などによって異なる展開をする。

近代の日本哲学は西洋文明の衝撃に直面しながら、西洋と同一化するのではなく、西洋と共に“philosophia”を持つことを通して、真理である「哲学」を探求する仕事に正面から参与していった。「哲学」と総称される伝統は、まさに意識的にさまざまな問題に正面から取り組み、思索する人類の行為を指す。ここには「西洋／非西洋」という区別はない。過去と現在、東洋と西洋、更に具体的に言うと、古代ギリシアと日本、中国、ヨーロッパなど異なる思想空間の間で行う対話から、「善く生きる」ことを実現しようとする哲学が生みだされていくのである。(17)

ここ数年来、中国の新儒家思想と西田哲学の比較研究をテーマにして、日本や台湾、香港において国際学術シンポジウムや共同研究が行われ、一連の研究成果が生みだされている。このような研究は、儒学や仏教など東洋の伝統思想がいかに西洋の近代哲学と対立し衝突しながら、またそれを吸収しそれと融合しながら、それぞれの文化伝統を越えて新しい「普遍的な」哲学を確立していったか、そのダイナミックな過程を解明していく上で重要な役割を果たすであろう。

「哲学」という概念は西洋の学術に由来するが、しかし自覚的に思索し、真理を探求することは人間の普遍的な営みであり、それは異なる国家、異なる民族の思想空間でそれぞれに異なった歴史的発展を遂げるという点については、中日の哲学研究者の間である程度の共通認識を得ることができたと言えよう。その点で、中国思想研究者である溝口雄三氏の「一と多」の論理が参考に値する。

溝口氏は、世界は「多」の存在であり、中国と日本のいずれもその中の「一」であるに過ぎないと言う。

本当に中国を「多」の世界における「一」と見なす時、それは「世界を目的にする」ことである。つまり、それは中国だけを目的にするという研究方法ではない。従って、「中国の実情に照らして中国を考察し、しかもヨーロッパ的原理と対応するもう一つの中国的原理を発見しよう」とする時、「中国的メガネ」でヨーロッパを見ることもできるようになる。そこでは一連の概念が再検討されなければならない。つまり、過去に「世界的」と誤解されたものを「ヨーロッパ的」なものに還元しなければならない。つまり、普遍的な原則とされたものを個別化し、相対化しなければならない。中国的原理の特殊性を指摘すると同時に、西洋的原理をも「特殊化」するのである。私たちがこのように本当の意味で多元的な立場に立った時にはじめて、「世界史」は形成されるのである。これこそ「中国を方法として、世界を目的とする」のである。[18] ここで私たちはもちろん「中国」という概念を「日本」という概念に置き換えることもできる。

近代以来、中国と日本の学術界が絶えず「哲学」とは何か、「中国哲学」と「日本哲学」というような概念が成立するかどうかを問題にしてきた。グローバル化という新しい時代的背景の下に、中日の哲学界がこの共通問題について新たに対話し、議論を深めていくことによって、「哲学」についての歴史的な考察と「妥当性」問題の克服に多くの寄与を行うことが可能になるであろう。

注

（1）中江兆民『中江兆民集　一年有半』筑摩書房、一九七四年、一一四頁。

（2）藤田正勝「日本の哲学？」（『知の座標軸——日本における哲学の形成とその可能性』所収。晃洋書房、二〇〇〇年）、三—四頁参照。

（3）古田光・鈴木正編著『近代日本の哲学』第三章「アイデイアリズムの生成——井上哲次郎と大西祝を中心に」、北樹出版、一九八五年、一二九頁。

(4) 『重訂日本陽明学派之哲学』序、東京富山房版、一九〇〇年。

(5) 『重訂日本陽明学派之哲学』序。

(6) 藤田正勝「日本の哲学?」八頁。

(7) 彭永捷「中国哲学学科に存在する妥当性危機を論じる――中国哲学学科の知識社会学に関する考察」(『中国人民大学学報』二〇〇三年、第二号)を参照。

(8) 鄭家棟「「中国哲学」の「妥当性」問題」、『中国哲学年鑑』(二〇〇一年)哲学研究雑誌社、一―二頁を参照。

(9) 趙景来『中国哲学の妥当性問題の要点』を参照(『中国社会科学』二〇〇三年 第六号)。

(10) 任蜜林「中国哲学史研究パラダイムの革新――張岱年《中国哲学要綱》を評す」を参照。『中国社会科学報』二〇一一年、中国社会科学出版社。

(11) 朱謙之『日本の朱子学』前書きおよび『日本の古学と陽明学』前書きを参照。

(12) 永田広志『日本の哲学思想史』(商務印書館、一九七八年)序論、九―一四頁。

(13) 永田広志『日本の哲学思想史』(商務印書館、一九七八年)序、八頁。

(14) 朱謙之『日本の古学と陽明学』前書き、五、六頁。

(15) 劉岳兵「朱谦之的日本哲学思想研究」、『日本学刊』二〇一二年一期を参照。

(16) 王守華・卞崇道『日本哲学史教程』(生活・読書・新知三聯書店，一九六四年)一〇頁。

(17) 納富信留「「哲学」の普遍性――古代ギリシアと現代日本の対話」、第二回中日哲学フォーラム(二〇〇九年四月二五―二六日)での学術報告を参照。

(18) 孫歌「溝口雄三先生を送別す」『中国社会科学学報』(二〇一〇年)を参照。

参考文献

馮友蘭『中国哲学史新編』、人民出版社、一九八二年版。

張岱年『中国哲学大綱』、中国社会科学出版社、一九八二年版。

景海峰「学科を制定する過程中の馮友蘭――『中国哲学史』の構築およびそれに直面する苦境を論じる」、『開放時代』二〇〇一年第七号。

王路「馮友蘭の哲学から中国哲学史研究を見る」、『哲学研究』二〇〇〇年第八号。
鄭家棟「「中国哲学」の「妥当性」問題」、中国社会科学院哲学研究所編『中国哲学年鑑（二〇〇一）』
張立文「中国哲学の「自分で言う」と「自分を言う」――中国哲学の危機の克服と妥当性の超越を論じる』、『中国人民大学学報』二〇〇三年第二号。
乾春松「中国哲学と哲学の中国に在る――中国哲学「妥当性」の討論に関して」『江海学刊』二〇〇二年第四号
趙景来「中国哲学の妥当性問題の要点」、『中国社会科学』二〇〇三年、第六号
彭永捷「中国哲学学科に存在する妥当性危機を論じる――中国哲学学科の知識社会学に関する考察」、『中国人民大学学報』二〇〇三年第二号。
劉岳兵「中国日本思想史研究三〇年」、『日本学刊』二〇一一年第三期
高坂史朗『近代という躓き』、ナカニシヤ出版、一九九七年
藤田正勝編『知の座標軸――日本における哲学の形成とその可能性』、晃洋書房、　二〇〇〇年
藤田正勝・卞崇道・高坂史朗編『東アジアと哲学』、ナカニシヤ出版，二〇〇三年
野家啓一・卞崇道・尾関周二編『現代に挑む哲学――日中共同研究：東アジアの観点から』、学文社、二〇〇七年

第8章　幕末における孟子の民本思想の受容
——吉田松陰の「民政論」を中心に

郭　連友

はじめに

従来の吉田松陰（一八三〇—一八五九）研究では、松陰の孟子受容について、二つの対立した見解があった。松陰の孟子受容を否定する立場に立つ研究者は、松陰の政治思想の独自性をその国体論（天皇を中心とする国家の体制）や独特の君臣関係の論（いわゆる絶対的君臣関係）に求め、それらが儒教（孟子）のいわゆる普遍的な政治思想への批判或いは否定の上に形成されたと考えてきた。また、孟子の「民本思想」と「革命思想」は松陰の思想と相容れない異質なものとしてとらえた。例えば、戦前の実証的松陰研究でよく知られている玖村敏雄、戦後の松本三之介、野口武彦、東中野修、本郷隆盛などは基本的にこのような立場に立っている。(1)

それに対して、松陰の思想における「民本思想」の傾向を重視し、そこに松陰の思想的本質を求めようとする研究者もいる。たとえば下程勇吉、岡崎正道などである。下程勇吉はその力作『吉田松陰の人間学研究』で、松陰の思想の「民本主義」的要素を重視し、しかも、それを松陰の国体論と密接不可分の重要な構成部分としてとらえ、「松陰の国体観は、尊皇主義的上半円と民生尊重的下半円とが相依り相俟って、水も漏らさぬ一円統一性を目指すのである[2]」と構造的に説明している。岡崎正道も松陰の「民本思想」こそがその思想の特色だとみなし、「松陰の思想の重要な特質は、民本主義の徹底した追求の中で武士意識との葛藤に苦悩した点にある[3]」と指摘している。

このような対立した意見が存在するのは、おそらく、従来の研究者達が松陰の思想をとらえる際、基本的に松陰の思想形成に影響した幕末日本の社会的・政治的状況等の要素を重視し、孟子思想（広い意味での儒教思想）の松陰に与えた影響への考察が不十分であったことに起因すると思われる。確かに、松陰の思想形成に幕末の政治的・社会的状況などの影響は無視できない。しかも、そういった要素の分析・解明は幕末の思想家理解に重要な意味を持つ。しかし、松陰の思想形成はそういった政治的・社会的要素からのみなるものではない。松陰が小さいときから、武士の教養として身につけた儒教思想の影響は無視できないものがある。松陰の思想には、人民重視の視点、換言すればいわゆる「民本主義」の思想が明らかに存在する。松陰による孟子思想の積極的摂取、つまり孟子受容はペリー来航以前から見られ、ペリー来航前後に一層明確になり、特に自らの政治主張が「民政・海防」から「民政」へ転換した安政二年頃には儒教の代表的思想家孟子に深く傾倒している。この点は『講孟箚記《さっき》』の執筆などに見てとれる。幕末という非常時において、松陰は日本の国内外の危機を克服する方策として、「一君万民」という政治体制を考案すると共に、その政治のあり方について、孟子の政治論――主に「民政論」「安民論」「王道論」「革命論」――を積極的に受容しようとした。彼の孟子受容は多方面にわたっているが、ここでは、主にその政治論に反映された孟子の「民本思想」の受容に着目し、考察することにする。

一　ペリー来航以前における松陰の「民政論」

松陰の孟子への傾倒および民政論の積極的受容は、ペリー来航後、とくに安政二年頃がピークとなった。彼の民政論がどのような背景・状況から生まれ、孟子の民政論とどう関わっているかを理解するには、まず松陰のペリー来航以前の思想を明らかにする必要がある。

兵学者出身の松陰は運命的に国家防衛の使命を負わざるをえなかった。ペリー来航まで、その思想・実践活動は主に兵学的見地に立って行われていた。彼は山鹿素行を「始祖」とする山鹿流兵学者の一人である。松陰の兵学は「単なる戦術論・軍事技術論にとどまらない倫理・政治をふくみ、そこには当然、彼の道徳観・政治論が根底をなしていた」(4) と指摘されるように、彼は政治・道徳のありようを兵学の一環として重視した。彼の著作のところどころに見られる『孟子』への言及は、このような兵学者の立場からなされたのである。

松陰の著述の中で孟子の民政論に関心を示した最も早い例は弘化三年（一八四六）五月、十七歳のときに書かれた「夷賊防禦の策」という文章である。この文章は松陰がアヘン戦争での中国の敗戦に鑑み、西洋列強の日本接近を警戒し、その対策として執筆したものである。「方今遠西猖獗なり。我れ何の待つ所ありて而る後之れを恃むや。曰く、四あり。人才能く弁ず。器械能く利なり。操練、法あり。戦守、術あり。凡そ此の四者は国家の急務にして、一日も缺くべからざるものなり」（「未忍焚稿《みにんふんこう》」(5)）と、国家の急務として「人材・器械・操練・戦守」の四つを挙げた。またその実現方法として「上に賢を好むの実あらば則ち人なきを憂へざる」（同上）(6) と君の人材登用のあり方を論じ、「人才能く弁ずる」ことの根本を君の仁義の心に求めた。

「其の本を推せば、君心の仁義のみ。孟子曰く「君仁なれば仁ならざるなく、君義なれば義ならざるなし」(「離婁上」)と。余深く之れを信ず」(同上)[7]と記している。賢材(道徳にも才能にも優れた人材)の登用は孟子の仁政論の一つの核であるが、松陰は兵学者の立場から孟子の「仁義説」に共鳴し、人材登用という現実問題の解決のために、君に「仁義の心」を期待し、かつ要請したのである。この頃の考えはのちの『講孟箚記』においても変わらずに維持され、松陰の「民政観」の重要な柱となった。

松陰が兵学的見地から自らの思想に人民重視の視点を取り入れたのは嘉永元(一八四八)年頃からである。アヘン戦争での清の敗戦に刺激を受けた当時の日本の海防論は、西洋の先進的武器の導入や大砲軍艦の建造などの当否をめぐって展開された。松陰は嘉永元年の時点ですでに西洋の近代軍事技術の先進性についてある程度の認識を持っていたが、しかし佐久間象山などの同時代の先駆的兵学者に比べたとき、その認識はむしろ遅れていた。彼の思想は西洋の近代的兵器や技術の導入というより、侵略に備えるための国内防衛体制や反侵略の担い手の模索に傾いていた。彼が人民を国防に重要な意味を持つものと認識するようになったのはこの頃からである。「夫れ人民は国の精気根本なり、精気耗《つひえ》て四体衰へ、根本揺ぎて枝葉凋《しぼ》む。人民逃ぐれば、則ち戦ひ勝つと雖も守り堅しと雖も亦暫くのみ。何を以て能く永久ならんや」(「護民策一道」嘉永元年五月)[8]。つまり、松陰は人民の国防上の意味を十分に評価し、国家存立や国防の基本的な力だと考えたのである。このような人民重視の視点は、アヘン戦争でイギリスの侵略に勇敢に抗した広東三元里人民の義勇的事跡からヒントを得たと考えられる。同じ嘉永元年、彼は広東三元里人民のイギリス軍に徹底的に抵抗する決意を記した檄文「粤東義勇檄文《えっとう》」を入手し、それを読んで直ちに「粤東義勇檄文の後に書す」を書き、次のように記した。「清豈に人なからんや、張浚・岳飛(共に中国南宋の忠臣で、金の侵略に抵抗した民族英雄——引用者)、後の称して忠臣と為す者の如きも、其の言斯くの如く其の志斯くの如きのみ。清の義勇は、余未だ其の人と為りを詳らかにせずと雖も、固より與に為すあるに足るを知る。道光爺(清の道光帝・

宣宗——引用者）をして親しく此の輩を延いて切に其の策を問ひ、戎に和するの議を沮《はば》めて鋭意戦守せしめなば、則ち将帥の惰振ふべく、前日の辱雪ぐべかりしなり。然り而して金を出して和を請ひ、靦然《てきぜん》として恥づることなきは何ぞや。奸佞の言、耳を謳ひて、義勇の論聞かれざればなり。嗚呼、万乗の尊きを以て自ら居りて、曾ち粤東の黎庶《れいしょ》にだも如かず。嘆ずべきの甚しきにあらずや」(9)と。アヘン戦争でイギリス侵略軍に大勝し、中国側の唯一の勝利をかちとった中国人民の義勇行為に拍手を送り、それを称賛し、高く評価したのである。同時に松陰は道光帝をはじめとする支配者側の投降行為を非難し、「肉食者卑」という認識と共に反侵略における最も信頼できる力が「黎庶」身分の人民だという認識を持つことができた。ただ、この頃、彼は国防的見地に立って人民に論及したが、「吾が邦には自ら恃むべきものありて存す。封建の侯伯、世禄の将士なり」（「瓊杵田津《にぎたつ》話の後に書す」嘉永元年（日付不明））(10)と記し、支配層内部の力に期待する姿勢を放棄しなかった。しかし、西洋列強の日本侵略に備えて、松陰は国家防衛は武士階級にのみ頼るのでなく、国の最も根本的存在としての人民をも視野に入れるようになったのである。このような反侵略戦争における人民の役割への認識は松陰の「民本思想」として早い時期の発言であるが、それが後の孟子受容および「草《そう》莽崛起《もうくっき》」論につながっていったと考えられる。

松陰は九州への遊学（嘉永三（一八五〇）年八月二十五日から十二月二十九日まで）を通じて、アヘン戦争に関する情報を得るとともに、外国事情を記した大量の書物に触れた。彼は西洋の強大な軍事力の背景に、すぐれた社会制度、民政措置、豊かな人民、および人民の結束があることを自覚し、人民の結束こそ侵略に備える挙国的体制造りの根本だと明確に意識するようになった。彼が民政論を新たに提起したのはこの頃からである。この頃、彼の「民政論」は、人民生活の安定・生産の発展などがその主な内容であった。中でもとくに注目すべきは、民政の根本措置として孟子がかつて最も重視した田制論「井田の法」に強い関心を示したことである。松陰はとくにアヘン戦争での「漢奸」問題を重視し、「漢奸の内よりの勾引」がアヘン戦争で中国側の敗北を招く重要な原因の一つになったと考えている。彼が嘉永三年（日付不明）に書いた「随筆」に「余、満清の乱を観るに、大患は漢奸の内よりの勾引にあり。蓋し隣里郷党の制廃れて、伴助扶持の教荒ぶるに由るのみ。吾が邦宗門の制令は伍組（五人組の法――引用者）精明にして、特に邪教の染を防ぐに足るのみならず、万一変故あるも亦内奸勾引の慮なかるべし」（『未焚稿』「随筆」[11]）と記した。人民がキリスト教に惑わされ、侵略の協力者「漢奸」に転化したという衝撃の事実は松陰の危機感をかきたてたにちがいない。彼は、漢奸問題は当時の清の社会経済的矛盾を反映するものとし、下層民が貧困で頼りのない状態ではいつでも「漢奸」に転化する恐れがあるとした。国内の社会構成員の動揺や亀裂が国家の存亡に関わることを意識した松陰は、それを克服する方策として、従来の「五人組」――江戸時代庶民の隣保組織で、成員の相互扶助の仕組み[12]――に注目すると共に、孟子の仁政の主眼であった「井田の法」にも着目したのである。

「井田の法」、つまり田宅の制は孟子の「民政論」の眼目である。もともとこれは周代に行われたと伝わる土地制度と共同耕作の方法である。耕地は公有とし、九百畝の正方形を井字形に等分し、中央の公田は共同で耕作しその収穫は税にあてて、周囲の八区は八家が私田とするという形式で、土地権利の平等化を通じて人民の生存権の平等化を目指すものであった。耕作地と宅地の保証、貧富の差の防止がその目的であった。

しかし、松陰が「井田の法」に注目したねらいは孟子のいった「井井区画」という形式にあるのでなく、「井田の法」の目指す人民同士の親睦および相互扶助にあった。先に触れた「随筆」で松陰は次のように述べる。

儒者井田を論ず。或は曰く、「後世にも行ふべし」と。或は曰く、「行ふべからず」と。或は曰く、「吾が邦にも行ふべし」と。或は曰く、「行ふべからず」と。夫れ井々区画し、家ごとに百畝を治めて同じく公田を養ふものを指して井田と為さば、豈に吾が邦に行ふべけんや。抑々末なり。乃ち九一の征の如きも亦行ふべきものに非ず。何となれば、国用常あり、俸禄制あればなり。然れども是れ何ぞ王政を傷けんや。王者民を愛するの心固より極まりなし。而も二十にして一を取るは、孟子以て貉《かく》（『孟子』「告子」下、北方の夷狄の国を指す――引用者）の道と為せり。唯征税画一にして、暴君汚吏をして時に聚斂を正税の外に加ふることなからしむるは、則ち今の征は猶ほ古の征のごとし。夫の出入相伴ひ、守望相助け、疾病相扶持し、以て斯民の親睦を致すが如きは則ち王政の要なり。而れども俗儒或は視て支流と為さんも未だ知るべからず。余、鴉片《あへん》の乱を観て、宗門の制固より苟もすべからず、井田の法も亦行ふべきものあるを知る。よって表して之れを出す」（同上）(13)。

松陰はここで「井田の法」の「井井区画」の形式と「九一」の税制を現在日本の国情に合わないものとしてその導入を拒否したが、「井田の法」の目指す人民同士の親睦、相互協力、相互扶助という「安民」の政治的目標を重視し、困窮する民の出現の防止策として、それを積極的に肯定したのである。のち、『講孟箚記』で松陰は「井田の法」の実現のために努力を続けた北宋の思想家張横渠（張載、一〇二〇―一〇七七）が悲願とした事跡に感銘し、重ねて「井田の法」に言及した。『孟子』「滕文公上」にあった「死徒郷を出づるなく、郷田井を同じうし、出入相友とし、守望相助け、疾病相扶持すれば、則ち百姓親睦す」の箇所に松陰は箚記して、「この章の大意、井地・穀禄・学校の三件にあり。［…］蓋し井地・穀禄・学校の事は皆制度に関係する事なれば、容易に議すべきに非ず。唯だ此の一節は行ふべきの実を云ひ、尤も親切著名なり。今世の制、民間にも士林にも五組の法はあることなれば、此の法に因りて此の意を行ひ度きことなり。横渠先生（宋の張載――引用者）学者と議し、田地を買ひ画して数井となし、経界を正し宅里を分ち、斂法《れんぽう》を立て儲蓄《ちょちく》を広め、学校を興し、礼俗を成し、菑《さい》を救ひ患を恤《うれ》ひ、本を厚うして末を抑へば、亦以て先王の遺法を推して、当今の行ふべきを明らかにするに足らんとの志ありし由、圏外の注（『孟子集註』にある朱子が引用した横渠の仁政の事跡――引用者）に見ゆ、実に尤もなることなり。余をして横渠の時に生まれしめば、必ず此の事を成さんものをと思へども、幽明道遙かにして詮方なし。況や今囹圄《れいぎょ》の囚となり、志ありと云へども遂ぐべき様なし。徒らに横渠の説を読みて感涙胸を沾《ぬら》すのみ。但だ横渠の説は田を画し井となすが、最も用意の所と見えたり。仁政は経界より始まるとあれば、此の事固より要務にはあるべけれど、是れは法制に係りたることにて、万一人情に合し土俗に宜からぬことあれば、大いに民間を擾乱するに至る。故に夫れよりは此の一節に云ふ所の実を主として行ひ度きことなり」（『講孟劄記』[14]）と述べた。

松陰は「仁政」の重要な内容として「井田の法」を十分に評価しながらも、その時点での導入が人民に混乱を招くから避けるべきだと考え、それの日本への導入を敢えて拒んだ。しかし、「井田の法」の目指す実質の部分、つまり人民同士の相互扶助、親睦に関してはその日本への適用を強く主張したのである。

ただ、この時点で（嘉永三年）、松陰は「国用常あり、俸禄制あればなり」といったように、国用や俸禄などの必要性から当時の「四公六民」の税制を否定せず、また、「暴君汚吏」の暴斂を防ぐ立場から征税、つまり税の徴収の画一化に賛成したが、これ以上の減税はまだ切実な問題としてその視野には入っていなかったようである。

二　ペリー来航以後における松陰の「民政論」

さて、松陰が孟子の「民政論」にいっそう強い関心を寄せた背景には、なんといってもペリー来航、およびそれに連動する国内情勢の急変があった。

西洋列強の日本接近、アヘン戦争での中国側の敗北など緊迫した国際情勢に刺激され、軍事面（砲術、軍艦、軍隊の編成・組織の改編など）の西洋化・近代化が日本海防論の緊急の課題となった。しかし、海防費用の捻出にあたって、主に伝統的な年貢増徴・御用金政策などを頼りにした幕府の財政打開策は地方財政に大きな負担をかけた。余りにも不足した財源と海防という焦眉の課題との矛盾はペリー来航以前にも問題になっていたが、[15] ペリー来航によってその矛盾が一気に露呈した。各地で頻繁に起きた農民一揆はある意味でこの矛盾の具体的現れだと考えられる。松陰はペリー来航とほぼ時を同じくして起きた盛岡の南部大一揆によって、会沢正志斎が『新論』で強調した人心の統一がますます分裂の方向に走っていくのを強く意識した。このような情勢の中で、いかにして民心を挽回・統合し、更に西洋列強に対抗できる挙国的体制を創出するかが松陰にとって眼前の緊急課題となった。ペリー来航前後から、松陰は孟子の「民政論」に対して今まで以上に強い関心を持つようになったのである。

外患内乱常に相因ること古から其の例寡からず、［…］然るに今日外患の事誠に迫れり。人々皆海防海防と云はざるはなし。然るに未だ民政民政といふ人あることを聞かず。夫れ外患内乱必ず相因ることなれば、海防民政兼挙ぐべきこと固よりなり。［…］此の度南部の民変も其の由来を尋ぬれば廃立の不順より事起り、事体容易ならざるの事には候へども、重税暴斂民心を失ふ事、此れ亦其の一大端に御座候。鎌倉辺の民情を察し候ても農民軍役に苦しみ上を怨むこと夥しき事なれば、天下戦争の秋に相成り候はば民の動揺如何して是れを制すべけんや。是くの如き事豈に独り鎌倉のみならんや、満天下一般なるべく候。兎も角も厚仁深沢、人心を得ること方今至急の務と存じ奉り候。［…］孟子梁恵・斉宣に対《こた》ふるの説、甚だ事務に切なることにて、当路の大臣へ得と呑み込ませ度く存じ奉り候。（「兄杉梅太郎宛」嘉永六年九月十四日[16]）

この資料はこの時期の松陰の孟子への関心がきわめて強かったことを物語っている。とくに孟子の民政論が「事務」に「甚だ切なる」ものとして高く評価され、「人心を得る」という眼前の緊急課題の解決に有効な方法だとみなされたのである。この頃から、松陰が孟子の民政論に特に注目したことは注意すべきである。ただ、松陰のこの頃説いた民政論は、民衆の苦しみを無視した当時の海防論への批判を含むものであったが、海防論そのものを否定するものではなかった。松陰の民政論は海防論と同じ重さを持つものであったと考えてよい。ペリー来航に象徴される日本の国家危機を乗り越えるため、松陰はこの頃「民政・海防」という対応策を明確に打ち出した。ペリー来航直前の農民一揆の頻発等国内情勢の急変などへの注目から、彼は「民政」と「海防」のどちらをも偏重せず、二つとも重視すべきだと主張した。

ところが、日米和親条約（安政元年三月締結）をはじめ、西洋列強諸国と条約を締結した後の安政二年初頭（遅くとも四月頃には）、松陰は軍備と民政との矛盾についてはっきりした認識を持つようになった。それに加えて、中国で起きた「一大変乱」である太平天国の衝撃は彼に日本国家存亡の危機感を増幅させ、思想上に大きな変化をもたらした。海防のための軍備によって苦しめられている人民の生活上の不安や人心の離反という現状に鑑み、彼は軍備の中止を唱えると共に、「内治」「民政」の重要性をもっぱら強調するようになった。松陰が孟子に特別強い関心を持ち、本格的に孟子を読み、新たな目で孟子を評価し、それによって国内現実問題の解決策を求めようとしたのは、まさにその思想が「民政・海防」から「民政」に一元化した後のことであった。

この時、松陰は、前年（安政元年）ペリー艦隊搭乗による海外視察の計画が破れ、萩に送られ、野山獄《のやまごく》に囚禁され、自由が奪われた身となっていた。野山獄の同囚者の時勢に関する質問に答えた形で綴られた「獄舎問答」に『孟子』への強い関心が示されている。要するに、松陰は孟子の「民政論」に立脚して、人民の苦しみ、人心の離反を無視した当時の海防論に立ち向かったのである。

松陰を民政に着目させたのはまず現実の状況であった。農民一揆発生の根本的原因は被支配者としての人民の生まれつきの反叛心によるものでなく、あくまでも「連年苛虐の致す所」（書簡「兄杉梅太郎宛」嘉永六年七月二十八日）[17]であり、「畢竟民窮するより事起りたるなり」（「兄杉梅太郎宛」嘉永六年八月晦日）[18]と為政者の悪政、とくに重税などによって招かれたものだとしている。この認識はまた中国のアヘン戦争での敗北、太平天国の「一大変乱」への認識と重なって松陰の危機感を一層増幅させた。松陰の考えでは、前述したように、アヘン戦争の敗因は清の軍事力の不備にも一因があるが、もっと重要で、且つ根本なのが清の腐敗した政治にあった。「曾て西洋人の清国を記するを見るに云へる事あり。支那国内には人民繁衍すること極めて盛んなりといへども、貧困の徒最も夥し。［…］然れば漢土聖人の典籍具さに存すと雖も、王政已に地を掃ふ、遂に西洋夷輩の非議を招くに至る。亦悲しむべきのみ」（『講孟箚記』）[19]と、清のアヘン戦争での敗北は「仁政」を行っていなかったのがその原因であったと考えた。太平天国の勃発について「洪秀全等を初め諸流賊の起る、暴斂苛税、民、手足を措く所なきに由る」（『清国咸豊乱記』割注）[20]と鋭くその原因を指摘し、為政者の失政を追究した。悪政は農民の困窮を来し、農民の政治的不信を招くのみならず、一国の興亡に関わる根本的問題だと松陰は認識している。

人心の離反という課題を解決するために、松陰は新たな目で孟子の民政論に着目したのである。『講孟箚記』に「魏の国たるや、西は秦に圧され、南は楚に逼られ、東は斉に窺はる。其の自立の難き、言を待たず。魏の為に策する者、宜しく兵械を修め、糧餉《りょうしょう》を儲《たくわ》へ、卒伍を練り将領を撰ぶなど言ふべし。然るに孟子は則ち然らず、唯仁政と言ふのみ。梃を制し以て秦・楚を撻《う》つと云ふのみ。宜《むべ》なるかな、当時孟子の説を以て事情に闊なりとすること。然れども是れ大いに事情に切なるものあり、深察せざるのみ」（『講孟箚記』）[21]とある。「仁政を民に施す。梃を制して以て秦・楚の堅甲利兵を撻たしむべし。疑ふ勿れ」（『孟子』「梁恵王上」）というように、孟子は梁の恵王に頻りに「仁政」・「王道」を鼓吹したが、時君に「迂遠」だとされた箇所に対する松陰の劄記の一節である。松陰は孟子の「仁政論」を「迂遠」どころか「大いに事情に切なる」と高く評価している。この一節の終わりの部分に松陰はさらに「疑ふ勿れの義、功利者流の知る所に非ず。故に余、梁王此の策を用ふる能はざるを惜しまず、切に今人の用ひざるを惜しむ。併せて後人の用ひんことを望むなり」（『講孟劄記』[22]）と記し、孟子の仁政論が今こそ用いられねばならぬとしている。また、孟子が斉の国君に「井田の法」や仁政を勧めた一節に対して、松陰は「孟子満腹尽く是れ王政、尽く是れ天下と憂楽を同じうす。故に何事に触れても必ず発露すること斯くの如し。抑々今人孟子の大論を聞けども、毫毛も心に徹する所なきは何事ぞや。［…］鰥寡《かんか》孤独（寄る辺ない身の上――引用者）の事、余の綣綣《けんけん》たる所なり」（『講孟劄記』[23]）と劄記し、「民政論」の重要性を重ねて強調した。

三　松陰の「民政論」の具体的施策

『講孟劄記』で松陰は、孟子の唱えていた「民政論」の諸方策の内、もっとも減税を重視したが、それと同時に生産の発展、富民ないし富国、弱者への保護、教育などについても論じた。

「民政論」の主な内容として、孟子は唐虞三代の九分の一或いは十分の一の税率を基準に、時の王に絶えず減税を求め続けた。「税斂《ぜいれん》を薄くす」（梁恵王上）「関市は譏《き》して征せず」「耕す者は九の一、仕ふる者は禄を世にす」（梁恵王下）などがその代表的発言である。

「減税」は松陰でもその「民政論」の眼目である。「民政」と「海防」との矛盾を誰よりも鋭く察知した松陰は「減税」に最も力を注いだ。「余常に謂ふ、孟子の定策は田宅の制にあり、然れども当今に在りては、田宅の制断々改むべからず。若し必ず要務を問はば、薄税軽斂にあり」（『講孟劄記』[24]）とあるように、「井田の法」という田制よりも松陰は税制、つまり税の軽減を重視する。「余は生得の迂人にて、民産の事は一向弁へざれども、唯だ経史に嗜り古今を通達するに、民の憔悴、今の時より甚しきはなし。資用の夥多なる、今の時より甚しきはなくして、資用の出所は民の膏血より外はなければなり。井田の法は九ヶ一の税なり、今に比せば蓋し軽し。[…]若し已むを得ずして農等へも納めさすることなれば、成る丈け民の害にならざる程に納めさせ儲ふべし」(「儲糗話《ちょきゅうわ》」安政二年十一月)[25]と。前にも見たように、嘉永三年の時点では減税の問題はそれほど切実性をもって松陰の視野に入っていなかったが、安政二年にははっきりと減税の重要性を力説するようになった。松陰は孟子の唱えた田宅の制、つまり「井田の法」のその時点での日本への適用を断念し、それに代わってそれと深く関連する税制の改革を幕末日本に実現させるよう呼びかけたのである。「重税暴斂民心を失ふ事、此れ亦其の一大端に御座候。」(書簡「兄杉梅太郎宛」嘉永六年九月十四日)と述べられたように、松陰はペリー来航の頃から、各地に頻発した農民一揆の起因が重税によるものだというはっきりした認識を持っていた。重税となった原因は何だったのか。彼は言う。「民政の事は余甚だ暗き所なり。然れども封建の世は農民必ず困しむ。漢土三代は仁政と称すと雖も猶ほ十の一を征す、漢に至りて初めて二十の一を征す。我が王朝の制は二十の一より軽し。降りて武門に至り漸く封建の勢を成す。方今冗兵(無用の兵員――引用者)衆多なること古今になき所、僧の多く商の多きことも又前古に過ぎたければ則ち農民の困しみ言はずして知るべし。且つ鉅商豪農も亦国の富なり。故に聖人の政は上を損じて下を益す」(『野山雑著』「獄舎問答」)[26]と。

先ず無用の兵員、それから僧侶、商人という順で、税を重くした原因が挙げられている。この時点では松陰は、「巨商豪農」の国家に対する有益性を認めながら、基本的には「貴穀賤金」或いは「重農主義」とも呼ばれるような枠を越えることがなかった。

さらに注意すべきことは、封建制が税を重くした元凶だと松陰が認識していたことである。「方今邦国の税に至りては四公六民と云へば、十一より更に重し。是れ其の故何ぞや。蓋し封建の制、百官有司衆多にして穀禄も重く且つ世襲す。会同朝覲、儀衛盛に礼文繁し。是れ唐虞三代の税重き所以なり。とくに当今の如き無用の武士、無用の僧侶、無用の工商甚だ夥しき上に、奢侈淫逸の風甚だしく、加之《しかのみならず》江戸の参勤年々大役を興す。是れ税の更に重き所以なり」（『講孟箚記』[27]）という現状認識に立って、護民の立場から、松陰は暴斂を非難し、減税を唱え続けるとともに、封建制を批判し、十分の一の唐虞三代よりも軽かった「三十に一を征す」日本古代王朝の「仁政」に思いを馳せた。

どうすれば税の軽減ができるか。松陰は「吾れ試みに孟子の策の本末を論ぜん。仁政を民に施し、刑罰を省き税斂を薄うする、是れ其の第一下手の処にして、夫れより封彊の諸城を撤し、兵は尽く農に帰し、（松陰割り注：天下の費、兵より甚だしきはなし。兵を省かずんば何を以て税斂を薄うせんや）政の民に便なるものは難易を論ぜず必ず挙行し、士の民を治むるに堪ふる者は、遠近親疎を論ぜず必ず擢用し、努めて民と休息し、民をして我れを信戴して休まざらしむ。」（『講孟箚記』[28]）と、減税策としてまず軍備、むだな兵員の削減を挙げている。松陰は税の軽減を唱えると同時に、たとえば「民政の要務は節倹と儲蓄とにあり」（『講孟箚記』[29]）というように節約と貯蓄とを勧めている。

松陰は減税の外に、農民の困窮状況を改善するために、孟子の唱えた「制民之産」に共鳴し、富民論と生産力発展論を唱えた。

「民の恒産を制する」という経済的安定を計る孟子の考え（例えば「農の時に違わざれば、穀勝《あ》げて食うべからず。数罟《そくこ》を洿池《おち》に入れずんば、魚鼈《ぎょべつ》勝げて食うべからざるなり。斧斤時を以って山林に入らしめば、材木勝げて用うべからざるなり。［…］鶏豚狗彘《こうてい》の畜い、その時を失わざれば、七十の者以って肉を食うべし。［…］七十の者、帛《きぬ》を衣て、肉を食い、黎民《れいみん》飢えず寒えず」（梁恵王上））について、松陰は『講孟箚記』で「帛を衣、肉を食ひ、飢ゑず寒えず等の事に至りては、亦自ら当今に切実たる措置幾多もあるべし。其の説甚だ長し。今敢へて贅せず」（『講孟箚記』[30]）と箚記しながら彼独自の「富民論」を展開する。「凡そ民を富厚するは政の本なり、民を賑恤《しんじゅつ》（貧困者や被災者などに金品を与えること――引用者）するは政の末なり。本を以て末を制するは善政なり、末を以て本を傷ふは弊政なり」（「儲糗話」安政二年十一月）[31]と述べられているように、「賑恤」は一時の彌縫策に過ぎず、人民の積極性が引き出せず、生産力の低下を招く好ましくない政治で、民を裕福にさせることが政治の根本であるといっている。松陰の「富民論」はまたその「民政論」の重要な内容である。嘉永三年松陰が九州の平戸に遊学した際、葉山佐内から借りた『経世文編抄』（乙集）（賀長齢原輯、津藩斎藤謙撰、嘉永元年）に収められた明末清初の実学思想家顧炎武（一六一三―一六八二）「雑論史事」から抄録した「無富民、何以成邑、宜予之休息、曲加保護、毋使奸人蠶食」（「西遊日記」嘉永三年九月二六日）[32]の一節から、富民の重要性に対する松陰の認識と態度が窺える。松陰の富民論は民の恒産を確保することと生産の発展、国内交易などを基本的な内容にしている。たとえば、「王者の政は孟子の毎々説かるる通り、五畝の宅・百畝の田等を以て民の産を制し、仰いで事《つか》へ俯して畜ふの差障りなき様に致し置くのみにて、賑恤等は第二義に属す。賑恤は一時民間大いに驩虞《かんぐ》すれども、畢竟末を治むるの論にて、非常の金穀手に入れば、民心何となく緩み、一時に遣ひ捨て、跡にては却って難渋するものなり。〔…〕民産を制する如きは、目前は民間甚だ悦ぶにはあらねども、永久へ掛けて自ら窮民無告の者もなく、太平を楽しむことを得るなり」（『講孟箚記』[33]）とある。

　民の恒産を確保することを優先する松陰の富民論はさらに彼の富国論につながっていく。「獄舎問答」の一節にこの点が明瞭に語られている。「余が策する所は武備の冗費を省き、膏澤《こうたく》を民に下さんとなり。四窮無告の者は王政の先にする所、西洋夷さへ貧院・病院・幼院・聾唖院等を設け、匹夫匹婦も其の所を得ざる者なき如くす。況や我が神国の御宝にして犬馬土芥の如くにして可ならんや。亦隣国の流民此の国に来る者あらば、人として本土を離るべからざる所以を暁諭し路費を与へて還すべし。若し深く我が化を慕ひて去ることを欲せざる者あらば、為に一村落を開き田産を与え是れを置き、尤も三年或は五年の復除（租税の免除――引用者）を賜ふべし。若し田地少なく人民衆きに苦しむ時は、或は塗師・番匠・鍛冶等の諸工作をなし、硝石・漆・油・蠟・紙・諸薬物等を製造せしめ、国用に供し、余りあるものは他国へ売出する亦禁ずることなくし、専らに下を利するを務めて上を利するを務めず。是くの如くなれば民富み且つ庶にして、国従って旺盛す。是れに重ぬるに仰いで父母に事へ俯して妻子を育するの道、上を親しみ長に死するの義を以てせば、夜叉に與ふるに鉄棒を以てし、錦上に加ふるに花を以てするが如し。是れ民政の要、本を修むるの論なり。［…］相共に天下を謀り国威を振はんと欲すればこそ、かく国力を強くし、国本を養はんとするなり。今の武備を壮にするもの何ぞ言うに足らん」（『野山雑著』「獄舎問答」[34]）と、富国を目指す生産の発展を唱える松陰の考えが語られている。ただ、この時点（安政二、三年頃）で、彼は国内交易にはすでに着眼したが、外国との貿易には「外国の無用の物の流入」への憂慮から必ずしも賛成しなかった。彼の対外貿易への着眼は、安政四年以降を待たなければならなかった。

　民政と富国強兵との関係について、安政五（一八五八）年、松陰は、周の王業の興起が民事を重視したことによるものだと考え、次のように記している。「周家后稷《こうしょく》（周の祖の号、民を慈しみ、よく農事を教える――引用者）・公劉（周の三代目、祖の業を修め百姓これに懐く――引用者）よく民事を勤む。詩経の生民・公劉等篇にても知るべし。亶父《たんぽ》亦二君の余業を修む。故に其の効此くの如し。然らば則ち今日重んずべき所、豈に民事に非ずや。富国強兵の基、是れより大なるはなし」（『読綱鑑録』安政五年九月）[35]と。松陰が民事を重視するねらいは富国強兵の基礎づくりにあった。幕末の状況の中で、孟子がかつて「王道政治」を阻害するものとして否定していた「富国強兵」に松陰は必ずしも反対しなかったことがこの資料から分かる。彼が反対したのは、人民の利益を無視し、海防を口実にした人民への暴斂に他ならなかった。

　以上述べた外に、松陰は「民政論」の一環として、「四窮無告の者は王政の先にする所」（『野山雑著』「獄舎問答」[36]、「鰥寡孤独の事、余の綣綣たる所なり」(『講孟箚記[37]』)と述べて、弱者(窮民)の救助、その生活の安定を唱え、また、「余常に民産を制し、鰥寡孤独を先にし、貧を救ひ病を恤み幼を育むの政を興し、庠《しょう》序《じょ》(学校——引用者)学校の教を謹む等の事に於て、最も倦倦たり」(『講孟箚記[38]』)と記して、「教育」の重要性を強調している。更に「民を教ふとは民に礼儀を教へ、上を親しみ長に死するの義を知らしめ、又戦闘軍旅の法を習はすことなり。是れ已に庶にして又富なる上の教なり」(『講孟箚記[39]』)と、人民の物質的安定を得た後に教育を施すべきことを説いている。松陰がここで説く「教」には孟子の言った単なる「道徳教育」と「学校教育」のみならず、国家防衛に必要な軍事知識も含まれていた。

小括——松陰の「民政論」の特徴

以上の考察から、松陰の「民政論」は基本的に孟子のそれと一致していることが分かる。さらに孟子の「民政論」の目指す政治の目的である「安民論」も、幕末非常時という状況の下で、松陰に受容された。松陰のこのような「民政観」は常に人民の物質的・精神的安定、民心の結束、人材の登用と関連しながら取り上げられ、語られている。そして、松陰の「民政論」の目指す「安民」は幕末の状況の中でまた当然に国家(天下)の保全、統一という至上の政治課題とつながっている。彼の志向した「民政」(政治内容)→「安民」・「国の保全」(政治目的)という思考経路は、孟子の「王道」政治路線と頗る近い。つまり、軍備の増強を頼りにするのでなく、「仁政」(道徳政治)によって、人民を結束し、国の統一・独立を求めようとする孟子以来の発想は、幕末の思想家松陰によって再び評価され、眼前の急務として改革の実践に生かされたのである。

家永三郎は『日本道徳思想史』で、江戸時代の武士の仁政愛民思想についてこう語っている。「武士の仁政愛民思想というのも、結局はそうした武士の力による支配の枠の内での現象に過ぎなかった。「民の力強ければ、自然と御為の筋に罷成候」（勧農固本録）、裏から言えば、「百姓次第に困窮、戸口歳々に減じ候、畢竟国本蹙《しじま》り財用不足の源となるなり」（藤田幽谷書簡）というのがいわゆる愛民の理由であったのであって、農民を保護するのは、農民自身を愛するが故ではなく、自分たちの財源を保護するために外ならなかったのである。妻が家計を維持するための手段に過ぎなかったごとく、農民は武士に貢租を提供することを任務とし、武士の生活を維持する手段に過ぎなかったのであり、「百姓共をば死ぬ様に生きぬ様にと合点いたして収納申付ける様に」（落穂集）とか、「百姓とぬれ手拭はしぼる程出るもの」（百姓盛衰記）といった考え方に、武士の人民観が正直に告白されていると言わねばならない。こうした武士の本質的人民観の前には、儒教の愛民仁政の教えなど正面から太刀討できるものではなかった」[40]と。松陰の「仁政論」が、このような武士たちの「仁政愛民」の見解とはまったく異なったものであったことはいうまでもないであろう。

もう一つ注意すべきことは、前田勉が指摘したように、松陰は「仁政」を説く時、これまでの儒者のように抽象的な道義の観点から「功利」を否定し、「仁政」を説いたのではなかったことである。彼は「仁政」を実行することこそがもっとも現実的効果的「時務」であると判断し、逆説だが、仁政が、民心を獲得するという政治目的にとって最大の「功利」であると説いているのである[41]。「古今兵を論ずる者は皆利を本とし仁義如何を顧みず。今時に至り其の弊極まれり。其の実は仁義程利なるものはなく、又利程不仁不義にして不利なるものはなし。近日魯・墨の事に依りて知るべし」[42]、『講孟箚記』のこの一節はこの逆説を端的に表現している。

もう一つ注目されるのは、孟子の「民政論」は松陰の海防論批判をはじめ現行幕藩体制とその施策（封建制・武士階級・参勤交代など）批判や為政者の失政（重税による人民の離反）批判の理論的根拠を提供したことであった。江戸時代最高の権力組織幕府に対して、松陰はペリー来航の時点からその攘夷不履行の政治的失政を「幕府天下の心を失ふこと久し」（書簡「兄杉梅太郎宛」嘉永六年七月二十八日）[43]と糾弾し、政治主体として天皇を持ち出すことによって幕府の存在を相対化した。『講孟箚記』で彼は、幕府が国家の独立という責任を全うしなければ（つまり義務を果たしえなければ）、それを倒してもよいという「倒幕」の原則論を明確に示したが、それは基本的に孟子のかかる人民重視、つまり「民本主義」を根拠にしたものであった。彼は言う。「若し夫れ征夷大将軍の類は天朝の命ずる所にして、其の職に称ふ者のみ是れに居ることを得。故に征夷をして足利氏の曠職《こうしょく》の如くならしめば、直ちに是れを廃するも可なり。是れ漢土君師の義と甚だ相類す」（『講孟箚記』[44]）と。幕府（将軍）の相対化と共に天皇への尊崇と期待が急速に発展していく。いわゆる「尊王思想」の形成である。松陰の天皇を中心とする政治主体論は日本独特の伝統思想（記紀神話）に立脚してできたのだとされているが、実はその中身は孟子の「王道思想」の内容を多く含んだものであった。ただ、松陰の「民政論」は幕府の政治得失や時には存廃を裁定する基準、いわば試金石になったが、天皇については、それが政治主体たることを、「記紀」に基づく血統の尊貴性によって認めており、政を問う「民政論」は付随の条件であったと言うことができる。

　以上、松陰の民政論の形成と孟子の「民本思想」との関わりについて検討してきたが、ここで、松陰は何故これ程に民政を重視したのかという疑問が自然に生ずるであろう。実は松陰の「民政論」の根底にはいわゆる平等的人間観がある。そして彼の人間はみな本質的には平等だとする思想は、孟子の「性善説」から強い影響を受けている。松陰の平等的人間観の形成と孟子の「性善説」との関わりについては、以前に執筆した小稿を参照していただければ幸いである。[45]

注

（1）玖村敏雄著『吉田松陰』（岩波書店、一九三六年）、松本三之介著『天皇制国家と政治思想』（未來社、一九六九年）、野口武彦著『王道と革命の間――日本思想と孟子問題』（筑摩書房、一九八六年）、本郷隆盛「幕末思想論」（本郷隆盛等編、講座日本近世史9『近世思想論』所収、有斐閣、一九八一年）、東中野修「孟子の禅譲放伐思想と吉田松陰の『同と独』の思想」（亜細亜大学『アジア研究所紀要』九号所収、一九八二年）を参照されたい。

（2）下程勇吉著『吉田松陰の人間学的研究』三五二頁、広池学園出版部、一九八八年。

（3）岡崎正道「吉田松陰の士道と民本思想」（東北大学文学部日本思想史研究室『日本思想史研究』第十五号、三十一頁、一九八三年）。

（4）前田勉「吉田松陰における兵学と朱子学の止揚」、同著『近世日本の儒学と兵学』（ぺりかん社、一九九六年）四五〇頁。

（5）『吉田松陰全集』（普及版）全一二巻、山口県教育会編、岩波書店、一九三八―四〇年。第一巻一三八頁。以下、（一）一三八頁のように、巻数を（　）に入れて記す。

（6）同上、一三九頁。

（7）同上、一四六頁。

（8）『全集』（二）四三頁。

（9）『全集』（二）五〇―五一頁。

（10）『全集』（二）四九頁。

（11）『全集』（定本版）全一〇巻、山口県教育会編、岩波書店、一九三四―一九三六年、第一巻三五七頁。「余、観満清鴉片之乱、大患在漢奸自内勾引。蓋由隣里郷党之制廃、而伴助扶持之教荒耳矣。吾邦宗門之制令、伍組精明、不特足防邪教之染、万一変故、亦可無内奸勾引之慮」（句読点は引用者による）。

（12）五人組は五人与、五人組合とも書く。江戸時代、庶民の隣保組織である。祖型は古代の五保の制に認められる。戦国時代の下級武士の軍事編制や、豊臣秀吉の洛中の治安維持のための組織に五人組が見られるが、民間の組織として体系化されたのは江戸時代である。江戸幕府成立後まもなく、キリシタン禁止や浪人取り締まりなどの警察的な目的で強制的に実施され、制度化された。組の機能は異教徒や犯罪人を相互監察によって防止・告発することにあり、これに対する連帯責任の負担、及び貢納確保などに利用された。のちに、領主の意志伝達機関、成員の相互扶助的機能に重点が置かれるようになった。(『日本史事典』角川書店、三七三頁)

(13)『吉田松陰全集』(定本版)第一巻一〇七—一〇八頁。「儒者論井田。或曰、可行於後世、或曰、不可行。或曰、可行於吾邦、或曰、不可行。夫指井々区画、家治百畝、同養公田者、而為井田。豈可行於吾邦呼。抑末矣。乃如九一之征亦非可行者、何也。国用有常、俸禄有制也。然是何傷於王政呼。王者愛民之心、固無極。而二十而取一、孟子以為貉之道也。唯征税画一、而使暴君汚吏無時加聚斂於正征之外、則今之征猶古之征、亦猶九一之制也。若夫出入相伴、守望相助、疾病相扶持、以致斯民親睦、則王政之要矣。而迂儒或視為支流、未可知也。余観鴉片之乱、有知宗門之制固不可苟、而井田之法亦有可行矣。因表而出之。」

(14)『全集』(三)一二八—一二九頁。引用文中の傍点は筆者による(以下同様)。

(15)藤田覚「海防論と東アジア——対外危機と幕藩国家」(講座日本近世史七、青木美智男等編『開国』、有斐閣、一九八五年)。

(16)『全集』(八)二一三—二一四頁。

(17)『全集』(八)一九一頁。

(18)『全集』(八)二〇一頁。

(19)『全集』(三)五四—五五頁。

(20)『全集』(二)二五二頁。

(21)『全集』(三)二九—三〇頁。

(22)『全集』(三)三二頁。

(23)『全集』(三)五四頁。

(24)『全集』(三)四七四頁。

(25)『全集』(二)三一七頁。

(26)『全集』(二)二八一頁。

(27)『全集』(三)三五三頁。

(28)『全集』三〇頁。

(29)『全集』(三)四八二頁。
(30)『全集』(三)二七頁。
(31)『全集』(二)三一六頁。
(32)「富民無ければ、何を以て邑を成さん。宜しく之に休息を予へ、曲さに保護を加へ、奸人をして蚕食せしむるなかるべし」。『全集』(十)四五頁。
(33)『全集』(三)三九〇頁。
(34)『全集』(二)二七五―二七九頁。
(35)『全集』(六)一五頁。
(36)『全集』(二)二七五―二七九頁。
(37)『全集』(三)五四頁。
(38)『全集』(三)四〇頁。
(39)『全集』(三)三四八頁。
(40)家永三郎著『日本道徳思想史』一四〇―一四一頁、岩波書店、一九九一年。
(41)この点は上掲前田の論文ですでに指摘されている。詳しくは、前田勉「吉田松陰における兵学と朱子学の止揚」、『近世日本の儒学と兵学』四五四―四五五頁を参照されたい。
(42)『全集』(三)三三二―三三三頁。
(43)『全集』(八)一八九頁。
(44)『全集』(三)五九頁。
(45)「吉田松陰の思想形成と孟子受容――「性善説」をめぐって」、東北大学文学部日本思想史研究室編『日本思想史研究』二〇〇一年秋号。

第3部　日本における哲学の形成と発展

第9章　西周の哲学
――翻訳的探究を経て新たな知の創造へ

上原麻有子

日本の近代における西洋文明の摂取は、法律、科学技術、軍事、地理、歴史など広汎で網羅的な領域の文献を翻訳することによってなされた。明治維新前後の三十―四十年の間に集中して、政府のみならず民間も、膨大な文献を翻訳した。(1) 翻訳は、日本の近代化を背景で支えたのである。哲学という学問領域も、このような事情のもと導入され、日本における研究が始まった。まず一八六〇年代末から約十年間は、ブルジョワ的哲学と見なされたコントの実証主義やミルの功利主義に関心が向けられるが、一八九〇年代以降、日本におけるアカデミーの形成に伴い、ドイツ哲学の導入に重点が置かれるようになる。(2) そして、カント、新カント学派やロマン主義、マルクス主義の哲学がアカデミーの主流となるのである。

西周は、逸早く一八六二年からオランダへ発ち、ライデン大学での二年間の留学を経て西洋哲学の受容に先鞭をつける。とりわけ、「哲学」「心理学」「物理学」をはじめとする諸学名や哲学用語の翻訳により、(3) 日本における哲学研究の基盤作りに貢献した点で、高く評価されている。「哲学者」と形容される西は、膨大に積み重なった西洋の知を探り、選り分け、摂取する役割を担った草分けのエリート的存在である。しかし、実のところ今日的な意味において「哲学者」だと理解されているのだろうか。それは、黎明期の哲学のレベルに則した意味に止まっているのではないか。

下村寅太郎によれば、当時の新しい学問であった「哲学」は、明治時代、「その全半世紀間を通じて翻訳・紹介・概説的な論議にとどまり、未だ予備的段階にすぎなかった」という。そして、ようやく「概論的論議の域を脱して、個々の古典的思想家の着実な研究を通して哲学的問題の攻究と歴史的理解に進展した」(4)のは、明治末期から大正にかけてのことであるとしている。これは、明治の哲学に対するごく一般的な見解だと捉えて差し支えないだろう。言うまでもなく下村は、「時流をはるかに越えた見識と頭脳とに驚きを禁じ得ない」(5)とし、西を日本最初の「哲学者」に挙げている。近代以前の日本には不在であった、百科全書的知の集大成を目指した『百学連環』などの業績を称えてのことである。

ところで、翻訳者としての西周はどうであろうか。今日、ある程度見通しの明確になった日本哲学史において、どのように位置づけられているのだろうか。「主観」や「理性」などの用語を、独自の発案で訳出した、あるいはミルの *Utilitarianism* を『利学』として漢訳したという西の訳業については、しばしば語られるが、彼がいかに翻訳したか、翻訳というものをどう考えていたかという問題に関心が向けられることはない。このように、多少とも厳密に「翻訳者」西を評価しようとするなら、それはごく曖昧にしか認知されていないらしいことに気づくのである。

西は、哲学者であり、同時に哲学の翻訳者であった。この二重の意味において日本の草分けであったという事実を、本稿では取り上げてみたい。西の哲学的思索はいかなるものであったのか。翻訳に伴われることなくして日本のものとはなり得ず、また成長も望めなかったのが哲学である。西の中で両者がいかに連動したのかについて考察することで、翻訳する哲学者、西周を再評価することが、本稿の目的である。

一　翻訳者としての西周

明治初年、日本哲学史の始まりは、福沢諭吉による一種の翻訳とも言える『西洋事情』外篇、津田真道訳『泰西国法論』、そして西訳の『万国公法』に飾られる。西が何を翻訳したのかについて、記録の残っている[6]訳業を参照しておこう。

『萬國公法』（一八六八年）［Simon Vissering による国際法の講義記録］
「云何惟人殘缺」［伯林人 W. A. Zimmermann, 人類発展史］
「生理學殘缺」［Auguste Comte, 生理に関する部分の抄訳］
「生物鑷氣學」［W. A. Zimmermann, 物理学教科書中磁石力の部分の翻訳］
『心理學』（一八七八―一八七九年）［Joseph Haven, *Mental Philosophy: Including the Intellect, Sensibilities, and Will*, 1857］
『權利争闘論』［Rudolf von Ihering, *Der Kampf ums Recht*, 1872］
『利學』（一八七七年）［(漢訳) John Stuart Mill, *Utilitarianism*, 1863］

翻訳対象の選択は、所謂哲学に限定されておらず、学問のあらゆる方面に及んでいるようだ。西の百科全書的知の体系化という企図が、あらためて理解される。

では、西は自らが実践した翻訳を通して、どのようなことを考えていたのだろうか。この点を示唆すると思われる箇所をいくつか辿ってみよう。

本邦從來歐州理性ノ書ヲ譯スル者甚タ稀ナリ是ヲ以テ譯字ニ至リテハ固ヨリ適從スル所ヲ知ラス、且漢土儒家ノ說ク所ニ比スルニ心性ノ區分一層微細ナルノミナラス、其指名スル所モ自ラ他義アルヲ以テ別ニ字ヲ選ヒ語ヲ造ルハ亦已ムヲ得サルニ出ツ、故ニ知覺、記性、意識、想像等ノ若キハ從來有ル所ニ從フト雖モ、理性、感性、覺性、悟性等ノ若キ、又致知家ノ術語觀念、實在、主觀、客觀、歸納、演繹、總合、分解等ノ若キニ至リテハ、大率新造ニ係ハルヲ以テ讀者或ハ其意義ヲ得ルヲ難ンスル者アラン、…篇章ノ首項ニ係ハル字眼等ノ若キハ、通篇唯一定ノ字ヲ用ヰ、上下文義ノ爲ニ已ムヲ得サル勢アルニ非レハ敢テ漫リニ他語ニ換ヘ意ヲ取リテ飜セサルヲ以テ、讀者其上下文義ヲ推シ、通篇前後ヲ照シテ之ヲ熟考セハ其旨趣ニ通スル亦難キニ非ルヘシ、是譯者ノ庶幾スル所ナリ　（「心理學飜譯凡例」（ヘブン『心理学』の翻訳）［NAZ 1、八―九頁］）

飜譯ハイトカタキ業ニシアレハ大ナル訛謬《アヤマリ》ナクトモ意致ニ深淺ノ別《ケジメ》ト文理ニ抑揚ノ差《タガ》ヒトアルハ免レ難キモノナルヲヤ…（「凡例」フィッセリング『萬国公法』の翻訳、一八六五年）［NAZ 2、七頁］）

哲學原語、英フィロソフィ、佛フィロソフィー、希臘ノフィロ愛スル者、ソフォス賢ト云義ヨリ傳來シ、愛賢者ノ義ニテ其學ヲフィロソフィト云フ、周茂叔ノ所謂ル士希賢ノ意ナリ、後世ノ習用ニテ專ラ理ヲ講スル學ヲ指ス、理學理論ナト譯スルヲ直譯トスレトモ、他ニ紛ルヿ多キ爲メニ今哲學ト譯シ東洲ノ儒學ニ分ツ　（『生性發蘊』、一八七三年［NAZ 1、三一頁］）

「譯字ニ至リテハ固ヨリ適従スル所ヲ知ラス」、あるいは「大ナル訛謬《アヤマリ》ナクトモ意致ニ深淺ノ別《ケジメ》ト文理ニ抑揚ノ差《タガ》ヒトアルハ免レ難キモノナルヲヤ」と述べているところから、西にとって翻訳とは甚だ究め難い、不確かな「業」であったに違いない。西洋の言語を初めて本格的に摂取し、西洋文を漢文訓読法を真似て読み解く、つまり漢文訓読的な「翻訳」[7]によって言語を学習した当時の状況からすれば、十分納得できることである。西は、原文、または原文に含まれる用語を翻訳しても、その意を尽くすことはできないのではないかと危惧する。伝えられる意味の「深淺」という「程度」、そして「文理ニ抑揚ノ差」が出てしまうことに心を砕く。また、「哲学」の訳出に関しては、訳語決定までの思索をいくつもの著作に記している。この抜粋では、「直譯」を避け儒学における知の形と競わせながら、それとの分離をねらった用語を生み出したことが主張されている。翻訳者、西周の思索の意図が翻訳に反映されたのである。しかしこれは同時に、哲学者、西周による、いかにフィロソフィを受容するかという探究の帰結でもあったと言えよう。

西の翻訳論は、『百学連環』など哲学的著作の随所に溶け込むように挿入されている。西洋の概念や理論を理解しようとする哲学的反省それ自体が、翻訳行為と化していたのである。この哲学と翻訳の親和性を、フランスの翻訳学者・哲学者、ジャン゠ルネ・ラドミラルに倣って、「翻訳哲学」と呼んでみたい。

ところで、今日の西洋では、翻訳を学問の一領域に高めようとする動きが盛んである。「翻訳哲学」について多少とも説明が必要であるが、そのために、まず翻訳の意味、あるいは意義を確認しておこう。翻訳とは、「起点言語の話者から目標言語の話者へメッセージを伝える」ことである。それは「翻訳の実践であり、また翻訳者の行為とその結果」としての「目標言語によるテクスト」でもある。さらに翻訳には、「かなり広義にではあるが、表現、解釈という比喩的な意味もある」。これはラドミラルの説明だが、このように、翻訳はいくつもの側面を含みもつ「動的」行為でありまた「静的」産物なのである[8]。翻訳のこの動性は、いかに訳すかという問いを前提としている。しかし、これこそ答えのない問いなのである。日本では、「意訳」、「直訳」という用語で翻訳を分類しようとする傾向にあるが、欧米の翻訳学では「起点言語」と「目標言語」という規範を設けている。前者は原作者の言語を、後者は翻訳を読む読者の言語を重視するという考え方である。

翻訳の「動性」という側面は、翻訳行為の反省的な本質を示している。まさに哲学的反省と同一視できるものだと言える。反省においては、概念の次元だけで異なる言語の等価を探すことに止まらず、等価のすぐに見出せない事柄であるとしても、心理的反省を深めることを通して概念化するに至るのだ。そして、「概念的反省」は「心理的反省」を伴うものであり、これが翻訳者の行為である。ラドミラルは、翻訳における反省を哲学的次元のものであるとしてこれを強調し、「翻訳哲学」と称している[9]。

このような「翻訳哲学」を踏まえた上で、本稿は、哲学者の側から見た場合の哲学における翻訳的側面というものを重視する。哲学者は母語以外の言語で書かれた哲学書を読み、翻訳出版することがあるだろうし、そうでなくとも一部の用語や表現を摂取して、母語で表現することもあろう。後者も、一種の翻訳と見なせるのだ。ある翻訳された語、つまり目標言語による語は、それの誤解により、あるいは再概念化により、やがて起点言語による概念を離れてゆく可能性を含んでいる。しかし、これが新たな概念の生成だとも言えるのではないか。この後に概観する近代日本の思想家が取り組んだ西洋哲学の翻訳にも、思想家側から見た翻訳という意味での、翻訳哲学を認めることができるはずだ。

二　翻訳と哲学――「理」の再解釈

江戸時代末期、一八六二年、西周と津田真道はオランダ、ライデン大学に留学した。二人は蕃書調所教授手伝並であったが、初めて幕府から公認の官費で留学生として送り出されたのである。しかし命令ではなく、自発的な志によるものであった。[10] この二人を含む同時代の知の担い手は、みな「思想そのものの高遠深刻よりも思惟の仕方の新鮮さ、合理的分析的思惟の仕方の鋭利さ」ゆえに「哲学」という学問領域を受容しようとしたという。「「哲学」に対して…異常な関心」を示したのは、つまり「思想的内容よりもそれの方法、それにおける思惟の仕方の新鮮鋭利に対する感銘」からであった。そして「仏教の宗教的冥想的な、また儒教の実践倫理的な教説とは異なった別個の理論性・合理性を「哲学」において感受した[11]」のである。合理的で分析的な思考方法を求めること、それが、当時の要求であったのだ。西と津田の「哲学」の発見と受容も、このような時代的要求を背景に、意欲をもってなされたに違いない。

では、西はどのように西洋哲学を理解し受容したのか。西洋哲学への彼の関心は、「日本の社会をどのように改造し、再編していくべきか」ということにあった。哲学の「専門的学者」というより、むしろかなり「経世家的」であった。[12] 津田と共に師事したライデン大学教授、シモン・フィッセリングからは、政治・経済諸科の講義を受けることが目的であったが、同時に、英仏実証主義の立場に立つ師の影響で、コントやミルの哲学に出会う。当時、ヨーロッパでは、彼らのほか、フォイエルバッハ、マルクス、キルケゴール、スペンサーらが活躍していた。オランダ哲学界で影響力を有していたオプゾーメルも、コント、ミルの立場に立つ。西、津田は日本ですでに一通りの哲学史を学んでいたが、オランダでも流行していた実証主義を選んだということになる。[13] もちろんカント派の哲学も好んだようであるが、[14] 特にコントやミルを確実に摂取した。[15]

西の主著、『生性發蘊』（一八七三年）[16] の全編がコントの実証主義の解説であり、同時にそれは西自らの基づく立場であることを断言する書となっている。そのことからも、西におけるコントの重要度が分かる。この書には実はイギリス人、George Henry Lewes による通俗的哲学史およびコント哲学解説書の二冊の種本がある。[17]その一部は本書の翻訳（意訳）で構成されている。『西周全集』編者の大久保利謙によれば、「西のコント知識はコントの原著〔によるもの〕ではな[18]い。西がコントのフランス語原典を翻訳した形跡もなく、それを所蔵していたという記録もない[19]。しかし、ミルについては *Utilitarianism* の漢訳を『利學』として一八七七年に刊行している[20]。現在では「功利主義」がこの用語の定訳となっている。コントと、そして彼の影響を多大に受けたミル、共に実証主義者と見なされるが[21]、ここでは西のコント受容について見ておきたい。

コントの positivisim は今日、定訳で「実証主義」、「実証哲学」とされているが、西は「實理」と訳していた。「實理學」とは、物理諸学より研究し、実証に基づき、これまで諸学にとって必要であった「統一ノ觀」に達するという新哲学である。そして、人間世界の進歩、知識発展には、次のような三段階の方法、神理學《テオロジ》、超理學《メタフイシツク》、實理學《ポシチーウ》が認められるという[22]。コント的哲学の方法には、西が『百學連環』（一八七〇年頃始まる私塾育英舎での講義）で企てた、学問の体系的分類という発想の源があるように思われる。

『尚白箚記』（一八八二年）[23]は、西の西洋哲学受容に際して、自らの立場を簡潔に示した文献である。「百科の学術」の体系化は学問上のことに限らず、「社会の秩序」[24]をも整え国家の福祉に至る。このような西の実用的学問観は、コント哲学の社会改良を目指す政治的側面に刺激されたものであろう。そして、西はコントの五つの基本的学問の分類に適用された「理法」、つまり「ナチュラル・ラウ」を問題視する。今日では通常、「自然法」と訳されている表現である。西が、『尚白箚記』の書き出しで、早速「理」と「理法」をめぐる言語間の問題に入り込んでゆくことが分かる。これは、正に、本稿第一節で述べた翻訳学の問題であるのだ。西にとって、コント的な学問分類の要点である「生理」と「性理」の相関関係は、理解に苦しむものであった。「生理學」は physiology の、「性理學」は psychology の、西による翻訳である[25]。そこで、自らは「心理」と「物理」に分類し、その関係を説明するという。しかしここで、「心理（上ノ）」は moral、あるいは intellectual の翻訳、「物理（上ノ）」は physical の翻訳[26]として使われていることに注意したい。Joseph Haven の

Mental Philosophy の翻訳書の「凡例」[27]では、西は「心理學」を新語として提示している。

西の関心は、各用語に共通する「理」という語の定義と本質についての問いに向けられる。「理」は儒学の多様な意味を内包し、宋儒では重要な基本概念となった。それから「道理」という観念を指すに至る。日本語では「理」を「コトワリ」と訓読して使うほか、出自は異なるが、「理」を表現する「ハズ」(筈)、「ワケ」という語もある。さらに、「理」は西洋の言語では適切に翻訳できないが、概念は存在するのではないかと問う。西は、江戸の儒家が「西人いまだかつて理を知らず」と言ったことに反駁を加え、「理」と概念的に等価の語を英語、仏語、独語、蘭語に探り、比較する。その要点は次の通りである。

まず、西の比較研究による大きな発見がある。西洋では「理」を reason と law of nature の二つに区別する。reason は広義には「道理」、そして狭義には「理性」と翻訳する。「理性」は西の新造語である。「理性道理」は、「人心にて是と定めたるもの」は指さない。「理性道理」という場合にも、「天理天道」の意を含むようなことはない。一方、natural law は、自然現象の法則で「人事に関せざるもの」、「客観に属するもの」だと、西は説明する。また、principle、idea も「理」に関連する語だと見る。principle は「原始の義」で「元理」と訳したり、「本づくところ」の意味で「主義」と訳したりする。idea の本義は「物体の印象の心に留存するもの」であり、西は造語し、「観念」と翻訳した。

以上のような言語・概念的比較を通して西が行なったのは、朱子学的思考の批判である。西洋には、「理」という語で示すことのできる概念に様々な区別があり、宋儒の理よりも緻密である。宋儒では、自然現象から人倫上の事柄まですべて「天理」に従うものとなっている。そして、西は結論として、「理」の本質というものを自ら説明し直す。一般に、「理外の理」を想定する傾向にある。こうあるべき理があり、そのような理と一致しないものもあると信じるのだが、それは理を一種のもののように捉えているということだ。現象があるか、または作用があれば、必ずそこから理が生じ、この理の起こる原因がないわけはない。そしてもし、そういうものであるはずの理が、事実にそぐわないとしたら、それは我々がその事実に合うだけの精密な理を発見できずにいるからだという。これが、西自身による真の「理」の理解である。

多少長めに『尚白箚記』の概要をまとめてみたが、それは西周という翻訳者・哲学者による分析全体を確認するためである。翻訳の問題を論じたこの小論において、「理」の再解釈、再概念化とも言える考察がなされていた。これこそ、哲学的行為なのだと言える。コントによる「生理」と「性理」の関係、あるいは「心理」と「物理」の関係を明確化しようという課題に対して出した答え、それが「理」の新概念であった。

このテキストで見た西の哲学の方法は、翻訳学的に非常に興味深い。比較と解釈を重ねながら起点言語と目標言語の形の相違を超えて、言語化しようとするものの本質に迫ってゆく。それが、コントの実証主義的方法から出発した西の翻訳哲学的態度であろう。

『尚白箚記』は、貴重な翻訳哲学のテキストとして読むことができる。これは、西の概念比較、用語比較と、翻訳不可能とも思われた表現、換言すれば、直ちに言語化し翻訳し得ないような起点言語・テキストについて深く反省した、その思考の跡を仔細に記録したテキストである。そこは、言わば翻訳のプロセス、解釈の実験の場なのである。哲学者、翻訳者としての西の反省的態度こそ、翻訳哲学の実践であると考えられる。

そして、何より西の理の真の理解が、彼の新しい哲学の展開を企図したものであったという点に注意しておきたい。それは晩年の著作である『尚白箚記』に明示されていた。しかしながら、その展開を待たずして西は帰らぬ人となるのだが。井上厚史も西の「革新的な「理」の解釈」を高く評価し、彼の思想全体にわたる「理」の概念の発展を詳細に検討している[28]。この研究の要点をひろい、以下、西の思索がなぜ新しいものであったのかを見てみよう。

明治はじめの学者にとって解し難いものであったpsychologyの概念を、西は魂、心、性が一つになったものであると理解し、これを「性理学」と訳した。朱子学では、「本来「霊」なる者は心」であり、「性は是れ心の道理、心は是れ身を主宰する者なり」とされる。しかし、津田はそれを読み替え、霊的な「性」と主宰的な「魂」に二分した。これに影響を受けた西は、霊的な「性」という語をpsychologyに当てたようだ[29]。

後に「心理学」と呼ばれるようになる学を定義し、西は次のように説明している。西洋では「霊魂ノ体」を論じ、東洋では「心性ノ用」を論じ、その差はあるものの類似している。そこで、東洋で使われてきた「性理」という語でpsychologyを訳したのである。井上によれば、西は「体用論」で霊魂と性の差を説明したのだ[30]。体用論については、井上の文脈に説明はないが、三枝博音がこの点を解説している。西が理解したpsychologyとは「こころとかたましい（psyche）とかいわれる何か或るものについての学問のこと」であった。しかし「東洋ではそうでなく、心や魂のはたらきのことを言っていて、その体のことはいっこうに言わないことに気ずいた」。朱子学の教養を身につけていた西は、東洋では「性理」のことだと思い当たったのであろう。西洋の心や魂と言われる何かは、東洋における等価を探るなら、それは心や魂の働きに相当する。東洋では、「体」つまりsubstanceを考慮していないと西は理解したらしい[31]。

井上の主張によれば、西はさらに主観、客観の概念に注目することで、霊魂と性理の別の明確化を一歩進めたのである。しかし一八七三年の『生性發蘊』では、まだ主観は「此観」、客観は「彼観」と訳されている。「人類は彼観から「宇宙ノ主宰」を発見し、此観から「心ノ主ナル性理」を発見した」。井上は、この二つの異なる観点を導入することで「霊魂と性理を識別する」に至った西は、「改めて性理論が東西哲学の最重要テーマであることを確認」したと分析している[32]。

東西いずれにおいても、人間には同一の「性」が備わっており、最終目的はその「性理」を探究することにある。その方法が問題であるのだが、西はコントに学んだ「実験」という考究の方法を選んだ。そこでる。「理」の再検討を行うが、これはすでに外観した通り『生性發蘊』や『尚白劄記』を通してなされたのである。

西の解釈の特徴は、「理」の「構造的な関係性」ということにある。この点こそ西独自の「理」の概念化なのだと、井上は言う。朱子学の理は「法則」であり、徳目に見られるように「実体的な性格」をもっている。西による「理」は、「彼我の関係する間より起る」。これは「致知学」(論理学)を説明する際に示したものだが、井上も力説するように、これこそ西の革新的な定義であったのだ。

西は、西洋の致知学を此観、一方で、東洋の格物致知を彼観と見なした。論理学は「事物の関係性を思考することによって知に到達する学問」だと考え、これに対して、格物致知は「物理の探究」「の末に知に到達する」「思考のメカニズム」だと捉えた。西にとって「理」は、「此観によって考察するものであり、「物に就て論ずる」のではなく「言語」によって「理如何と思惟する」思考自体」なのだ[33]。

以上のように、井上の研究を参照することで、西による「理」の概念化は、独自な方法による再解釈であるということが十分納得できた。これは、すでに見た『尚白劄記』における「理外の理」の考えについての簡潔な表明に、重ね合わされてくる。この西が「理外の理」に込めた意味をより明らかにすることで、哲学者、西周への評価を塗り替えることができるかもしれない。

三　明治の哲学者、西周と井上哲次郎

西周は、オランダから帰国後、官職に就く傍ら私塾を開いて洋学を教え、さらに育英舎を開き、名著となる『百學連環』の講義を始める。学者としての研究が本格的になると、西は明六社の一員として、『明六雑

誌』を通して盛んに言論活動を行う。明六社は、明治六年、森有礼の発議した知の結社で、目的は、メンバー相互に知識を深め、自らが信じる進歩的かつ自由な思想で人民を啓蒙することにあった。「文明開化」の名のもの と、政治的立場を超えたところで、独立近代国家に生き、その基礎となる人民を教育しようという使命と意思をもった教養人の自主的団体であった。そして東京大学創立までは、主に政治・社会の問題に関する英・仏哲学を導入し研究する、学術結社の役割を担っていた。[34]

ここでは、西の探究法が翻訳哲学的であることをより明確に示すため、井上哲次郎における西洋哲学の受容法との比較を試みたい。まずは、井上を国家の問題に関与させた歴史的背景を確認しておく。

政治体制は、当初、英・独派に分かれていたが、ドイツに倣った国家体制造りを望むドイツ派が勝利する。日本は、イギリス、フランスよりも保守的で政府が王室を拠りどころとするドイツに注目したのだ。体制側は政策を転換し、学生にドイツ学を学ぶよう奨励する。目的は、保守的精神を育て、結果として、「自由民権」運動を抑圧することにあった。英・仏哲学に依拠する自由民権運動には、反政府勢力を生み出す危険があると考えられたからだ。アカデミーにおいて、日本の革新的思想の源とされた英・仏哲学の勢いを挫くことは、急務であった。

井上哲次郎は東京大学文学部哲学科の一期生で、一八八〇年に卒業し、その後一八八四年には、文部省に命ぜられ留学生としてドイツに渡る。一八九〇年に帰朝し、東京帝国大学で日本人としては初の哲学専門の教授に任命される。井上は大学の要請でドイツ哲学の教育を受け、その後三十年間にわたり日本の哲学界に多大な影響力をもつのである。井上は、国家アカデミーにおけるドイツ哲学研究の推進力となったのである。

『井上哲次郎自伝』(一九四三年)[35]によると、井上は、人文系の学術領域の各方面において、先駆的な役割を果たした人物であったことが分かる。「東洋哲学史」の講義、『哲学字彙』編纂、『倫理新説』刊行、古代ギリシャ哲学の『西洋哲学講義』刊行、ドイツ哲学、特にショーペンハウアーの紹介、カント講義、印度哲学の講義、『釈迦牟尼伝』刊行、『日本陽明学派之哲学』『日本古学派之哲学』『日本朱子学派之哲学』刊行、支那哲学の研究、東京帝国大学文学部に神道講座を設置、等がある。

ではここで、井上の翻訳とのかかわりについて見てみよう。彼は、ドイツ留学前すでに翻訳も手がけている。一八八〇年、フェノロサの著述を共訳し、『世態開進論』として出版。これは、「世態学」つまり「社会学」に関する論考である。井上等が執筆・編集した『哲学字彙』初版（一八八一年）および増補改訂版（一八八四年）では、sociology の翻訳を「世態学」としている。また、新体詩の先駆者としても知られる井上は、「自分の最初の新体詩はロングフエローの詩を翻訳したものである」[36]と述べている。他の詩人の翻訳を自らの詩であると見なす翻訳観は、翻案が現代的な意味でのいわゆる翻訳と同一視されていた当時、おそらく特別なものではなかっただろう。むしろ新体詩創造の原動力となっていたのかもしれない。

もう一つの翻訳は、スコットランドの哲学者、Alexander Bain の *Mental Science* を『倍因氏心理新説』として、一八八二年に刊行した抄訳である。井上はこれについて、『井上哲次郎自伝』[37]および『明治哲学界の回顧』[38]の中で言及しており、後者では、「心理学の書としては西周のヘーヴン（Haven）の『心理学』について、これが第二番目のもの」であると記している。和本四巻の訳書[39]第一巻にある「緒言」においては、西洋諸国では心理学の書も豊富であるが、「其簡明ニシテ周到ナル者、倍因氏ノ著ニ若クハナシ」とベインを評価した上で、一八七五年の原書を選び、本書を作成したと説明している。またこの抄訳は原書の概要からなり、その構成を変更して日本の「初學」のための心理学入門書を企図したのであるという。井上は、ベインの心理学への貢献は、「生理」からそれと密接な関係にある「心理」を説いた点にあるとの見解を示している。『心理新説』は翻訳書として紹介されているが、今日の翻訳観の規準に照らすなら「抄訳」とも言い難く、むしろ翻案と呼ぶべき作りとなっている。「序」では、表面的な東西哲学史を漢文で掲げ、ベインの思想の紹介などはせず、彼は「學問該博」でミル、スペンサー同様「實驗學派」[40]だと言うに止めている。

井上は、日本最初の哲学用語辞典とされる『哲学字彙』を編集した。[41] 明治期前半は、一語の外国語に対し複数の日本語翻訳が現われ、訳語が定まらず混乱している状況にあった。この辞書は、時代の実用的な要求に応えるために作られ、日本語の哲学用語の定着と普及に貢献したのである。さらに、アカデミーにおける哲学研究の草分としての井上は、自らの経験を次のように語っている。西周の哲学用語創出もまだ十分ではなく、学生時代、用語の不足から研究に困難を感じた。日本語による哲学の論述は容易なことではなく、多量の外国語を使わなければならない。そのため日本語の哲学用語を決定する必要を痛感したが、新たに創出するというのは、容易なことではなかった。[42] 井上自身による訳出の例としては、「倫理学、美学、言語学」や「絶対」[43] がある。

ところで『哲学字彙』には、訳語の出典や注などはほとんど記載されていない。他の著作にも、西が書き込んだ注による翻訳プロセスの記録などは残されていない。井上は、翻訳とは何か、いかに翻訳するのかという問題には、特に関心を抱かなかったようである。次の一節が、おそらくそのことを示唆してる。一九一五年刊行の『哲學と宗教』の「哲學と宗教序」[44] から引く。

> 飜譯事業の如きは、社會を益する所なきにあらずと雖も、實は高等通辯のみ。縱ひ哲學に関係ありとするも、哲學其者とは全く別事のみ。

翻訳は「哲學其者とは全く別事」という考え方は、本稿が拠り所としている翻訳哲学とは相いれないものなのである。すでに見たような哲学的反省行為を認識し、実践しなければ、哲学の翻訳など不可能なのではないか。西周において翻訳プロセスと哲学の方法は一体化していた。多くの論文で、学術用語は起点言語と目標言語の両方で記述されているため、読者は自然と西の用語・概念の問題に対する認識の高さを感じることができる。そして、翻訳の問題に常に注意を向けざるを得なくなる。しかしこの引用は、井上が翻訳の哲学的本質、その最も難しいが最も興味深い意義というものを理解していなかったかのような印象を我々に与えるのだ。言い方を換えれば、彼は翻訳プロセスにおいて今日的な意味での最低限の基本、つまり起点テキストを解釈し、それに忠実であろうとする態度を、おそらく重視していなかったということである。ベインの『心理新説』も、抄訳をさらに書き換えたものであった。ただ、明治初期にはまだ翻案調の自由翻訳が主流であったことからして、井上の翻訳態度を特別視することはできない。

井上は、「哲學と宗教序」の中で、哲学の流行を追って新しいものを次々取り入れるのではなく、「自ら思惟し、自ら批判し、根蔕ある獨立の態度」が哲学研究には必要だと説いている。彼自身は西洋、東洋の区別なく広く哲学を論じ、比較対照し考案するという態度を取ろうとした[45]。しかし、それは東洋哲学的な側面にかなり引き寄せて西洋哲学を読むという方法である。井上によれば、カントの思想を高く評価しながらも、仏教の知識が欠落していた。そして、ショーペンハウアーは仏教に深い尊敬の念を抱いていたが、カントは仏教も知らず宗教哲学の書を著しながらも、仏教には全く言及していない、この点にこそ、カントの宗教哲学の欠陥があると批判する[46]。しかし井上はカントを精密に解釈し、カント哲学自体を批評するという哲学的な手続きは踏んでいないようだ。『井上哲次郎集』には、カント、もしくは他の個別の哲学者の概念を取り上げ、厳密に検討尽くしたというような方法は見当たらない。

「飜譯と哲學は別事」と見なす態度が、井上の哲学の方法にも反映されているように思われる。あるいは、これも西洋に比肩し得る近代国家の建設を優先させた時代の要請であったのか。井上は、アカデミーにおける哲学研究の基盤を整えるという使命については、十分に全うしたと言えるだろう。

注

(1) 加藤周一『日本近代思想大系一五　翻訳の思想』岩波書店、二〇〇〇年、三四二―三四三頁。

(2) 「日本の近代哲学」『哲学事典』平凡社、一九九三年、一〇五五頁。下村寅太郎・古田光「解説　日本の哲学」『現代日本思想大系二四　哲学思想』、筑摩書房、一九六五年、三一―三三頁。

(3) 但し学名については、今日定訳として残存するものはそれほど多くはないようだ。「生性發蘊」(『西周全集』第一巻、宗高書房、一九八一年) などを参照。『西周全集』は以下、NAZ と略記する。

(4) 下村寅太郎「第三部　日本近代の科学・宗教・哲学」『京都哲学撰書　第四巻　精神史の中の日本近代』燈影舎、二〇〇〇年、二七六頁。

(5) 同右、二七八頁。

(6) 「西周所著書目」NAZ 3、一九八一年、一〇九―一一四頁。

(7) 柳父章「日本における翻訳――歴史的前提」『日本の翻訳論　アンソロジーと解題』(柳父章・水野的・長沼美香子編)、法政大学出版、二〇一〇年、二―一一頁。

(8) Jean-René Ladmiral, *Traduire : théorèmes pour la traduction*, Paris, Tel, Gallimard, 1994, p. 11.

(9) Ladmiral , *ibid.*, pp. XVII-XXI.

(10) 下村寅太郎「津田真道」『京都哲学撰書　第四巻』(二〇〇〇年)、前掲、一六〇―一六一頁。

(11) 『現代日本思想大系二四』(一九六五年)、前掲、二一頁。

(12) 同右、三二頁。

(13) 北野裕道「「哲学」との出会い――西周」『日本近代思想を学ぶ人のために』藤田正勝編、世界思想社、一九九七年、九―一〇頁。

(14) 津田真道の『西周伝』には、「但君［西周］はカント派の哲学を喜び、余はコント氏の実学を好めり」とある。『京都哲学撰書　第四巻』(二〇〇〇年)、前掲、一六一頁。

(15) 「法ノ奥胡斯《アウゴスト》、坤度《コント》カ實理學《ポシチヒズム》ニ淵源シ、近日有名ノ大家、英ノ約翰《ジオン》、士低化多《スチワルト》、美爾《ミル》カ歸納致知《インデユクチーウ》ノ方法《メトード》ニ本イテ、始メナント思フナリ」と述べている。『生性發蘊』、NAZ 1, 三六頁。

(16) NAZ 1、二九―一二九頁。

(17) George Henry Lewes, *The Biographical History of Philosophy, from its origin in Greece down to present day*, 1875；*Comte's Philosophy of the Sciences；being an Exposition of the Principles of the Cours de Philosophie Positive of Auguste Compte*, Part I. Fundamental sciences, section XVI-XX.

(18) NAZ 1、六二一頁。

(19) 東京大学図書館の「西周所蔵洋書目録」には、コントの著書としては英訳の A general view of positivism（1865）のみが記載されている。菅原光『西周の政治思想』（ぺりかん社、二〇〇九年、二六四頁）を参照。

(20) 西がミルに興味をもったのはそう古くはなく、『人生三寶説』（一八七五年）のあたりだという（NAZ 1、六二六頁）。

(21) 九鬼周造の『現代フランス哲學講義』から、当時、コント哲学の意義がどれほど大きいものであったかを知ることができる。ミルは *Auguste Comte and Positivism*（1865）を発表した。ブレンターノも影響を受け「所謂 phénomène の概念を心理學に取り入れた」。彼の弟子、フッサールは「Phänomen の本質を対象とする学として Phänomenologie を立てた。現象學は此意味に於て Comte の流れを汲んで居ると云ふことが出来る」。『九鬼周造全集　第八巻』（KSZ、岩波書店、一九九一年、一二八—一二九頁）。

(22) 『生性發蘊』、NAZ 1、四七—四八頁。

(23) 本稿では、『現代日本思想大系二四』（前掲）所収の『尚白劄記』を参照する。

(24) KSZ 8、前掲、一二九頁。

(25) 「性理」は「心性・性命・道理・理気など、宋明代の儒学の重要な概念を総称した語」である。朱子の学問は「性理学」とも呼ばれ、明代ではこれを「学術の依拠すべき学問」と見なしていた。『岩波哲学・思想事典』（二〇一二年、九三二頁）を参照。「性理学」は略して「理学」となるが、「義理学」「窮理学」とも呼ばれた。西は、「性理」と psychology の概念上の類似性を見出し、その翻訳に当てた。「性理」を二元論的思考により再解釈したのだとも言えよう。

(26) NAZ 1、六三〇頁。NAZ 4、一一一頁。

(27) NAZ 1、八頁。

(28) 井上厚史「西周と儒教思想——「理」の解釈をめぐって」『西周と日本の近代』島根県立大学西周研究会編、ぺりかん社、二〇〇五年、一四六―一八二頁。

(29) 同右、一六二―一六三頁。

(30) 同右、一六六頁。

(31) 『日本哲學思想全書　第二巻』平凡社、一九五五年、一三五―一三六頁。

(32) 井上(二〇〇五年)、前掲、一六六頁。

(33) 同右、一六七―一六九頁。

(34) 『現代日本思想大系二四』(一九六五年)、三一頁。また、松本三之介は次のように伝えている。「政府や政党政社の活動とは別個な、自由な知識人の立場からする知的活動の展開と、その独自な社会的意味の自覚化は、明治国家の下にある知識人にとって必ずしも容易なことではなかった」(松本三之介「新しい学問の形成と知識人」『日本近代思想大系一〇』岩波書店、二〇〇〇年、四六二頁)。

(35) 『井上哲次郎集』(ITS) 第八巻、クレス出版、二〇〇三年、一―六九頁。

(36) ITS 8、一一頁。

(37) 同右、一二頁。

(38) 『現代日本思想大系二四』(一九六五年)、六〇頁。

(39) 井上哲次郎抄譯・大槻文彦校訂『倍因氏　心理新説』、青木輔清出版、明治一五年。

(40) 「實驗學派」は positivism の訳語である。『哲学字彙』(一九一二年) では、「實證論、實理論、積極論」の三つの訳語が提示され、今日の定訳である「實證」が含まれている。一八八一年版、一八八四年版には「実験利学」のみが記載されている。

(41) 第一版は、英語による哲学用語の日本語翻訳を単に示すもので、概念の説明などは付されていない。フランス語、ドイツ語の訳語が補足された第三版が、一九一二年に出版された。

(42) ITS 8、三三―三四頁。

(43) 仏教用語の「絶対」を「アブソルート」の訳語に転用した (ITS 8、三三頁)。『哲学字彙』(一九一二年) には、「按、絶對、孤立自得之義、對又作待、義同、金剛略疏、眞如絶對、至理無言」とある。

(44) ITS 5、二〇〇三年、二頁。

(45) ITS 8、五九、六一頁。井上克人によれば、哲学者として出発した当初より、彼のドイツ理想主義哲学の読みは、東洋的形而上学との関連においてなされていたという(『西田幾多郎と明治の精神』、関西大学出版部、二〇一一年、一五七頁)。

(46) ITS 8、四三—四四頁。

第10章　日本語と日本的霊性
――日本における哲学の形成と発展

平田俊博

序

本章の課題は、西田幾多郎の純粋経験の思想を鈴木大拙の日本的霊性の思想から読み解くことで、西田哲学の純粋経験論が「日本における思想的座標軸」となり得ていることを示すことにある。「一　日本哲学の座標軸としての西田哲学」では、日本における思想的座標軸の欠如という丸山眞男説の根拠と当否を検討する。「二　言の場としての日本語と哲学――純粋経験と阿頼耶識」では、純粋経験や阿頼耶識など学術用語のほとんどを外国語に由来する日本語は、それ自体が「言の場」という性格を強く持っていることを明らかにする。そして、「言の場」という日本語の性格が、日本語に立脚する日本哲学の形成に決定的に影響していることを示す。「三　コトとコト・バ――日本語とハイデガー」では、コト（言・事）やコト・バ（言の場・事の場）の諸相を日本語の古層から分析する。更に、その分析結果をハイデガーの言語論に基づいて考察し、言と事のずれ、言語への不信を解明する。「四　日本的霊性と日本哲学の形成――アリストテレスの霊魂と鈴木大拙」では、ハイデガーの言葉論やアリストテレスの霊魂様態論、鈴木大拙の霊性論などの分析を通じて、日本哲学の座標軸としての西田哲学と純粋経験論の意義を究明する。

一　日本哲学の座標軸としての西田哲学

丸山眞男は名著として名高い『日本の思想』のまえがきの中で、「日本における思想的座標軸の欠如」という項目において、次の通り述べている。「あらゆる時代の観念や思想に否応なく相互連関性を与え、すべての思想的立場がそれとの関連で――否定を通じてでも――自己を歴史的に位置づけるような中核あるいは座標軸に当る思想的伝統はわが国には形成されなかった[1]」。

しかし、これに対して藤田正勝は、『西田幾多郎の思索世界――純粋経験から世界認識へ』の冒頭で、真っ向から反論している。「もし哲学だけを取り出して言えば、西田の哲学がその歴史の中で「座標軸」としての位置を占めてきたと言えるのではないだろうか。丸山も「否定を通じてでも」という言い方をしているが、まさにそういう仕方で西田の哲学が思想的座標軸としての役割を果たしてきたように思われる[2]」。

藤田によれば、一九一一（明治四四）年に出版された西田の処女作『善の研究』（弘道館）こそ、日本の哲学が漸く自立した歩みを開始したことを示す「記念碑的な著作」（同一頁）である。現在に至るまで百余年、直接・間接に西田の思想について論じた文献は数知れない。一般読者だけでなく、それ以後の思想家に与えた影響という点でも、「西田の哲学は日本の哲学の歴史の中で極めて大きな位置を占め」（同）ている。

事実、『善の研究』は、一九二一年の再版（岩波書店）、一九三七年の改刷版（同書店）を経て、一九五〇年には岩波文庫版（第一刷）が発行されるに至った。これは一九七九年には第四八刷改版発行に至り、二〇〇四年に第九二刷、そして、単行本初版後ほぼ一世紀を経たにもかかわらず、二〇一二年には遂に改訂新版（注解・解説＝藤田正勝）第一刷発行に及んでいる。一九六一年第一刷発行の丸山眞男の岩波新書『日本の思想』が一九九二年に第五四刷を迎えた勢いに、勝るとも劣らぬ活発な影響力を西田の『善の研究』は今なお保持し続けている。

とは言え、西田哲学の影響には言わく言い難いものがある。文章表現の難解さに、思索の徹底性とか独創性とかを認める点では衆目が一致するが、肝心の中味については、むしろ否定的な意見の方が多いとさえ言えるからである。「西田の哲学は、日本の哲学の歴史のなかでもっとも多く批判の対象となった哲学」（同）だと、藤田は言う。確かに、高橋里美の「包弁証法」を始めとして田辺元の「種の論理」や三木清の「構想力の論理」など、西田以後の哲学者は、「西田を批判し、それとの対決のなかから自分の思想を紡ぎだしていった」（同一一二頁）。

だが、影響のされ方や批判のされ方に関して、西田哲学の場合、ヨーロッパの哲学者たちとは異質な印象を与える。例えばカント哲学では、後代のフィヒテやヘーゲル、更にはコーヘンやフッサール、ハイデガーらによって、哲学の実質が批判的に継承されている。カント哲学に立脚しながら、その不備や欠陥だと各自に思われる箇所を徹底的に批判し修正して、更に進歩、発展させようとすることに彼らの力点があった。その意味でカント哲学は、ドイツにおける不動の「思想的座標軸」になり得ている。カントの批判哲学による哲学用語の革新が、後代に着実に継承されているからである。

ところが、西田の場合、西田個人の哲学する姿勢の真摯さが多くの人々によって賛美されはするものの、西田哲学のどの部分が批判的に継承され、進歩、発展していったかが、どうにもはっきりしない。その限りで、丸山の言うとおり、「あらゆる時代の観念や思想に否応なく相互連関性を与え、すべての思想的立場がそれとの関連で［…］自己を歴史的に位置づけるような中核あるいは座標軸に当る思想的伝統(1)」を、西田哲学は形成できなかった。その理由は、私の見るところ、西田の用語法が近代日本の学術用語の枠内に収まりきらなかったことにある。そのせいで、西田の思想が同時代でも後代でも十分に理解されなかったからである。

藤田の反論も、哲学という限定的局面でのみ、しかも「否定を通じ」た消極的な仕方で、ようやく西田の哲学が思想的座標軸としての役割を果たし得た、と言うに止まる。それゆえ、必ずしも丸山に対する本格的な反論にはなっていない。

また、思想的座標軸と言っても、フランスのデカルトの合理論的な演繹哲学、イギリスのフランシス・ベーコンの経験論的な帰納哲学、ドイツのカントの超越論的な批判哲学とは、様相がよほど異なる。これらが有する体系的で確定的な評価の基準を、西田哲学が提供しているとは言い難い。西田が新たな哲学用語の体系化に、充分には成功していないなかったからであろう。

西田哲学の果たした役割は、思想的座標軸と言うよりも、むしろ思想的同伴者に近いのではないだろうか。西田も西田を批判する者も、批判的対話を通じて、共に新たに成長していくことができた。「批判を糧にして新たな発展を遂げていく力強さ、エネルギーもまた西田の思索の大きな特徴であり、それがその魅力を作り上げている。」（同五頁）と、藤田が的確に指摘している。

二　言の場としての日本語と哲学——純粋経験と阿頼耶識

それでは、西田哲学の何が、そうした実りある思想的同伴を可能にしたのか。それは他でもなく、西田の提唱した「純粋経験」という思想、だと私には思われる。西田自身が、『善の研究』初版（一九一一年）の序で、「余の思想の根柢である純粋経験[3]」と言い、また、「純粋経験を唯一の実在としてすべてを説明して見たい」（同六頁）と述べている。

さて、そこで、純粋経験とは何か。西田によれば、「経験するというのは事実其儘《そのまま》に知る」（同一七頁）ことであり、「純粋というのは、［…］毫《ごう》も思慮分別を加えない、真に経験其儘の状態をいう」（同）。「純粋経験は直接経験と同一である。自己の意識状態を直下《じか》に経験した時、未だ主もなく客もない、知識とその対象とが全く合一して居る。」（同）。

要するに、西田の「純粋経験」とは、判断作用以前で主客未分の体得状態、と言ってよい。「知識とその対象とが全く合一している」のであるから、当然、純粋経験は言語化以前の体得状態にある。それは禅宗で言う不立文字に近く、体得状態はそのまま文字や言説で一挙に伝えられるものではない。

次いで西田は、「純粋経験説の立脚地」（同二五頁）について語る。「普通では純粋経験が客観的実在に結合せられる時、意味を生じ、判断の形をなすという。しかし純粋経験説の立脚地より見れば、我々は純粋経験の範囲外に出ることはできぬ。意味とか判断とかを生ずるのもつまり現在の意識を過去の意識に結合するより起るのである。即ちこれを大なる意識系統の中に統一する統一作用に基づくのである」（同）。

ここで西田は「普通では」と言うことで、当時のドイツの代表的哲学者で、近代心理学の祖と言われるヴィルヘルム・ヴントを念頭に置いている（同一八頁参照）。構成心理学を提唱したヴントは、直接経験に与えられた心的現象を、先ず純粋感覚や単純感情など単純な要素に分析し、その後これらを再構成することによって、精神現象を説明しようとした。その際ヴントは、純粋経験の範囲外に客観的実在が独立自存することを、素朴に前提していたはずである。

これに対して、西田の言う「純粋経験説の立脚地」は、ウィリアム・ジェームズの「意識の流《ながれ》」（同二六頁）を強く意識している。アメリカの代表的哲学者で、現代心理学の創始者の一人であるジェームズは、ヴントの要素的傾向を厳しく批判した。プラグマティズムを提唱することで現代アメリカの新実在論の有力な源流となったジェームズによれば、内省によって得られる直接経験は単純な心的要素ではなくて、流動的な意識状態、すなわち「意識の流れ」、にすぎない。

有機体の神経系統と生物的環境を重視するジェームズの機能心理学は、「意識の流れ」を、全身的な心理物理的状況に対する有機体のプラグマティックな生物学的適応機能として捉えている。直接経験として与えられる「意識の流れ」は、いまだ主観と客観に分かれていない「純粋経験」であって、主観から独立した物自体のような超越的実在を認めない。逆に、観念も事物も「純粋経験」において与えられる。

けれども西田は、ジェームズの心理学的な純粋経験を、次の通り鋭く批判する。「心理学者は意識は物でなく事件である、されば時々刻々に新であって、同一の意識が再生することはないという。しかし余はかかる考は純粋経験説の立脚地より見たのではなく、かえって過去は再び還《かえ》らず、未来は未だ来たらずという時間の性質より推理したのではないかと思う」（同二七頁）。

要するに、ジェームズの純粋経験は「時間の性質より推理した」のであるから、直接経験ではなく、従って真の純粋経験ではない、と西田は非難するのである。「記憶において過去と関係し意志において未来と関係する時、純粋経験は現在を超越すると考えることが出来るであろうか。」（同）、とジェームズに対して、西田は尋問する。ジェームズのみならず、そもそも記憶に立脚する心理学者は、時間の性質に縛られて「現在を超越する」ことができない、と西田は考える。

欧米では近世のデカルト以降、二元論的見地から意識とその対象は、共に「物」と考えられがちであった。

だが、ジェームズら現代の心理学者は、一元論的見地から意識を「事件」と捉える。そして、事件である意識を反省的に分析することによって、物体現象と精神現象という二種の現象が非直接的に知られる、と主張した。

ところが西田は、そうした物から事件へのパラダイム転換に飽き足らない。物的世界観から事的世界観への移行では、時間という反省的見地が介在しているから中途半端だと見るのである。それで、事件の現場が、言い換えれば事の生起する場、すなわち「事の場」、が改めて着目される。事件ないし「事」が「純粋経験」なら、私の言う「事の場」とは、西田の言う「純粋経験の立脚地」（同二一頁）に相当する。

「純粋経験の立脚地」において、西田は自説の独自性を主張する。「純粋経験の立脚地より見れば、同一内容の意識はどこまでも同一の意識とせねばなるまい。例えば思惟或いは意志において一つの目的表象が連続的に働く時、我々はこれを一つの者と見なければならぬ様に、たといその統一作用が時間上には切れて居ても、一つの者と考えねばならぬと思う」（同二七頁）。

ヴントの構成主義的な直接経験でなく、ジェームズの機能主義的な純粋経験でもない、西田独自の「純粋経験の立脚地」の特徴は、時間を超越する点にある。こうした西田の発想の根底には、仏教の唯識説の影響があると見てよい。唯識説[4]とは、法相宗などが説くもので、一切諸法は純粋に識られた状態においてのみあり、従って、識る心を離して一切は観察できない、とする観念論的な経験論である。

特に、「純粋経験の立脚地」として西田が考えている事柄を理解する上で、縁起門の唯識説である「阿頼耶識縁起説[4]」が大いに参考になる。この説によれば、物心一切の存在は、心体である阿頼耶識の転変により構成されて生じる。阿頼耶識を本体として、これから目識、耳識、鼻識、舌識、身識、意識、末那識の七転識を生じ、このうち阿頼耶識により身体環境が形成され、末那識により自我意識が生じ、他の六識により感覚および構想作用が行われて一切諸法が認識される。その際に八識は、おのおの主観（見分）と客観（相分）に分裂して、阿頼耶識中の種子より一切諸法が生じ（種子生現行）、同時に一切諸法は七転識の働きによりその種子を阿頼耶識に熏習して残す。このような作用を反復しながら新たな経験を受用して、阿頼耶識は相続する。

つまり、以上の阿頼耶識縁起説に拠って整理すれば、超時間的な西田の「純粋経験の立脚地」とは、すなわち私の言う「事の場」とは、心体である「阿頼耶識」のことである。また、「阿頼耶識の転変」が、西田の「純粋経験」、すなわち私の言う「事」に相当する。そして、阿頼耶識の転変により構成されて生じる物心一切の存在、即ち一切諸法が、「純粋経験の事実」（西田『善の研究』同上七九頁）としての「真実在」（同八五頁）に当る。ただし、西田自身においては、「純粋経験」と「純粋経験の立脚地」と「純粋経験の事実」の三用語の概念的区別が未だ不明瞭で、しばしば「純粋経験」の一語でもって代表させている。唯識説でも同様で、往々にして阿頼耶識の一語で済ませる。

さて、純粋経験の説明の結びで、西田は「純粋経験の事実」としての「真実在」について論じている。「真に純粋経験の事実というのは」（同七九頁）、「我々がまだ思惟の細工を加えない直接の実在」（同）であって、「この時にはまだ主客の対立なく、知情意の分離なく、単に独立自然の純活動あるのみ」（同）である。「主客の未だ分れざる独立自全の真実在は知情意を一にしたもの」（同八一頁）である。

このように「純粋経験の事実」とは「主客を没したる知情意合一の意識状態」（同八五頁）であり、取りも直さずこれが「真実在」（同）なのである。だが西田によれば、こうした「真実在」はただただ「自得すべき者」（同）であって、「反省し分析し言語に表わしうべき者」（同）ではない。

「純粋経験の事実」としての真実在は、言語によって「互いに相伝うることのできない者」（同）だ、と西田は考えている。同一の言語であっても伝える内容は「必ず多少異なって」（同）いる。伝えることのできるのは「抽象的空殻」（同）にすぎない。純粋経験と同じく、「純粋経験の事実」も不立文字によって以心伝心に体得され自得されるしかない。

真実在、すなわち「純粋経験の事実」は、言語と不即不離の関係にある。言語がなければ伝えられないが、言語そのものはきっかけにすぎず、言語を聞くことによって聞くものに呼び覚まされるものが、真実在なのである。その意味で、真実在は「言の場」と言えよう。「言」つまり言語によって、「事」である「純粋経験」が呼び覚まされる「場」が、「言の場」としての「純粋経験の事実」なのである。

「純粋経験」という近現代欧米心理学由来の学術用語と、「阿頼耶識」という中国伝来の仏教漢語とを通じて、かろうじて自得され理解されるのが、西田の純粋経験の哲学ではないだろうか。学術用語のほとんどが外国語に由来する日本語は、それ自体が「言の場」という性格を強く持っている。従って、「言の場」としての日本語は、そうした日本語に立脚する日本哲学の形成に決定的に影響していると思われる。その点に、西田哲学が理解されにくい理由と、日本に欧米流の哲学がないとされる原因がありそうである。

三　コトとコト・バ——日本語とハイデガー

前節で私は、超時間的な西田の「純粋経験の立脚地」とは唯識説の「阿頼耶識」に相当し、私の用語法では「事の場」であるとした。また、「純粋経験」とは唯識説の「阿頼耶識の転変」であって、私の用語法では「事」である。そして、「純粋経験の事実」としての「真実在」とは、阿頼耶識の転変により構成されて生じる物心一切の存在、即ち唯識説の「一切諸法」であり、私の用語法では「言の場」に当るとした。「言」つまり言語によって、「事」である「純粋経験」が呼び覚まされる「場」が、「言の場」としての「純粋経験の事実」、すなわち「真実在」、なのである。

ところで、日本語の古語である古いやまと言葉のコトやコトバの意味は、専門的な見地からすれば、どのようなものであろうか。関連語も含めて、以下しばらく、大野晋らの古語辞典を見ておこう。[5]

［コト］　言・事。古代社会では口に出したコト（言）は、そのままコト（事実・事柄）を意味したし、また、コト（出来事・行為）は、そのままコト（言）として表現されると信じられていた。それで、言と事とは未分化で、両方ともコトという一つの単語で把握された。従って、奈良・平安時代のコトの中にも、言の意か事の意か、よく区別できないものがある。しかし、言と事とが観念の中で次第に分離される奈良時代以後に至ると、コト（言）はコトバ・コトノハといわれることが多くなり、コト（事）と別になった。コト（事）は、人と人、人と物とのかかわり合いによって、時間的に展開・進行する出来事、事件などをいう。時間的に不変の存在をモノという。後世コトとモノとは、形式的に使われるようになって混同する場合も生じて来た。

［コトバ］　語源はコト（言）ハ（端）。コト（言）のすべてではなく、ほんの端（はし）にすぎないもの。つまり口先だけの表現の意が古い用法。ところがコト（言・事）という語が単独では「事」を意味するように片寄って行くにつれ、コトに代ってコトバが口頭語の意を現すに至り、平安時代以後、「詞」「辞」「句」などの漢字の訓にもあてられて、一般化した。その意味は、歌のような詠誦をしない普通の口頭語、口語、口上、発音、口をきくことなどと展開し、「心」の表現形式としての言語の意味にも使われ、語句、文言の意を表すようになった。

［コトノハ］　言の葉。平安時代には、詩歌の作品や、言語の表現一つ一つを「葉」に見立てた雅語として、文学に愛用された語。歌の中では、木の葉に掛けて、愛の言葉、約束の意を表すものが多い。散文の中の例は源氏物語に多くあり、上品な、よい言語表現を指す。漢文訓読体には使われない。

［モノ］　物・者。形があって手に触れることのできる物体をはじめとして、広く出来事一般まで、人間が対

象として感知・認識しうるものすべて。コトが時間の経過とともに進行する行為をいうのが原義であるに対して、モノは推移変動の観念を含まない。むしろ、変動のない対象の意から転じて、既定の事実、避けがたいさだめ、不変の慣習・法則の意を表わす。また、恐怖の対象や、口に直接のぼせることをはばかる事柄などを個個に直接に指すことを避けて、漠然と一般的存在として把握し表現するのに広く用いられた。

　要するに、やまと言葉にあって、言と事は未分化であって、同じくコトと言われた。やがて言のコトは、もともとコト（言・事）のハシ（端）を意味したコトバ（言葉）に、取って代わられた。コトノハは、かなり遅れて成立した文学上の雅語となった。

　さて、私はコトを言と事とに分離して、いわば「言―事」観から、西田の「純粋経験」を解明しようとしてきた。こうすることで、ジェームズ流の「意識の流れ」に拘束されない、西田の「純粋経験」の超時間的な性格を摘出したかったのである。ところが、これに対して藤田正勝は、「物―事」観から迫ろうとする。「われわれの経験のありようを的確に言い表している」[6]、と藤田が高く評価するのが、木村敏の「ものとこととの共生」[7]観である。

　例えば、愛用の万年筆を見るとき、私たちはそれを単に「もの」としてのみ見ない。万年筆が経てきた幾多の来歴が、無数の「こと」として、万年筆という「もの」にこびり付いている。しかしながら、「もの」が常に「こと」と共にあるとする、そうした「ものとこととの共生」観には、重大な問題点がありはしないだろうか。「流動性の論理」（藤田、前掲書、四〇頁）が避け難いからである。

　西田の「純粋経験」論は、「変化して止まない現実をその動性において捉えようとする」（同）流動性の論理だと、藤田は主張する。だが、逆に私は、「意識の流れ」のような流動性の論理に拘束されない超時間的な性格を、西田の「純粋経験」の特徴だと見る。

　さらに藤田は、「言葉と共生する〈こと〉」（同）について語る。「言葉は〈もの〉を言い表しつつ、しかし同時にそのなかに〈こと〉を住まわせている」(同三九頁)、と考えるのである。「こと」が真理であって、言葉は単にそれに付随的に付与された名前にすぎない、という考え方に、藤田は組しない。「言葉以前の純粋な真理というものは存在しない」(同三八頁)、と確信するからである。

藤田によれば、言葉とは「われわれが前もって獲得している世界理解」(同)だから、われわれがなす経験には「最初から」(同)言葉が関与している。それゆえ、「〈こと〉は、言葉に先立ってではなく、言葉が働き出すところで、はじめてそれと同時に経験される」(同)。西田の「純粋経験」論がもつ、一見、相矛盾する以下の二つの性格を、藤田は的確に抑えている。「経験と言葉とのあいだにある差異が覆われる危険を指摘する」性格と、「言葉に支えられた経験がもつ豊かさと可能性とを指摘する」性格とである。藤田は後者に組し、私は前者に組する。

藤田流の「物－事」観は日常の普通の経験を見事に説明する。しかし、西田の純粋経験には当てはまり難いのではないか、と私は思う。純粋経験の立脚地は意識現象であって、「もの」でなく「こと」にのみ係わるからである。「こと」を「言」と「事」に分け、さらに「言の場」と「事の場」の観点を付加した方が、すっきり説明できるのではないだろうか。

と言うのも、西田によれば、「意識現象が唯一の実在である」(西田、前掲書、七一頁)からである。意識現象と物体現象の二種の経験的事実があるように見えるが、しかし根本はただ一種「意識現象があるのみ」(同七二頁)で、物体現象はその中から「抽象したのにすぎない」(同)。

ところで、「事的世界観」という点に関しては、唯識の思想についての竹村牧男の見解が大いに参考になる。(8) 彼によれば、唯識の識とは、自分の対象を内に持って、その対象を感覚・知覚しているものである。従って唯識の識は、単なる心でも主観でもない。色が見えている事、音が聞こえている事、推理や判断などが行われている事、そうした事そのものが唯識の識なのである。それゆえ、竹村によれば、「識はむしろ事と見るべき」である。「唯識と言うことは、本当は唯事と言うべき」なのである。それで、「唯識の世界観とは事的世界観」だと主張する。

しかしながら、竹村が事的世界と考えるのは目識、耳識、鼻識、舌識、身識の五感の流れの世界までであって、第六の意識はこの事的世界に言語を適用して物の世界を作り上げることとなる。意識が五感の流れに対して言語を適用すると、その適用経験が意識下の第八識の阿頼耶識に保存され、その後、意識の言語による分節に見合うあり方で諸感覚が生起してくるのである。言語を反復して用いる経験が、やがて一種の構造化された物的世界を形成するに至る。その際、第七識の末那識が無意識に作動すると、自我に執着する私的で主観的な世界が現象することとなる。

ともあれ、阿頼耶識を純粋経験の立脚地と定めて、阿頼耶識までの八識全体を「事」と捉える西田の「事の場－言の場」世界観は、竹村の事的世界観とは大きく異なる。西田には言語への不信があるので、事と言は、事の場と言の場は、ずれを伴う。しかし竹村では、少なくとも意識の段階では、言語への不信が見られない。

言と事、言語への信・不信については、ハイデガーとことばについて対話を交わした手塚富雄の証言が参考となる。ハイデガーの『ことばについての対話』(9)の中で、手塚はドイツ語の Sprache に相当する日本語のコト－バを、「コトから発する葉（Blatt）」だと説明している。それをハイデガーは「コトから発する花びら（Blütenblätter）」として受け取っている（同書一〇八頁参照）。ドイツ語では葉も花びらも本源的には Blatt 一語で表現できるからである。

ハイデガーの思索は手塚の説明に大きく触発されたようで、日本語のコト－バについて次のように言う。

それは不思議な、それゆえ不可思議な語です。Sprache（独）、γλῶσσα（ギリシア）、lingua（ラテン）、

langue（仏）、language（英）という形而上学的意味の名称が私たちに示すものとは別の名を指しています。長らく私は、言葉の本質に思いを巡らす際、Sprache という語を用いるのがつくづく嫌でした。（同参照）

こうしてハイデガーは、Sage という語を持ち出す。したがって Sage に当たる日本語の「言」は、由来からして、コトと呼びうる。Sprache がコトーバなら、コトーバの本源としての Sage はすなわちコトとなろう。ちなみに、伝説や民話など、ふつう「言い伝え」を意味するドイツ語の Sage に、ハイデガーは、「言うこと、言ったこと、言われるべきこと」（同一〇九頁）という三者への統一的指示作用を見出そうとする。英訳では大文字で始まる Saying、仏訳でも同様に la Dite、手塚富雄が「言い」（同）、辻村公一が「言」（ゲン）、佐々木一義が「発言」、と訳す Sage を、亀山健吉はルビ付きで「言《こと》」と訳している。[10] こうすることで亀山は、「事」と「言」が日本語では同語同音であることを示そうとした。

さて、ハイデガーのこうした理解の仕方について、手塚は次のようにコメントしている。「Koto に関するここの話し合いの全体から感じられることは、われわれ日本人なら「ことそのもの」としてつかみたいところを、著者の（おそらくヨーロッパ的な）思考は、それをその特性とはたらきにおいて、またその由来を求めて、つかもうとする方向にあることである。それゆえ言辞に言辞が重なってくるところがある」（『ことばについての対話』一三四頁）。ハイデガー自身の用語で言えば、「不可避的に解釈学的循環を承認」（同一二〇頁）せざるをえない、と手塚は指摘するわけである。

言うということ、言葉を口にするということ、言葉を話す（放す）ということは、いわば言葉そのものにすっかり委ねてしまうことであって、言葉の本質の方から呼びかけられて、その方へと導かれることだ、このようにハイデガーは理解しようとする。

言葉を頼りに、言葉を便り（Botschaft）として、言葉から言葉の本質へ、言葉の本質である言から「言の本質」へ、さらには「言の本質の場（Ortschaft）」へと、遍歴（Wanderung）を重ねるハイデガーの道程は、言葉（Sprache）への途上（unterwegs）にあるというより、むしろ言（Sage）への途上にあると言えまいか。手塚が示唆するように、ハイデガーの関心はコト－バよりもコトにある。

現象として現に存在する諸々の言葉に付き従うかぎり、ヨーロッパ的諸言語とアジア的諸言語のような根本的に相違する言語間の本当の対話が、不可能となる。対話が真に成り立つためには、言葉の本源である言に向かうしかない。だが、言は言い伝え的なもので、人間が話す言葉ではない。言葉を通じて様々に言を解釈しうるが、言の本質はそうした解釈の背後に隠されたままである。言は、根源的に汲み出された現象学的概念に属するものであって、伝達された発言（Aussage）としては変質を免れがたい。根源的に解釈不能であって、それゆえ、解釈学的立場は「滞留地」（同二五頁）の一つにすぎない。

言わずして言わしめるもの、話さずして話さしめるもの、それが言なのである。言は沈黙したままである。沈黙したままのものについて言挙げすることは、そのものをずらし偽って（Verstellung）しまう。しかし沈黙したままのものについて沈黙したままでいると、そのものは埋没（Verschüttung）して、全面的に隠蔽（Verdeckung）されてしまいかねない。

ともあれ、言は、沈黙というすがたで、言葉という現象の背後に、ほかでもなく、言葉になるべきものとして秘匿（Verborgenheit）されているのが、露見（Entdeckung）した。その契機となったのが、日本語のコト－バでありコトであった。こうした意味で、日本語自体が、ことのほか禅の不立文字という性格を宿すわけである。

四　日本的霊性と日本哲学の形成——アリストテレスの霊魂と鈴木大拙

さて、西田の純粋経験とは、判断作用以前で主客未分の体得状態であるから、当然、言語化以前の体得状態にある。それは禅宗で言う不立文字に近く、体得状態はそのまま文字や言説で一挙に伝えられるものではない。西田の純粋経験は、日本語のコトｰバないしコトと同質の性格を宿していると言えよう。

ところで、ハイデガーは論文「言葉への道」('Der Weg zur Sprache')において、アリストテレスの論文『命題論』('Über das Aussagen')中の次の文章に着目している。「音声のうちにある様態は霊魂のうちにある様態の象徴であり、書かれたものは音声のうちにある様態の象徴である。そして文字がすべての人々にとって同一ではないように、また音声も同一ではない。しかしそれら二つのものがそのしるしであるところの最初のもの、すなわち霊魂の様態はすべての人々にとって同一である。そしてこの様態がそれらの類似物であるところの事物はもちろん同一である」[11]。

この文章はハイデガーによれば、話すこと(das Sprechen)としての言葉が隠されている古典的な建築構造を明らかにする。指示作用が建築構造の支柱をなすのである。文字は音声を指示する。音声は霊魂の様態を指示する。霊魂の様態は霊魂に捕捉される事柄(Sachen)を指示する(同一四二頁参照)。文字は音声の様態を指示する。

今ここで注目されるのは、ハイデガーがアリストテレス以来のヨーロッパ的伝統の中で、霊魂の様態と霊魂に捕捉される事柄とが「すべての人々にとって同一」だと考えていることである。言葉に支えられることで初めて人間は、人間たるもの(das Menschenwesen)となりうると、考えるのである[12]。それゆえ手塚は、言葉を便りとして言の本質の場へと遍歴を重ねるハイデガーの思考は、言辞に言辞を重ねるもので、不可避的に解釈学的循環を承認せざるを得ない、と指摘する。

基本的に言葉を信頼しない日本人は、言葉の底に「ことそのもの」をつかもうとする。だが、言葉を「存在の家」（同上一一頁）と呼ぶハイデガーら、ヨーロッパ人の言葉に対する信頼は篤く、言葉を用いることによってのみ、人間は人間たるものとなりうると考える。

それでハイデガーは、ヨーロッパ人と日本人ら東アジア人とは「まったく別の家に住んでいる」（同）のではないか、と言い出す。そこで私は、こうした点を明らかにするために、アリストテレスやハイデガーの言う霊魂（プシュケー、Seele）の様態を、鈴木大拙の「霊性」と西田の純粋経験とに対照させてみたい。

さて、「霊性」という言葉は、世界的に高名な宗教学者の鈴木大拙が第二次世界大戦後に広めた。戦時中の昭和一九（一九四四）年に出版した『日本的霊性』の中で、鈴木は次のように述べる。「霊性と云ふ文字は余り使はれて居ないやうだが、これには精神とか、又普通に云ふ「心」のなかに、包みきれないものを含ませたいと云ふのが、予の希望なのである」[13]。

精神－物質、心－物、という二元論的思考を超えたところに、鈴木は霊性の概念を求める。宗教意識の覚醒は霊性の覚醒であり、それはまた精神それ自体が、その根源において、動き始めたことを示す。それ故に、霊性は普遍性を有っていて、どこか特定の民族に限られていない。漢民族の霊性も欧州諸民族の霊性も日本民族の霊性も、霊性であるかぎり、変わったものであってはならない。

そうではあるが、「霊性は民族が或る程度の文化階段に進まぬと覚醒せられぬ」（同上二三頁）、と鈴木は言う。霊性の目覚めから、それが、精神活動の諸事象の上に現れる様式には、各民族に相異するものがある。それで、日本的霊性なるものについて語ることが出来る。

鈴木によれば、鎌倉時代になって日本人は、本当に宗教即ち霊性の生活に目覚めた。そして七百年後の今日に至る迄、それが大体において日本人の品性・思想・信仰・情調を養うものになって来た。今後こうして養われて来た事が基礎となって、その上に世界的な新しきものが築かれると、彼は信じている。日本的霊性を世界的な霊性へと高めることに今日の日本人の使命がある。

「霊性の日本的なるもの」は「浄土系思想と禅」で、「最も純粋な姿」で顕われている、と鈴木は言う（同二五頁）。渡来した仏教の働きかけで、日本民族の間に本当の宗教意識が台頭した。だが、その表現が仏教的形態を取っても、それは歴史的偶然性で、日本的霊性そのものの真体は、この偶然なるものを突き通して、その下に見出されなければならない。神道にはまだ日本的霊性なるものがその純粋性を顕はしていない、とされる。

「日本的霊性の情性方面」に顕現したのが浄土系的経験であり、知性方面に出頭したのが日本人生活の禅化である（同二八頁以下参照）。特に真宗と禅において二元的論理の世界が突破されている、と鈴木は説いている。

ところで、先ず、鈴木大拙の霊性論と唯識説の阿頼耶識の関連を解明し、その上で、この両者と西田の純粋経験との関連を明らかにするのが、本節の第一の目標であり、次いで、これら三者と、アリストテレスやハイデガーの言う霊魂の様態を比較対照するのが、本節の第二の目標なのであるが、紙幅の関係もあり、今は残る課題としたい。

なお、西田と大拙の関係については、西田自身が一九四〇（昭和一五）年発行の鈴木大拙著『禅と日本文化』に序を寄せている。「大拙君は私の中學時代からの親しい友の一人である。」と書き出し、「私は思想上、君に負ふ所が多い。[14]」で序を結んでいる。

思春期に莫逆の交わりを結んだ西田と鈴木とは正に「同一人格[15]」（森本省念）のようであり、法然と親鸞がそうであるように、一人格の「表と裏」（同）なのかもしれない。西田哲学を深く正確に読み解くためには、「西田全集の読みは大拙全集の読みから入るべき」（同）という森本省念の提案に、私は心から賛同したい。

結

西田幾多郎の純粋経験の思想を鈴木大拙の日本的霊性の思想から読み解くことで、西田哲学が「日本における思想的座標軸」となり得ていることを、本稿では概括的に示した。禅宗の不立文字と真宗の称名念仏が日本哲学の形成の思想的座標軸となっていることを明らかにするのが、今後の課題である。

注

（1）丸山眞男『日本の思想』（岩波書店、一九六一年）五頁。
（2）藤田正勝『西田幾多郎の思索世界——純粋経験から世界認識へ』（岩波書店、二〇一一年）二頁。
（3）西田幾多郎『善の研究』（注解・解説＝藤田正勝、岩波文庫改版第一刷、岩波書店、二〇一二年）五頁。
（4）平凡社『哲学事典』（改訂新版初版、平凡社、一九七一年）一四一一頁右段の項「唯識説」。
（5）大野晋・佐竹昭広・前田金五郎編『岩波　古語辞典　補訂版』（一九九〇年）参照。
（6）藤田、前掲書、三七頁以下参照。
（7）木村敏『時間と自己』（中央公論社、一九八二年）二〇頁以下参照。
（8）竹村牧男『入門　哲学としての仏教』（講談社、二〇〇九年）六四頁以下参照。
（9）ハイデッガー『ことばについての対話』（手塚富雄訳・訳注・解説・付論）［ハイデッガー選集21］（理想社、一九六八年）参照。
（10）ハイデッガー『道標』（辻村公一、ハルトムート・ブッナー訳）［ハイデッガー全集第9巻］（創文社、一九八五年）訳語解説一三頁。ハイデッガー『ヒューマニズムについて』（佐々木一義訳・解説）［ハイデッガー選集23］（理想社、一九七四年）一八八頁以下参照。ハイデッガー『言葉への途上』（亀山健吉、ヘルムート・グロス訳）［ハイデッガー全集第12巻」(創文社、一九九六年)訳注[八]三四一頁参照。

(11) ハイデッガー『ヒューマニズムについて』前掲、一四一頁。

(12) ハイデッガー『ことばについての対話』前掲、六八頁参照。

(13) 鈴木大拙「日本的霊性」『鈴木大拙全集[増補新版]第八巻』(岩波書店、一九九九年)二一頁。三頁以下参照。

(14) 鈴木大拙『禅と日本文化』(北川桃雄訳)(岩波書店、一九九七年)i—ii頁。

(15) 竹村牧男『西田幾多郎と仏教　禅と真宗の根底を究める』(大東出版社、二〇〇七年)二四八頁。

第11章　九鬼哲学における永遠回帰という思想
――押韻論の観点から

小浜善信

奥つ鳥鴨着く島に我がゐ寝し妹は忘れじ世のことごとに　（『古事記』上巻、「火遠理命」）
長き夜のとをの眠りの皆目覚め浪乗り船の音のよき哉　（『運歩色葉集』）

序説

九鬼哲学は三大テーマより成る。押韻論、偶然論、時間論がそれである。しかもそれらはそれぞれ独立の、無関係のテーマとして立てられ追究されたというのではなく、不可分の問題群として、いわば三位一体的関係にあるものとして論究された。偶然論、時間論は同一の問題を別の角度からといったような仕方で、そして押韻論は偶然論、時間論を総合したかたちで含むといったような仕方で展開される。本稿では、九鬼周造のそのような押韻論が、かれの永遠回帰という思想にとって重要な意味をもつことを明らかにしたい(1)。

ヨーロッパにおける哲学の伝統

九鬼は次兄の未亡人であった縫子を妻とし、一九二一年（三三歳）、彼女とともに、足かけ八年に及ぶ長期ヨーロッパ遊学に旅立つ。かれはドイツ、フランスにそれぞれ二回ずつ滞在している。滞欧中の九鬼は、ハイデルベルク、パリ、フライブルク、マールブルクといった各大学に籍を移しながら、ベルクソン、フッサール、ハイデガーなど、二〇世紀ヨーロッパを代表する哲学者たちと交わり、ヨーロッパ哲学の精神とその方法を吸収しつつあった。二千数百年におよぶ哲学の伝統と対決しつつ、それを超えて新しい知的地平を切り開こうと苦闘するヨーロッパ人の強靭な思索を目の当たりにして、九鬼は、新しいものの創造は、伝統との徹底的な対決から生み出されるものという思いを強くしたであろう。それには、しかし、対決すべき当のものの中に身をおくこと、すなわち、何よりもまず、その哲学的伝統を徹底的に解読し検証するという作業を必要とする。とりわけ、ヨーロッパ哲学の伝統の発端となり、またその形成に大きく関わりつづけてきたギリシア・ラテンの原典テクストの綿密な解読を要する。

滞欧中九鬼は、ヨーロッパの哲学者たちが近・現代哲学に関心を払うのみならず、つねに古代・中世に立ち返り、その批判的吟味を通して新しい思想を創造しつつある現場に立ち会って、自らも、ヨーロッパの近・現代哲学のみならず、これがそこから生まれてきた始源へと遡り、とくにギリシア哲学原典テクストの解読を進めつつあったであろう。九鬼哲学に関して、この点はこれまでほとんど注目されることはなかったと思われる。

哲学をエロスと呼びしアカデミア昔を今になすよしもがな

むらぎものこころふるるが哲学のはじめぞと説きアリストテレス

これらは「ギリシア哲学礼讃」と題されて詠まれた歌の中の二首であるが[2]、ギリシア哲学に対して九鬼は生涯憧憬の念をもっていたのであり、たとえばピュタゴラス派―プラトン―ストア派の輪廻思想（講演「時間の観念と東洋における時間の反復」および論文「形而上学的時間」は、直接的には仏教の輪廻ないし「劫波」思想の論理的解明であるが、古代ギリシアのこの思想の徹底的な究明という側面をももつ）、プラトンの『饗宴』や『パイドロス』におけるエロス論、また『メノン』におけるアナムネーシス（想起）説、さらには『ティマイオス』における「偶然論」、そしてアリストテレス『自然学』、『形而上学』における「偶然論」などは、九鬼の作品のなかで繰り返し言及されるのである。九鬼はドイツの哲学者たち、とくにハイデガーのゼミナール、たとえば一九二八年に行われた「現象学演習――アリストテレス『自然学』の解釈」(Phänomenologische Übungen:Interpretation der *Physik* des Aristoteles) などを聴講することによって、ヨーロッパ哲学の源流、そして一般に哲学の源流としてのギリシア哲学の重要性、とくにその原典研究の必要性を示唆されたであろう。

永遠・無限への憧憬

さて、西洋という異郷にあって、二〇世紀のかの地を代表する哲学者たちとの対話・交流を通して哲学の精神と方法を吸収しながら哲学の根本問題について解明を進めつつあった九鬼は、しかし他方で絶えず日本のこと、日本人と日本文化のことを考えていた。かれには、ヨーロッパでは自分を含めて日本人が、また日本文化が誤解されているという強い思いがあった。たとえば、次のような文章（原文フランス語）を書いている。

この国［日本］は私の生まれ故郷であり、私は熱烈な愛着をもってこの国を愛している。私の存在全体がそれに属しているだけでなく、私の魂は全面的にそれに負っており、心のひだのすべてをこの国に負っている。私は、私の国が知られていないからとからといって何ら心配していない。然し私の国について間違った考えが抱かれていることに気付くとき、そのたびに苦痛のようなものを感じる。だから私は祖国について語りたい。［…］日本の魂と精神文化について語りたい。（I、「それは田舎者だ」C'est le paysan, 四四五頁）

そのような状況の中で異邦人九鬼は、ヨーロッパの聴衆を前にして、かれらの日本文化に対する誤解を払拭しようとして、大胆にも、ヨーロッパの哲学史上問題中の問題として探求しつづけられてきたテーマ、すなわち「時間」の問題と「無限（永遠）」のそれとを取り上げて、日本文化の本質とその根底にある日本人の魂をかれらに披瀝したのであった。すなわち「時間の観念と東洋における時間の反復」（La notion du temps et la reprise sur le temps en Orient）と「日本芸術における「無限」の表現」（L'expression de l'infini dans l'art japonais）がそれである。一九二八年、フランス・ポンティニーにおいて、帰国の途に就く直前であった。

西洋哲学史上、反復・回帰する時間という観念は、古代ギリシアのピュタゴラス、プラトン、そしてとりわけストア派以降、わずかに十九世紀後半にニーチェがいわゆる「永遠回帰」（ewige Wiederkunft）という思想を主張した以外に、その後継者を失った。むしろ、ヨーロッパにおける時間論の多くはいわば直線的・不可逆的時間観念を前提しており、それらは回帰的・円環的時間観念を積極的に取り込むことはなかった。それに対して九鬼は、「時間の観念と東洋における時間の反復」において、回帰的時間観念こそ東洋人の、日本人の伝統的な持続観念であると主張する。しかもかれは、ヨーロッパ的な直線的時間観念といわば異教的な円環的・回帰的時間観念とを総合し、両者が水平的な方向と垂直的な方向とで交わるところに真の時間構造を見ようとする。

さらに、本居宣長の次の歌を聞けば、おそらくヨーロッパ人は、果敢ないものに思いを寄せる日本人を、永遠あるいは無限への憧憬とは無縁の存在だと思うにちがいない。

敷島の大和心を人問はば朝日に匂ふ山桜花

しかし九鬼は、「日本芸術における「無限」の表現」において、この身を「浮かみもやらぬ、流れのうき［浮き／憂き］身」(3)として、この世を有から無へ、無から有へと生成流転する諸行無常の世界として見る伝統があるにしても、果敢ないものに心惹かれる心性があるにしても、まさにその果敢ない流転するものの直中に無限を、永遠を垣間見る心性、それこそが日本人の魂であると主張したのである。

異邦人・九鬼周造はこのように、ヨーロッパ人による誤解を払拭しようと努めるのであるが、しかしまた翻って思いみれば、祖国の状況にも強い危惧の念をもたざるをえなかった。異郷の人々に説く日本文化の独自性、またそれがそこから発しているはずの日本人の魂の生が、実は祖国では見失われつつあるのではなかろうか。九鬼には日本文化の独自性と魂が異郷の地に渡ってはじめてよく見えてきたと同時に、またそれが祖国では忘却されつつあることもはじめてよく見えてきた。ヨーロッパ人による他者理解、異文化理解という点についての不満はあるものの、伝統との対決を通して絶えず新しいものを創造し自己主張しようとしているヨーロッパ精神に触れて、われわれの側でももっと自己吟味を必要としているのではあるまいか、そしてまた、われわれももっと多くを他の世界に向かって語る必要があるのではなかろうか、九鬼はこのようなことを痛感したにちがいない。

ヨーロッパでは絶えず始源への回帰、そして伝統との対決があり、そこから新しいものが生み出されている。その意味で伝統が継承されている。日本では国粋主義者がなすがごとくに吟味を経ることなしにヨーロッパが拒否され、伝統といわれるものが固執されるかと思えば、逆に自由主義者がなすがごとくにヨーロッパのものが無批判に取り入れられ、自らの伝統の吟味を経ることなくこれが否定されるといったような具合である。そのような日本の時代精神に対する批判をもこめて、パリから『明星』に投稿されたものが「押韻に就いて」（一九二七年）であった。おそらく、これとほぼ同じ時期に、第一回目滞仏中すでに脱稿していた「「いき」の本質」（一九二六年）も同じような批判の意図のもとに書かれたものでもあったにちがいない。

このように、九鬼が誤解を払拭しようとしてヨーロッパ人に説き、日本人に忘却の淵から想起を促そうとした伝統とは何かといえば、それは「時間（瞬間）のなかに永遠を見る」、あるいは「有限の中に無限を見る」という伝統である。「果敢ないもののなかに美を垣間見る」それと言いかえてもよいであろう。[4] 無常を無常としてありのままに受け取り、夢のような無常の世と生をそのまま肯定し愛する、現世という夢を踏み板として高踏し自由な創造的生を生きる、そのような精神性の伝統である。第二回目滞仏中にポンティニーでなされた二つの講演でそのような精神性をヨーロッパ人に伝えようとした九鬼は、すでに第一回目滞仏中に「かつてわれわれの精神が見たもの」を想起するよう日本人に向けても訴えていたのである。[5]

一　押韻論

日本詩の押韻

ところで、九鬼は、時間論や偶然論を公表する以前に、一九二七（昭和二）年の三月と四月にパリから

『明星』に「押韻に就いて」を投稿していた。これは『明星』廃刊のゆえに掲載されなかった。九鬼は、その主宰者である与謝野鉄幹・晶子夫妻に再三原稿の返却を請うたが容れられずにいた。ところが、帰国後の三〇年三月、突然、雑誌『冬柏』創刊号に、「小森鹿三」というペン・ネームで、その第一節が掲載された。それは自らの意に反することであったと九鬼自身が書いているのであるが、かれは残りの掲載は見合わせてくれるよう要請し、原稿の返却を請うたが、自筆原稿は失われたとの通知を受けた。やむをえず手許に残された準備草稿等をもとにして、新たに「日本詩の押韻」を書かざるをえなくなる。(6)

押韻論に直接関わる資料としては、いまの「冬柏」掲載の第一節分、また帰国後「大阪朝日新聞」紙上に発表された「日本詩の押韻」(三一年十月、これも『冬柏』掲載の第一節と同様、「日本詩の押韻」全体の「序論」に当たるもので、『全集』版で七頁の分量である)、さらに岩波講座『日本文学』に公表された「日本詩の押韻」(三一年十月)、そしてこれに改訂を施した「日本詩の押韻」がある。最後の論考が「決定稿」と見られる。改訂は、削除、附加、敷衍といったように多岐に及ぶが、基本的な主張に変更はなかったと思われる。「決定稿」には、それまでの諸稿にはなかった『偶然性の問題』(三五年)への言及があるから、おそらく九鬼は、少なくとも三五年あたりまでは岩波講座のそれの見直し作業を続けていたことになろうし、押韻の問題が偶然性の問題と関連をもつと見なされていたことの一つの証しにもなるであろう。パリから投稿して「決定稿」に至るまで、おおよそ八年を経ている。押韻論に関わる間接的な、しかしやはり重要な資料としては、ポンティニーでの講演「日本芸術における「無限」の表現」、さらに帰国後の講義「文学概論」(三三年)、そして講演「文学の時間性」(三六年)および「文学の形而上学」(四〇年)がある。押韻論に関するこれら直接・間接の資料を通覧すると、九鬼の基本的な論点および論旨にほとんど変更はなかったと言ってよい。

それら『冬柏』掲載稿から「決定稿」に至るまでの押韻論および間接的な資料における押韻論の根底には、

一貫して、一つの形而上学が潜んでいたと思われる。この押韻論の形而上学は「時間─永遠」論と「偶然─必然」論とを同時に含んでおり、九鬼哲学においてきわめて重要な位置を占める。『冬柏』掲載分の押韻論は「押韻論」全体の「序論」に当たるものであろうが、これを見ると、ポンティニーでのあの二つの講演が、差し当たってヨーロッパ人を聴衆にして日本文化の独自性を述べたものであったのに対して、それは読者として明らかに日本人を想定していた。

ヨーロッパと祖国日本と、双方に批判の眼差しを向けていた九鬼は、「押韻論」において、日本人に向けて、忘却の淵にある独自の伝統を想起すべきであると訴える。もちろんかれは、たんに保守的な過去への回帰を主張するのではない。「既存を回顧して伝統の中に自己と言葉とを確実に把握すればよい。与えられた可能性を与えられるべき現実性に展開せしめ、匿された潜勢性をあらわな現勢性に通路せしめさえすればよい」(8)。過去の伝統を批判的に吟味し、これをもとにして未来の可能性を開拓すべきだと言うのである。

日本語の特殊性、たとえば単語を構成する字母中の母音数の多数性からくる韻の響きの弱さゆえに、日本詩には押韻は適さない、それゆえ、響きの強い子音中心に単語が構成されている西洋詩の押韻法に追随すべきではない、つまり押韻にこだわるべきではないという主張に対して、九鬼は、日本語の音声学的性格からしても歴史的伝統からしても、日本詩に韻を踏むことは、それに豊かな展開をもたらすであろうと反論する。ギリシア語、ラテン語、フランス語、ドイツ語、イタリア語など、西洋各国語による詩における押韻の豊富な実例分析を行いながら、日本詩の押韻が決して木に竹を接いだようなものではないことを示す。

また、押韻法の起源に関しても、それはヨーロッパにではなく、東洋(岩波講座の論稿ではインドないしペルシア(ササン朝ペルシア)(9)とされ、決定稿ではインドないし周代中国とされる)(10)にあり、ヨーロッパはむしろそれを東洋から学んだのであると言う。日本でもすでに『古事記』に押韻の例を見ることができるが、『万葉集』や『新古今和歌集』にはその豊富な例を見出すことができる。だれにもまして日本的な歌人といえる柿本人麻呂（六六〇頃―七二〇頃）や芭蕉（一六四四―一六九四）は、明らかに意識して押韻詩を試みた。かれらは「天体の運行に宇宙の音楽を聴いた霊敏な心耳と、衣づれの微韻にも人知れず陶酔を投げる先鋭な感覚とを有」っていたのである。[11]このような客観的事実をみるならば、日本詩に押韻は適さないという主張には何の根拠もない。むしろ古来日本人は鋭敏で繊細な音楽的感覚（聴覚）をもっていたのであり、一と他という二元が偶然の遊戯のなかで邂逅し共鳴し合う韻の響きに喜びを感じ取る鋭敏な魂をもっていたのである。「押韻によって開かれる言語の音楽的宝庫は無尽蔵である。韻の世界は拘束の彼岸に夢のように美しく浮かんでいる偶然と自由との境地である。詩人は法則の必然的拘束性から生まれた偶然と自由とを抱いて闊達無碍の天地に逍遥」する。[12]

そして押韻論（詩学）に関しても、奈良朝の『歌経標式』（七七二年）、そして平安朝の『奥義抄』以来、押韻に関する賛否両論を含めて、長い伝統があり、それらは、日本詩が押韻法を採用することによって無限の展開可能性を獲得しうることを暗示する。因に、九鬼によれば、『歌経標式』は日本の詩学（Poetik）のはじめであり、これ以後の詩学は、それに対する賛否両論を含めてすべて『歌経標式』に基づくと言う。『新撰髄脳』（藤原公任）、『能因歌枕』（能因法師）、『綺語抄』（藤原仲実）、『奥義抄』（藤原清輔）、『無名抄』（源俊頼）といった、いわゆる「五家髄脳」や『悦目抄』がそうである。[13]また九鬼自身の押韻論の結論は、「将来日本詩に脚韻としての押韻の発達が可能であるとすれば、それは二重韻に基礎を置くものでなければならぬ」[14]というものである。九鬼はその例として矢田部尚今の詩「春夏秋冬」を挙げる。「春は物事よろこばし（b-*a* / s-*i*）吹く風とても暖かし（k-*a* / s-*i*）［…］」という具合である。

九鬼は、当時隆盛しつつあったいわゆる自由詩の運動に対して、このように、『万葉集』や『新古今和歌集』、そして人麻呂や芭蕉の実作詩の例を引き合いに出して、また『歌経標式』は漢詩の影響下に成立したものとして不当な評価を受けているが、再評価されるべきものとみて、律格詩を主張する。かれが律格詩、とくに押韻詩を擁護しようとするのは、たんなる西洋詩および西洋詩学崇拝によるのではなく、またたんに保守的な過去への回帰を唱えるのでもなく、伝統を吟味することを通してこそ未来への展望を開拓しうると確信していたからである。それは、日本人の豊かな感性と日本語の無限の展開可能性への確信に由来する主張であった。かれは決して自由詩の運動を否定するのではないが、その運動が律格詩を顧みない、あるいは否定するそれであるならば、それは日本人の音楽的感性と日本語のもつ潜在的可能性に関する無知に由来すると見ていた。

詩の形而上学

だが、それにしても九鬼はなぜそれほどまでに「押韻」にこだわるのか。もちろん、いまも見たように、一つには、当時の日本詩壇が直面していた閉塞状況を打開しようとして始まった自由詩運動への反論を意図していたことは明らかである。詩壇の行き詰まりを打開しようとして、律格詩を否定するということに短絡すべきではない。たんに伝統を否定ないし無視すれば、それで日本詩が生命を取り戻せるといったようなものではなく、むしろ伝統のなかにこそ豊かな可能性が隠されている、それを想起しなければならないと九鬼は主張しているのである。さらに、「詩」とは「うた」であり、本来それは吟唱されるはずのもの、つまり聴覚に訴えるという側面をもつものであるから、韻を踏むということは詩の音楽性ということにとって重要な意味をもつと考えられたということもあるだろう。「押韻によって開かれる言語の音楽的宝庫は無尽蔵である」と言っていた。しかし、かれが押韻ないし押韻論にこだわったより根源的な理由は、その根底にある、「詩は言語によって哲学し音楽する芸術である」[15]という、かれの「押韻論の形而上学」ないしは「詩の形而上学」とでも言えるようなものにあっただろう。

押韻と無限回帰

「詩は言語によって哲学し音楽する芸術である」とはどういうことであろうか。言うまでもなく、人間の一呼吸はどの民族においてもほぼ一定しているはずである。一呼吸で発音される音綴量もほぼ一定しているであろう。九鬼は西洋各国語による詩を取り上げてその音綴量を比較検討する。そうすると、日本詩を含めて、どの言語によるものでも、詩の一句は図らずもほぼ一〇音綴から一二音綴に収まっている[16]。詩のリズムは呼吸（息、生命、魂：ψυχή）のリズムに基づく。呼吸のリズム、肉体のリズムは、魂・生命のリズムと結びついており、さらに心身のリズムは自然界のそれに、そして自然界のリズムは宇宙のそれに呼応する。押韻は一句のリズムに一定のまとまりを与え、次の一句のそれにも切りをつけて、そこに一と他という断絶をもたらし、しかも韻の呼応共鳴によって両句を連結する。押韻によってリズムは完成されて、詩は一つの小宇宙となる。押韻とは、呼吸の反復、生命の絶えざる回帰の象徴である。それは呼吸と生命における、自然と宇宙における無限の反復・回帰を暗示するものである。

こうして九鬼の押韻論は、ピュタゴラス、プラトン、ボエティウスなどの西洋古代音楽論に通じる側面をもってくる。寄せては返り、返っては寄せる渚の波のように、あるいは春夏秋冬—四季の廻りのように、あるいはまた昇っては沈み、沈んでは昇る太陽のように、そしてまた天体の反復する円環運行のように、詩は韻を踏んでいわばフーガのように無限の音楽を奏でる。それらはわれわれを反復・回帰する宇宙、あるいは永遠と無限の観念へと誘う。押韻は形式ではあるが、たんなる形式に尽きるものではない。それはリズムの無限反復を可能にし、その都度の現在に永遠を垣間見させるものである。それは「詩を同じ現在の場所に止まらせて足踏みさせているようなものである。詩を永遠の現在の無限な一瞬間に集注させようとする」[17]。押韻は、詩をいわば小宇宙として完成するために重要な役割を果たす。押韻のなかに宇宙の奏でる無限音楽を聴き取る「心耳」をもたなければならない。宇宙の音楽を聴き、そこに永遠と無限を垣間見ることのできる日本人の感性と、それを律格詩のかたちで表現しうる日本語の豊かな可能性への確信があったからこそ、九鬼は詩における押韻ということを強調したのだと思われる。

押韻について詳しく論じた九鬼は、その最後に三九編の押韻詩の作例を提示して「日本詩の押韻」「決定稿」を締めくくっている。その中に「或る夜」と題された一篇がある。[18]

盃についだ酒　青い煙草のけむり　壁に燈火《あかり》が映《うつ》り　部屋にただひとりだけ／
椿の花の情《なさけ》　時計の針の身振《みぶり》　つひに結ばぬねむり　窓べに白らむ夜明《よあけ》／
朝空にゐざる雲　いたるところ故郷《ふるさと》　わたしもまた迷はう／
どこから来たこの蜘蛛　黙つてゐるお前と　ふたりで酒を飲まう

「酒（s-*a* / k-*e*）」―「ひとりだけ（d-*a* / k-*e*）」―「情（s-*a* / k-*e*）」―「夜明（*a* / k-*e*）」といったように、また「けむり（m-*u* / r-*i*）」―「映り（t-*u* / r-*i*）」―「身振（b-*u* / r-*i*）」―「ねむり（m-*u* / r-*i*）」といったように、偶然の戯れによって同じ音韻（二重韻：a-e や u-i）が邂逅して次々にいくつもの円を描く。[19] 先のものが後に幾度も現れるが、後に現れるものは先にあったものである。過去が現在に甦り、現在が過去へと回帰する。このように、同じものが幾度も回帰し、そしてまた無限の回帰を暗示する。その都度の現在は無限の同じ過去と同じ未来を予想する。その都度の現在は無限の同じ過去と同じ未来を含む。あるいは、その都度の現在は無限の同じ過去を「取り戻す」。ポンティニー講演の題目「時間の観念と東洋における時間の反復」は〈La notion du temps et la reprise sur le temps en Orient〉を訳したものであるが、「反復」と訳されたフランス語〈reprise〉は「取り戻し」、「奪い返し」という意味合いをももつ。それは、たんに時間の過去が現在に繰り返すというだけではなく、意志的主体が過去を現在に取り戻すというニュアンスをも含むであろう。九鬼の押韻論の形而上学の思想は「時間の観念と東洋における時間の反復」および論考「形而上学的時間」のそれと一致する。さらに、同じような偶然の邂逅が継起的に、つまり時間的に繰り返すことによってその邂逅は必然の、つまり永遠の相を帯びてくる。これは『偶然性の問題』のなかで論じられる「同時的偶然と継起的偶然」[20]に通じている。九鬼はそこで、同じような偶然に繰り返し遭遇すると、それは偶然ではなく必然なのではないかと思われてくると言う。

回帰的偶然

九鬼は「偶然性」を三種に分ける。「定言的（論理的）偶然」、「仮説的（経験的）偶然」、「離接的（形而上的）偶然」がそれである。定言的偶然とは「個物および個々の事象の存在の偶然性」であり、仮説的偶然とは「二元の邂逅の偶然性」であり、そして離接的偶然とは「無いことの可能に関わる偶然性」であるという。そして、仮説的偶然、すなわち二元の邂逅の偶然性にも「同時的偶然」と「継起的偶然」とがあると言う。同時的偶然とは、たとえば『平家物語』の中に、清盛が伊勢の海から熊野へ向かう舟中に鱸《すずき》が踊り入ったという記述があるが[21]、舟の航路と鱸が飛び跳ねたこととの間には因果的・必然的な関係はない、つまりそれら二元の出来事が同時に生じ、そして邂逅したというのは偶然であったといったようなことである。そして清盛は、自分が遭遇したその出来事を、その昔、周の武王が殷の紂を討つために向かった舟中に白魚が踊り入ったこと[22]、すなわち、武王の船の航路と白魚が飛び跳ね、両者が遭遇した同時的偶然の再来とみたという。同時的偶然が武王と清盛という武将たちに二回継起的に繰り返されたというのである。このように、同時的偶然が繰り返すことによって継起的偶然といったような状況が生起する。言いかえれば、それは過去の出来事が現在に再生し、現在の出来事が過去へと回帰するというような構造をもつ。継起的偶然とは、こうして結局「回帰的偶然」に他ならない。

もちろん、全く異質の同時的偶然が継起したとしても、そこにはほとんど継起的偶然と言えるような状況は生じない。継起的偶然と言えるような状況が生起するためには、少なくとも類似の同時的偶然が継起するのでなければならない。[23] 周の旗色は赤であり、殷のそれは白であったという。武王の船中に白魚が跳び入ったという出来事は、白を旗色とする殷の紂王が武王の軍門に降ることを予示する出来事として受け取られた。しかも鱸は成長するにつれて「こっぱ」、「せいご」、「ふっこ（はね）」、「すずき」と呼び名が変わる、いわゆる「出世魚」であり、それが清盛の船中に跳び入ったということは、清盛の以後の出世を暗示する出来事と受け取られたであろう。それゆえにこそ、清盛の船中に鱸が跳び入ったとき、武王の遭遇した出来事が直ちに想起されたのである。世には「不幸な偶然」も多々あるだろうが、この場合は「幸いなる偶然」と言ってよい。

二　永遠回帰

しかし、言うまでもないが、厳密には、周の武王の遭遇した出来事と、清盛の邂逅したそれとは「類似」の出来事ではあるが、完全に「同一」のそれではない。つまり、それらは完全に同一の出来事の繰り返し・反復ではない。そのように、類似の同時的偶然が、ではなく、まったく同一の同時的偶然が継起的に繰り返されるという事例はないであろうか。すなわち、武王の遭遇した出来事と完全に同じ出来事が繰り返し現れる、清盛が邂逅した出来事とまったく同じ出来事が繰り返す、寸分違わぬ内容をもった、いわば純粋な、或いは理想的な形態での継起的（回帰的）偶然が生起するといったような可能性はないであろうか。

たとえば、アルキメデスの〈π〉すなわち〈3.142857 142857 142857……〉においては、いわゆる循環小数〈142857〉が無限回現れる。小数点以下、まったく同じ〈142857〉が「またしても、またしても」（πάλιν καὶ πάλιν）という仕方で繰り返し「再生」（παλιν-γενεσία）するのである。過去のものが現在に、現在のものが未来に、したがって過去のものが未来に再生する。こうして、過去のものが現在に、現在のものが未来に、そして未来のものが現在に、現在のものが過去に円環を描きながら回帰する。完全に同一のものが無限回帰するのである。[24]

また、有名な「回文（廻文）」の中に次のような歌がある。

ながきよのとをのねぶりのみなめざめなみのりぶねのおとのよきかな（長き夜のとをの眠りの皆目覚め浪乗り船の音のよき哉）[25]。

言うまでもなく、前から読んでも後ろから読んでも同じ歌になる。過去のものが未来へ、未来のものが過去へと無限回回帰する。始点にあったものが終点にあり、終点にあるものは始点にあったものである。

さらに、古来、日本詩の中で韻を踏んだ歌は珍しくはないが、次のような一韻到底の短歌がある。

奥つ鳥　鴨着《ど》く島に　我がゐ寝し　妹は忘れじ　世のことごとに　（『古事記』上巻、「火遠理命《ほおりのみこと》」）

「鴨の寄り着く遠い島で、私が共寝をしたおまえのことは忘れまい、私の生きているかぎりは」というほどの意味であるが、これを例にとってみよう。[26]

奥つ鳥　(r-i)
鴨着く島に　(n-i)
我がゐ寝し　(s-i)
妹は忘れじ　(j-i)
世のことごとに　(n-i)

最初の五文字句「奥つ鳥」の意味とは無関係にたまたま脚韻〈i〉が現れている。意味と韻が何の必然的関係もなしに邂逅している。これを九鬼は同時的偶然と呼ぶ。次の「鴨着く島に」についても、その意味とは無関係に偶然に脚韻〈i〉が現れる。この歌ではそのような同時的偶然が時間上のその都度の現在に継起的に五回現れる。このようにして、一首全体の意味連関とは無関係に、偶然に全く同一の韻〈i〉が、あたかも渚に繰り返し打ち寄せる波のように、「またしても、またしても」(πάλιν καὶ πάλιν)という仕方で、繰り返し現れることになる。継起的偶然である。完全なかたちでの継起的偶然は同一の同時的偶然の単なる繰り返しである。このような継起的偶然は結局回帰的(円環的)偶然である。同一者が偶然に五回現れているが、これだけ同一のものが継起すれば、これは実は必然(偶然の必然)なのではないかという思いを抱かせる。清盛の船中に鱸が偶然に跳び入ったとき、かつて武王の船中に白魚が偶然に跳び入ったことが想起された。完全に同一の、ではないにしても、そのあまりに類似した同時的・継起的偶然のゆえに、清盛には、これは戯れ、偶然のいたずらか、いや実は必然(「偶然の必然」=運命)なのではないか、何か背後に窺い知れない隠された意志がはたらいているのではないかという思いがよぎったにちがいない。[27]

同時的偶然が繰り返し現れるのは、時間の経過におけるその都度の現在においてである。その都度の現在において同じ韻〈i〉が偶然に五回繰り返される。その都度の現在における同一者の繰り返しによって継起的偶然が生起する。そして、現在あるもの（「鴨着く島に」の脚韻〈i〉）は過去にあったもの（「奥つ島」の脚韻〈i〉）であり、また現在あるもの（「鴨着く島に」の脚韻〈i〉）は未来にもあるもの（「我がゐ寝し」の脚韻〈i〉）である。過去にあったものが現在あるものであり、現在あるものが未来にある。したがって過去にあったものが未来においてもある。逆に言えば、未来にあるものは現在にあり、現在にあるものは過去にあったものである。したがって、未来においてあるものは過去においてあった。出来事の継起と時間の継起とは相即であるから、それは、過去が現在に、現在が未来に再生し、未来が現在に、現在が過去に還ることと考えられる。こうして過去が現在に、現在が未来に、そして未来が現在に、現在が過去に円環を描いて回帰する。言うまでもなく、上の歌に現れた同一者（〈i〉）は五回であるが、これだけ同一のものが継起すれば、これは無限の過去と無限の未来における同一者の無限回帰という観念、そしてさらには、時間そのものの無限回帰（永遠回帰）という観念にわれわれを誘うにちがいない。押韻は単なる作詩の技法ではない。「詩」は「うた」であり、もともと「歌う」もの、吟唱するものである。押韻は韻の共鳴によって奏でられる音楽的美を詩に付与するものであり、さらに果敢なく移ろいゆく時間の瞬間のなかに「永遠の現在」を垣間見させてくれるものである。

九鬼の押韻論を手がかりに、同時的偶然、継起的偶然、回帰的偶然、そしてさらに時間そのものの無限回帰という観念について以上述べられたことを図式化すれば、次頁の図のように描けるだろう。過去（のもの）が現在に、現在（のもの）が未来に、そして未来（のもの）が現在に、現在（のもの）が過去に円環を描いて無限回帰する。横軸は、脚韻〈i〉という同一者が時間の経過のその都度の現在に偶然に「またしても、またしても」という仕方で現れる、その同一の偶然の繰り返しが必然（「偶然の必然」）になることを表す。縦軸は、現在吟唱されている句が「我がゐ寝し」であるとすれば、その脚韻〈i〉に過去の「奥つ島」の脚韻〈i〉と「鴨着く島に」の脚韻〈i〉が想起されつつ共鳴することによって現在に再生し、また、未

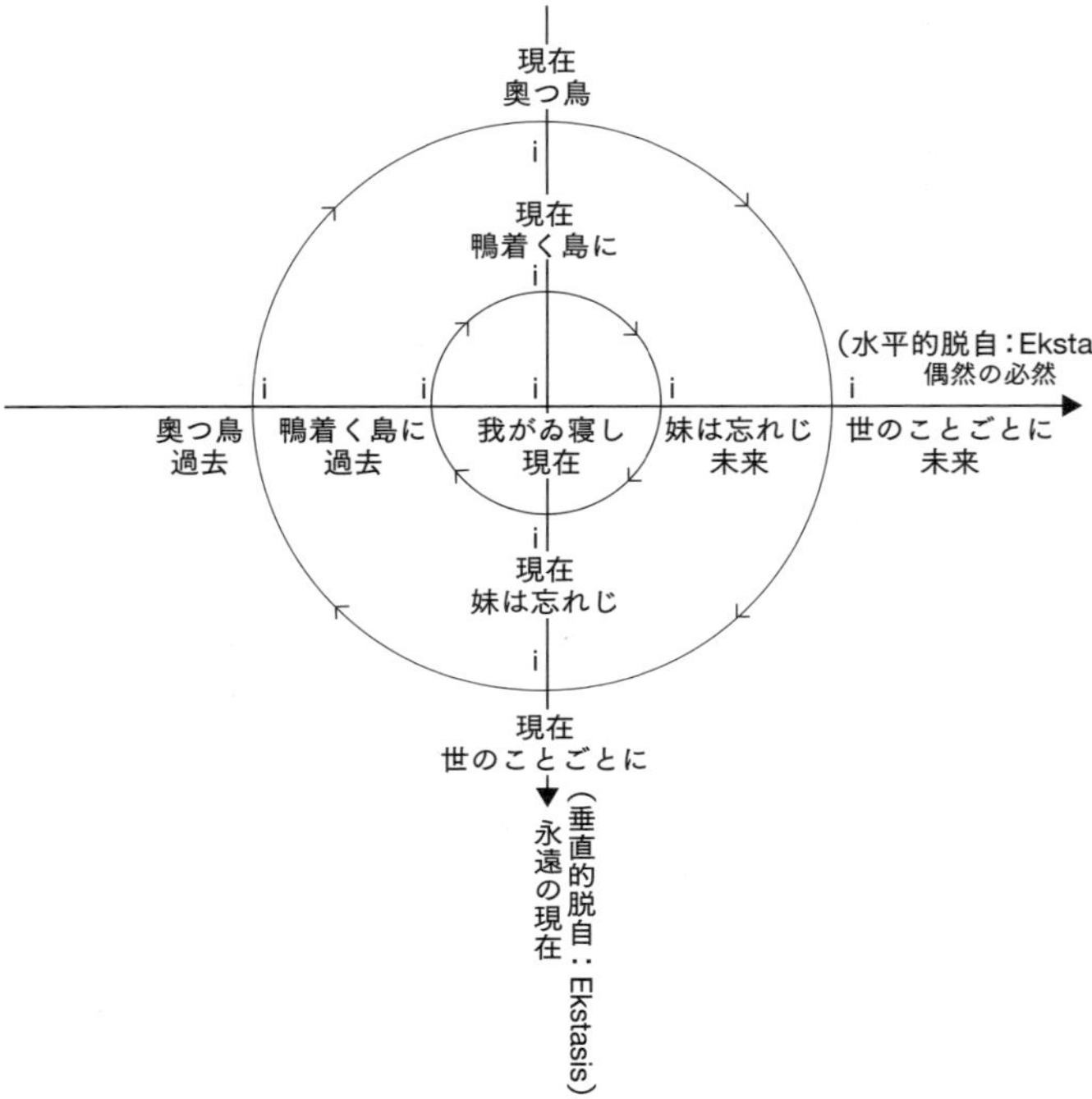

来の「妹は忘れじ」の脚韻〈i〉と「世のことごとに」の脚韻〈i〉が予期されつつ共鳴することによって現在化する。こうして、過去（のもの）が現在へ、現在（のもの）が未来へ、そして未来（のもの）が現在へ、現在（のもの）が過去へ円環構造を描いて無限回帰しつつ、過去と未来における同一者が時間のその都度の現在において、無限の深みへという垂直方向に重層構造を形成し、果敢なく移ろいゆく時間の現在（瞬間）の中に「永遠の現在」が生起することを表す。横軸は水平的脱自構造をもった現象学的時間を、縦軸は垂直的脱自構造をもった形而上学的時間をそれぞれ表す。真の時間構造はこの両脱自構造の交差において成り立っていると言うこともできる。

九鬼がその押韻論によって考えていたことは、同一の偶然の繰り返し、つまり回帰的偶然が必然（偶然の必然）になるということ、そしてこれを時間の様相のことばで言い換えれば、同一の現在の繰り返し、つまり回帰的現在が永遠（永遠の現在）になるということである。しかし、これは歌の押韻の世界でのことであって、現実のわれわれの生活世界（Lebenswelt）でのことではない。はたして同様のことがわれわれの経験的生活世界でありうるであろうか。要するに、ストア派の断片に述べられている[28]、「同じものが無限に、終わることなく復帰する。［…］前に生じたものと何も変わったものはなく、万物がその細部にいたるまで（ἄχρι τῶν ἐλαχίστων）まったく同じ不変の状態で存在する」といったような状況は考えられないであろうか。おそらく、そのような状況をわれわれの経験的生活世界に見出すことは困難であり、その可能性を探ろうとすれば形而上的次元へ移らなければならないだろう。九鬼の講演「時間の観念と東洋における時間の反復」（一九二八）、そしてそれに基づく「形而上学的時間」（講演：一九三〇／論文：一九三一）は、そのような問題を探求し、その可能性を提示しようとした論考であった[29]。しかし、その詳細については別稿に譲らざるをえない[30]。

九鬼が西行とともに生涯愛した人麻呂や芭蕉はだれにもまして日本的な歌人であって、かれらは意識的に押韻詩を試みたと言うとき[31]、それは常ならぬ時間のその都度の現在の中に永遠を垣間見たかれらが、無常を無常としてありのままに受け取り、夢のようなこの生と現世をそのまま肯定し、自由な主体と創造の場とする魂たちであったと言いたいのである。そしてまた九鬼自身についても、かれはしばしば「詩人哲学者」と呼ばれることがあるが、それはたんにかれが哲学者でありながら詩をも書いた哲学者だという意味ではもちろんないであろう。またたんにその哲学を詩というスタイルで表現しようとした哲学者だという意味に尽きるのでもないはずである。それは詩と形而上学によって「永遠の現在」に触れることに限りない憧憬をもちつづけた哲学者だという意味である。そしてこのことは、現世の「いま、ここ」を「永遠の現在」の現場として、偶然した実存としての「私」の生の現場としてありのままに肯定して受け取り、自由な創造の場としようとした魂の哲学者だという意味にほかならない。

注

（1）拙稿「九鬼哲学の根本問題——偶然論、押韻論、時間論」（『研究年報』第四八号、神戸市外国語大学外国学研究所、二〇一二年三月）および拙著『永遠回帰の思想　九鬼周造の時間論』（神戸市外国語大学　研究叢書 第五一号、二〇一三年三月）参照。本稿はこれらの論考・著書の要約でもある。

（2）岩波書店『九鬼周造全集』別巻、一四一頁。以下、ローマ数字は巻数、漢数字は頁数を表す。

（3）Ⅰ、『「いき」の構造』、二〇頁参照。

（4）Ⅱ、『偶然性の問題』、二二〇頁参照。

（5）Ⅰ、『「いき」の構造』、八一頁。

（6）Ⅴ、「日本詩の押韻〔B〕」、二七三頁参照。

（7）Ⅳ、「日本詩の押韻」、二三二頁および四五一頁。

（8）Ⅳ、四四九頁。

（9）Ⅺ、「講義　文学概論」、一〇四—一〇五頁参照。

（10）Ⅳ、四三九頁。

（11）同上、四四八頁。

（12）同上、四四八—四四九頁。

（13）Ⅺ、「講義　文学概論」、一一〇—一一五頁。

（14）同上、一一二頁。本稿注18および19参照。

（15）Ⅳ、二三三頁。

（16）Ⅺ、「講義　文学概論」、一四八—一五四頁。

（17）Ⅳ、「文学の形而上学」、五一頁。

（18）Ⅳ、四六三—四六四頁。

（19）本稿注14参照。

（20）Ⅱ、一二六—一三四頁。

（21）『平家物語』巻第一「鱸」：「古へ清盛公、いまだ安芸の守たりし時、伊勢の海より、船にて熊野へ参られけるに、おほきなる鱸の、船に踊り入たりけるを、先達申けるは、「是は権現の御利生なり」［…］」。それを聞いて清盛は、「昔周の武王の船にこそ、白魚は踊入たりけるなれ。是吉事なり」と言ったという。

(22) 司馬遷『史記』周本紀第四：武王渡河。中流白魚踊入王舟中。武王俯取以祭。

(23) ただし、継起的偶然といったような状況が生起するためには、必ずしも類似の同時的偶然の生起する回数が多い必要はない。

(24) Ⅱ、五四―五五頁参照。

(25) Ⅱ、五八頁参照。平凡社版『国民百科事典』によれば、この歌の出典は、『運歩色葉集《うんぽいろはしゅう》』（一五四八（天文十七）年成立）、『日本風土記』（十六世紀末、中国）などが古い文献。なお、『運歩色葉集』は、室町時代の国語のうち、漢字表記の普通語を、頭音によりいろは別に集めた通俗辞書。三巻。著者未詳。『日本風土記』は、中国の明の侯継高の編著。一五九二年以前の成立。

(26) Ⅱ、五七頁参照。

(27) 本稿注21参照。

(28) 『初期ストア派断片集』Ⅱ、625。

(29) ニーチェの「永遠回帰」の思想もそうであろうが、九鬼の押韻論における、時間の果敢ない現在の中に永遠を垣間見る（「永遠の現在」）という思想も、「神なき時代」、「神なき世界」においてどこに、どのような仕方で「永遠」を見出せるか、そのような問いに対する一つの解答であろう。「永遠回帰」という思想について、九鬼は次のように言う。「普通の意味の来世を信じる位ならば、私はむしろ厳密な同一事の永劫［永遠］回帰を信じたい。なぜならば一生が厳密に同一な内容をもって無限回繰り返されるということは、一生が一回より生きられないということとつまりは同じことである。厳密な同一事の永劫回帰の思想は現世という実像を無数の鏡に写してその映像を過去と未来に配列したようなものである。映像を無数に造ったからとて実像の一回性や尊厳をいささかも傷つけはしない」。（Ⅲ、「人生観」、九八―九九頁）。

(30) 本稿注1に記載の拙論、拙著参照。

(31) Ⅳ、四四三頁。

第12章　和辻風土論とトランスカルチュラリズムの問題
——「越境する身体」としての「旅行者」

加藤泰史

一　はじめに——問題設定

和辻哲郎の風土論が持つ射程とそこに含まれる諸論点を考察するに際して、それを背後から支える和辻自身のトランスカルチュラリズム的思考にまずは注目してみたい。和辻のこうした思考はベルリン留学から帰国した後にはじめて展開されたわけではなく、すでに大正期の思索に確認できる。その意味で新しいものではない。たとえば『古寺巡礼』の中で和辻は、「東大寺戒壇の四天王」や「法隆寺の百済観音」について次のように指摘している。

四天王を堂の四隅に安置するやり方も、シナの寺院建築と密接な関係があるであろう。仏教美術がシナで屈折した度はよほど強いものらしい。そうしてその土台となった聖域の美術が、すでにインドよりもガンダーラの方をより強く生かしていたと考えられる。日本へ来た仏教美術はもう幾度かの屈折を経たものである（『全集二』三八）。

百済観音は朝鮮を経て日本に渡来した様式の著しい一例である。源は六朝時代のシナであって、さらにさかのぼれば西域よりガンダーラに達する。上体がほとんど裸体のように見えるところから推すと、あるいは中インドまで達するかもしれない（『全集二』四九）。

これらの引用からも、和辻が日本文化の中に「国際性」や「雑種性」を読み取ってトランスカルチュラリズム的観点から解釈をほどこすことで、文化に本来的に内在するダイナミズムを掘り起こそうと試みているのは明らかであろう。[1] まさにこの観点から和辻は、日本文化を「開かれた」文化として特徴づけようとしたのである。田中久文も指摘するように、[2] こうした問題意識は帰国後もあの「国民道徳論」――それは「国家」や「民族」を内側から「開かれたもの」へと再構築しようとするものにほかならない――にさえ認められる。和辻の風土論も基本的にこのコンテクストで読み解かれなければならない。しかしこのとき重要なのは、いかなる概念装置を用いて和辻がそのトランスカルチュラリズムを哲学的に基礎づけようとしているのかという問題であろう。[3] これを解明することが、あるいは少なくとも解明するための見通しを得ることが本論稿の課題である。

そこで、戦後思想史における和辻風土論の継承の系譜を簡単に辿ってみたい。興味深いことに、そうすることによってこれまでほとんど主題化されてこなかった和辻風土論の枠組みの一端が浮き彫りになる。

「梅棹氏の生態史観は、和辻の風土史観の再来であった」(安田喜憲)と評価されるように、和辻風土論の継承関係で最初に取り上げるべきはやはり梅棹忠夫の『文明の生態史観』であろう。梅棹理論の核心は「歴史というものは、生態学的な見かたをすれば、人間と土地との相互作用の進行のあとである。別な言葉で言えば、主体環境系の自己運動のあとである。その進行の型を決定する諸要因のうちで、第一に重要なのは自然的要因である。そして、その自然的要因の分布は、でたらめではない」[4]とする主張に見出されるが、それはまさに「風土論的生態史観」であり「比較文明論的風土論」にほかならない。戦後思想史の中で風土論的構想として提起された議論は何らかの仕方で梅棹理論と関連しているか、またはその理論的枠内にあると言ってよい。こうした系譜は、津田雅夫が整理するように[5]、川勝平太(『文明の海洋史観』)や村上泰亮(『文明の多系史観』)から安田喜憲(『文明の環境史観』)をへて最終的にはベルク(特に『風土論序説』)にまで至る。そして、ベルクの議論は和辻風土論を考察する上でも特に重要な論点を提供してくれる。

和辻の風土論に関してベルクは、「初めて人間の風土と自然の環境をはっきりと区別した」点で画期的であると高く評価する。「風土」概念は「ある地方の特性の全体を示す言葉である。しかもこうした特性を、起伏、気候、水文地質学などのような物理的な視点からみるだけでなく、その地方のならわしや風習を含めた社会的な視点からもみるのである」。これはその地方に特異な個性といえるだろう」。しかし、ベルクによれば、「重要なのは、この特異な個性の概念は、その地方の住民が自分の環境の現象に向けるまなざしを想定しているということだ。住民はこれを感じ、解釈し、ある特定の仕方でこれをみずから生きる」。すなわち、和辻が導入した「風土性」の概念には、測定可能な対象をその外側から調べる自然主義的な方法とは根本的に異なる方法、換言すれば、内側から把握するという解釈学的な理解が方法論として想定されている。このことによって「古典的な環境決定論」からの離脱が可能となり、「人間の風土」と「自然の環境」を区別できるようになったわけである。[6]

ベルクは、しかしながら、この方法の適用の過程で混乱が生じ、和辻の風土論は方法論的錯誤に陥ると批判する。

和辻はさまざまな実例を検討しながら、自分の経験、すなわち、日本からヨーロッパを訪れた旅行者の印象やヨーロッパ滞在中の印象と、その地域の住民の経験を区別しなかったようである。要するに、他者の主体性（Subjektität）の代わりに自分の主観性（Subjektivität）を据えただけなのである。そのために『風土』の解釈学はたんなる内省になってしまい、検討しているはずの風土の風土性は、和辻個人の見解に変わってしまう。[7]

ベルクのこの批判には和辻の風土論にとって深刻な論点が含まれている。それは「旅行者」概念をめぐる問題にほかならない。このとき興味深いことに、和辻とベルクの間の係争点は「身体」概念の理解に深く関わる。つまり、ベルク自身は和辻の基本的構想を、「[…]風土性についての和辻の定義は十分に意味をもってくる。人間だけが動物身体と風物身体の間に二分されているのであり、風土性はそこから生まれた構造契機なのである」という点に見定めた上で、動物身体の担う「技術的投射」の機能と風物身体の担う「象徴的取り入れ」という二重のプロセスを「通態（trajection）」と名づける。ベルクによれば、この「通態」を通して「世界」はまさに「風土」として成立する。[8]「通態」のダイナミズムが和辻の方法論的錯誤を克服できるというわけである。しかしベルクは、和辻の「旅行者」概念をあまりに矮小化しすぎている。この概念は「身体」に固有なダイナミズムおよびそれにもとづく「交通」といった人間の行為連関を独特の仕方で表現するとともに、たんなる「内省」や「個人的見解」に還元されえないような構造も保証している。それを和辻は「旅行者の体験の弁証法」と敷衍するが、そこには《他文化を経験することによってはじめて真の自文化理解も可能となる》と見なして自文化理解の自明性を解体しようとする和辻独自の文化理解が見出される。こうした文化理解を理論的に支えているのが『風土』の「風土論」であり、その基礎となる「風土的身体」のコンセプトにほかならない。残念ながらベルクは「旅行者」概念がもたらす文化のダイナミズムを十分に捉えることはできなかったが、しかし和辻風土論において「身体」の問題が担う重要性に着目した点は熊野純彦の議論とともに傾聴に値する。(9)

さらに和辻風土論と「身体」の問題というと、最近では梅棹理論の問題圏から離れて和辻を環境哲学ないしは環境倫理学のコンテクストで（批判的に）継承しようとする注目すべき試みがあり、それが特にこの問題を論じている。すなわち、亀山純生と桑子敏雄の議論である。前者の亀山は和辻を批判的に受容しながら、「風土」をドイツ語の〈Landschaft〉に対応させた上で「一定の地理的空間における共同社会と生活的自然との一体的関わりの全体」と定義しているが、このとき「風土の三つの基本ポイント」として「人間の共同性」と「それと生活的自然の諸事象との具体的身体的な関わり」と「この関わりの自然調和性・場所的一体性」とを指摘して、「身体」を問題の核心の一つに据える。(10) それに対して桑子は、和辻風土論の枠組みにむしろ寄り添って議論を展開する。

人間は風景のなかに身体の配置をもち、そこで履歴を積むことによって人生を豊にしていく存在である。風景は自己の履歴が形成される舞台であり、その舞台をどのようなものとして知覚し理解するかが、そこでどのような行為を選択するかということと深い関わりをもっている。だからこそ、風景は、自己との関係のなかで履歴をもつ空間の知覚像となる。わたしはこのように、自己を「履歴をもつ空間での身体の配置」と理解し、また風景を「身体の配置へと全感覚的に出現する空間の相貌」として理解する。(11)

このように解釈学的「理解」も繰り込みながら、「この風景のなかに時間を含む空間の地域性を語ろうとするとき、風土が問題になる」としている。桑子の「空間の履歴」・「身体的配置」・「合意形成」といったキーワードは基本的に和辻風土論から引き出されて現代的に再解釈をほどこされたものであり、その点で桑子の議論も和辻風土論における「身体」の問題をより明確に逆照射していると言えよう。

こうしてみると、和辻風土論に連なる近年の諸議論は期せずしてそこに内在する「身体」の問題に焦点を当てていることがわかる。これが和辻風土論の内在的論理に即しても的を射ていることは言うまでもない。つまり、和辻風土論のトランスカルチュラリズムを支える理論的枠組みとしてその独自の身体論を想定することは有効な視座を与えてくれるのである。しかも、この「身体」の問題が和辻風土論においては「旅行者」のそれと理論的に緊密に連関していることを考え合わせると、「旅行者」概念が消極的に評価されたり、場合によっては否定されたり無視されたりしていることの問題性がかえって浮き彫りになると思う。

したがって本論稿では、「身体」の問題に焦点を当てた和辻風土論で「旅行者の体験における弁証法」が語られることのトランスカルチュラリズム的な意義を考察してみたい。そこで考察は以下のように行われる。次節では、『風土』第一章を分析して和辻のいう「主体的肉体性」、すなわち、「主体的身体性」[12]に関わる諸論点を析出する。第三節では和辻哲郎のハイデガー解釈の現代的意義を中間考察的に示す。和辻のハイデガー批判は現代ドイツの「新現象学」による批判を先取りするものとして評価できるのではないかと思う。この問題については本論文では簡単に指摘するにとどめるが、しかしそもそも和辻の「風土論的身体論」の基本的視座はハイデガー批判やカント解釈の中で鍛え上げられてきた。その意味で和辻の「身体」をめぐる思索は戦間期の日本哲学のドイツ哲学受容、あるいは両哲学の交流のドキュメントとしても重要な意味を持とう。そして第四節および第五節で、『風土』が執筆された同時期の他の論文や「講演筆記」・「講演ノート」

などを参考にしながら和辻の身体論と、それにもとづく「旅行者」概念の問題を明らかにする。和辻風土論にあって「旅行者」はまさに「越境する身体」にほかならず、これこそ和辻のトランスカルチュラリズムを根底で支える基礎的コンセプトなのである。

二 『風土』の身体論

『風土』の「序言」でハイデガーの『存在と時間』に触発されて「人間存在の構造契機としての風土性を明らかにすること」が目的であることを指摘したあとに、和辻哲郎は第一章の「風土の基礎理論」で「風土性」を「主体的身体性」として捉え返す観点を提示する。ここではそれに関わる限りでの論点をまず確認しておきたい（『全集八』七―二三）。

（1）和辻はハイデガーの『存在と時間』を、「人の存在の構造を時間性として把握する試み」と高く評価しながらも、「空間性」が「根源的な存在構造」としては活かされていない点に問題があるとする。和辻によれば、ハイデガーは「人間存在の個人的・社会的なる二重構造」を正しく把握せずに「個人的構造」のみを主題化できたにすぎないので、「時間性」と「空間性」との相即的関係を見失ってしまった。

（2）和辻は「人間存在の社会的構造」を「間柄」によって基礎づけようとする。和辻はハイデガーに依拠しながら「志向性」、すなわち、「外に出る（ex-sistere）」ことを「われわれ」の根本規定と見なす。つまり、「『外に出る』という構造も、寒気というごとき「もの」の中に出るよりも先に、すでに他の我れの中に出るということにおいて存している」のであって、これが「間柄」そのものの基盤を形成する。したがって、われわれは根源的には「間柄」なのであり、その意味で社会的となる。しかし、人間存在の「社会的」構造を支えるのは「主体的」人間の「空間的」構造であり「主体的身体」であって、それにもとづくことなしには結局のところ「時間性」も「歴史性」になることはない。つまり、「間柄」(別言すれば、「人々の結合」であり「共同態としての社会」)の成立する根源的な場は「主体的」空間としての「主体的身体」なのである。

(3) 和辻によれば、「主体的身体性」こそ「風土性」であるのだから、この「主体的身体」は「風土」にほかならない。それゆえに、「風土」において「間柄」が根源的に成立することになる。「人間存在の風土的規定」と言うとき、基本的にはこの次元のことを示している。しかも、「風土」は「歴史」が形成される場でもあるので、本来的に「歴史的風土」であり、その意味で和辻の場合には「空間性」の優位が確認できよう。

(4) しかし、「主体的身体性」とは身体論的にはどのような特徴を持つのだろうか。アントロポロギーとのアナロジーから明らかなように、それは少なくとも「身体」がたんなる「物体」ではないという洞察にもとづくと同時に、「精神が自己を客体化する主体者である」こと、すなわち、「人間が風土において自己自身を見いだすこと」であり、したがって「外に出る」こととしての「超越」を含意する。それゆえに、「主体的身体」としての「風土」が根源的に「超越」の場となる。これを換言すれば、「人と人との間柄」そのものが成立してさらにそれが「未来に出て行く」と同時に「風土的に外に出る」といった「超越」が「風土」そのものにおいて可能となるわけである。そして、こうした「超越」が人間の存在構造にほかならず、そこで人間存在の存在論的把握は「風土性」を構造とする「超越」によって可能となる。

(5) そうであるからこそ、「風土の現象は我々がいかに外に出ている我々自身を見いだすかを示していた」と言われうるのである。つまり、「自己了解」とは「人間が風土において自己自身を見いだすこと」であり「風土的自己了解」なのであって、ここで「風土」の問題に「表現」のそれが連関することで「風土の現象」を解釈の対象とするといった解釈学的次元が切り開かれることになる。このとき、たとえば「愉快な気持ちである」とか「寂しい気持ちである」といった「このような気持、気分、機嫌などは［…］我々の存在の仕方である。しかもそれは我々自身が自由に選んだものではなく、「すでに定められた」有り方として我々に背負わされている」のである。「風土的自己了解」にあっては、こうした「風土的負荷」が「すでに」という「歴史的負荷」とともに中心を占める。したがって、「我々はただに過去を背負うのみならずまた風土をも背負うのである」。しかし、この場合にそれを補足して和辻は次のように述べる。

もとより我々の存在はただに負荷的性格を持つのみならずまた自由の性格を持つ。すでに有ることでありつつあらかじめ有ることであり、負荷されつつ自由である、というところに、我々の存在の歴史性が見られる。しかしその歴史性が風土性と相即せるものであり、従って負荷が過去を背負うに留まらずまた風土を背負うのであるならば、風土的規定は人間の自由なる発動にもまた一定の性格を与えるであろう。［…］さらに根本的に、人間が己を見いだすとき、すでに風土的規定の下に立っているとすれば、風土の型はやがて自己了解の型とならざるを得ないであろう（『全集八』二一―二二）。

ここでは差し当たって「風土的規定」が「すでに有ることでありつつあらかじめ有ること」という「あらかじめ」の未来と「すでに」の過去との緊張関係の中にあり、したがって「風土的規定」も「過去」が「未来」を方向づけることとの内部で可能となる、あるいはむしろ「風土的規定」とは「風土的過去」が「風土的未来」を性格づけることだとも言えよう。

いずれにしても和辻のハイデガー批判は、「人間存在の風土的規定」を主題化して「主体的身体性」としての「風土性」に収斂し、それゆえに和辻の風土論は「人間存在の歴史的・風土的構造一般」において「風土の身体性」と「身体の風土性」とが重なり合った特異な身体論としても展開されることになる。人間の存在構造はその「空間性」、すなわち、「身体性」に即して「超越」的構造を持つ。これを別言するならば、「身体性」によって、つまり、「風土的身体性」を通して「超越」が可能となり、「身体」が「超越」の場であり「身体」にもとづいてのみ「超越」が有意味に語られうるような、そうした存在構造を人間は持つわけである。したがって、「外に出る」とは何よりもまず「身体」という場において「外に出る」のであって「身体的に外に出る」ということが「外に出る」としての「超越」のプロトタイプとなろう。このとき、前述したように、「身体性」と「風土性」とが重なり合うので、「身体的に外に出る」は和辻自身の言い回しのように「風土的に外に出る」ことにほかならない。しかしここで注意すべきは、われわれは根源的に「間柄」であって第一義的に「他者の中に出る」と和辻が強調する場合に、それが「身体」という場において「身体」に即して、しかも「身体」そのものによって可能になるということである。和辻は「間柄」および「超越」の問題――これを一言で表現すれば、「相互主体性」の問題にほかならない――を根源的に「身体」の次元に定位し「身体」をそのダイナミズムにおいて捉えると同時に、「相互主体性」を「身体」のダイナミズムに即して捉え直そうとしたと言えよう。

三　中間考察――和辻のハイデガー解釈の現代的意義

和辻のハイデガー批判は前節の（1）で述べた通りであるが、和辻のこの批判はハイデガー解釈として重要である。繰り返すまでもなく、批判の論点は二つあり、一つはハイデガーにあっては個人としての「人」

が問題になっているだけで社会的存在としての「人間」が主題化されていないことであり、もう一つは「空間性」が人間の主体的存在構造の把握に活かされていないことである。この両者は基本的にはコインの裏表の関係に立つが、特に後者に関しては現代のハイデガー批判を先取りしているとも言える。和辻も「人間存在の風土的規定」に即して「気分」に言及し、それが「単に心的状態とのみ見られるべきものではなくして、我々の存在の仕方である」としているが、これに対応するハイデガーの議論は「情状性（Befindlichkeit）」のそれである。

気分は、そのつどすでに世界内存在を全体として開示してしまっており、何々へとおのれをむけることをまずもって可能ならしめる。気分的に規定されていることは、差しあたって心的なものに関係するのではなく、それ自身いかなる内面の状態でもないのであって、謎めいた仕方で内面の状態から次いで外へと達して、事物や人物を色づけるわけではない。このことのうちに情状性の第二の本質性格が示されている。情状性は、世界、共現存在、および実存の等根源的開示性の一つの実存論的な根本様式なのである。［…］情状性の二つの本質規定、つまり、被投性の開示と全世界内存在のそのときどきの開示とが究明されたのだが、これら二つの本質規定とならんで、第三のものが注意されるべきであって、この第三の本質規定は、なかんずく世界の世界性についていっそう徹底的な了解をうるのに寄与するものなのである。さきに、まえもってすでに開示されている世界は世界内部的なものを出会わせると、そう言われた。内存在に属するこうした先行的な世界の開示性は、情状性によって共に構成されている。出会わせると言っても、それは、第一次的には、配視的に出会わせるのであって、ただたんに感覚したり凝視したりすることなのではない。配視的に配慮的に気遣いつつ出会わせることは――そうわれわれは、いまや情状性のほうから、いっそう鋭く見てとることができるのだが――、急襲され当惑させられるという性格をもっている。道具的存在者が有用でないとか、抵抗するとか、脅かすということによる当惑が、存在論的に可能になるのも、内存在が、道具的存在者以上のような在り方において、世界内部的に出会われるものによって襲撃されることがあるというふうに、内存在そのものが実存論的に先行的に規定されているからでしかない。(13)

ハイデガーのこの分析は「知覚」と「実存経験」と「世界経験」とが相互貫入していることを明らかにしているが、和辻はこの箇所を要約しながら以下のようにハイデガー批判を展開してゆく。

［…］Stimmung は心的状態ではなく、従って外から来るとか内から出るとかといふものではなく、In-der-Welt-Sein のあり方としてそれ自身から湧き上がる。即ち In-der-Welt-Sein 自身の Lastcharakter を示すものである。ところで Stimmung 或いは Sich-befinden をかく重大なあり方とするならば、ここに Zeug ならざる Umweltnatur の関与を明らかに認めなくてはならなくなるのである。例えば「爽やかな朝の気分」といふ場合、それは In-der-Welt-Sein の一つの有り方であって、「空気の一定の状態」が外から影響して、内に一定の「心的状態」を引き起こしたと解せられるべきではない。そこには爽やかな空気と気持の爽やかさとが一つである。「空気の一定の湿度温度」として認識されるものは「爽やかさ」と何の関するところもないものであり、心的状態の「爽やかさ」はかかる空気の状態と全然異るものである。その間にいかに因果関係をつけ様としても具体的に直接な「爽やかな空気」には達しない。ここまでは Heidegger の説く通りである。がこの Gestimmtes Sich-befinden に於いては、明かに innerweltlich に出会ふものとしての「爽やかな空気」が Dasein を規定する。かくの如く Innerweltliches の側に Last を負はせる力があるといふ点は、どうしても認めなければなるまい。この点は Heidegger も幾分認めて

いる。［…］かくしてStimmungに関与し得る限りのあらゆるKlimatisch-LandschaftlichなZuhandenesは、aktivにDaseinのGestimmtseinに関与することになる。［…］DaseinのDaは、ortlichにもdaでなくてはならぬ」（『全集別一』三九三―三九四）。

すなわち、ハイデガーの分析では「空間性」に関して十分に考慮されていないことが指摘されるわけである。この論点は「新現象学」の推進者の一人であるベーメと共通する。ベーメは、「ハイデガーの分析が優れているにもかかわらず、われわれの目的にとって不十分なものにとどまっているとすれば、それは彼が現存在に関して身体性を顧慮して考察しなかっただけでなく、現存在の社会性を考察しなかったからでもある(14)」と批判しているが、和辻はまさにハイデガーに欠如していたこの「身体性」と「社会性」の問題をベーメに先立って鋭く取り出して人間存在の中心に置いた、あるいは少なくともその重要な手掛かりを与えたと言える。こうした批判的論点のプライオリティはむしろ和辻哲郎の方にこそある。その意味で和辻のハイデガー批判は現代の「新現象学」的問題意識を先取りしているとも評価できよう。この問題についてここでは簡単に指摘するだけにとどめたい。

四　和辻風土論の身体論的背景

ベルリン留学から帰国して以来、和辻の取り組んだ哲学的テーマの一つは身体論であると思う。それは『風土』で「風土もまた人間の肉体［すなわち、身体――引用者］でもあった」という仕方で明示され、しかもこの「風土的身体性」という身体論が和辻自身のトランスカルチュラリズム的構想に哲学的基礎を与えることになる。和辻の身体論をめぐる思索は『風土』以外の公刊された著書や論文でも確認できるので、ここでは第二節で析出された風土論の諸論点に即して講演筆記・講演ノートなども含めて検討してみたい。(15)

これまでに指摘した「外に出る」の身体論的意味をまず最初に念頭に置くと、和辻が『人格と人類性』において論じた「身体の問題」が興味深い。この箇所は『純粋理性批判』第一版の「パラロギスムス」を主題的に論じて、その基本的問題を「しかしそれならば一般に外的対象たる物体は超越論的人格性といかに関係するであろうか。内的対象たる客体我が時間を媒介して超越論的人格性と結合するに対して、外的対象は何ゆえに空間を媒介として同様に結合することができないのであろうか。かかる区別を作り出す内的外的の相違は、そもそも何を意味するのであろうか」（『全集九』三四二）と設定した上で主に「超越論的心理学の第四パラロギスムスの批判」（KrV, A367ff.）を取り上げて分析を試みているが、それは第一版でいわば「観念論論駁」として機能する議論にほかならない。(16)和辻は第一版の議論と第二版のそれとを明確に区別することなく、それゆえに前者が「観念論論駁」的議論として持つ限界と後者の「観念論論駁」がその限界を新たな論証戦略（すなわち、「超越論的論証」）によってどのように克服しようとしたのかを自覚しておらず、その点では問題は残されているものの、(17)しかし「観念論論駁」の議論の焦点が「身体」に収斂するとの洞察は現代カント研究においても高く評価されてよい（たとえば、ハイムゼートやハイデガー等の存在論的カント解釈からカウルバッハやカッサム等のカント解釈との比較・検討は哲学的に有効であろう）。風土論的考察にあたって和辻が「主体的身体性」として「風土性」を捉え直す場合に、カントのこの議論を検討することが参考になったことは想像に難くない。それはまず『思想』掲載の「風土」論文で「風土」概念に関連させせつつカントに言及してこう述べていることからも推測できる。

我々はすべていづれかの土地に住んでいる。従ってその土地の風土が、我々の欲すると否とに拘はらず、我々を「取り巻いて」いる。この事実は常識的には極めて確実である。そこで人はこの「風土」が「我々」に及ぼす影響を考へる。即ち我々を取り巻く「外界」と、それに対して或関係を持つ「我々」とを対立させて考へる。それと共に人は内と外との対立といふ困難な問題の中へ知らず知らずに釣り込まれている。外界といふ如きものが果して確実に存在するか、この問に対して哲学が容易に答え得なかったことは、カントがそれを Skandal der Philosophie と呼んだことと共に、周ねく人の知るところである（「全集別二」三九五）。

この「風土」論文の冒頭箇所からも、和辻が「風土」概念を洗練してゆく途上で「観念論論駁」の問題を強く意識していたことは明らかであろう。たしかに和辻はこれに続けて、「が我々は今その問題に入り込もうとするのではない」と直ちに留保をつけ、「我々が寒さを感ずる」という「志向的関係」の分析へと考察を転換するとはいえ、しかし「「国民性の考察」ノート」の中でハイデガーの『存在と時間』を検討しながら、「[…] 一般に「das umsichtig besorgende Begegnenlassen」が Zuhandens の側から交渉して行くといふ意味で「交渉されるといふ性格」(der Charakter des Betroffenwerdens) を持つのでなくてはならぬ (vgl. S. 137)。ここで、Lastcharakter は、ただ「過去を背負ふ」といふ意味に留まらず、（即ち Schon-Sein としてに留まらず）「Umweltnatur を背負ふ」といふ意味をも持たねばならなくなる。Dasein の Da は、ortlich にも da でなくてはならぬ。かく考へる事によって、Dasein の ursprünglich な Existenzialen としての Klimatisch-landschaftliche Befindllichkeit が明らかにされ、そこから種々な Befindlichkeit の Typen、従って Dasein の Typen への通路が開かれうるだろうと思ふ」（「全集別二」三九四）と述べているところからもわかるように、和辻固有の「風土」概念を紡ぎ出そうとする分析で「Lastcharakter は、ただ「過去を背負ふ」といふ意味に留まらず、（即ち Schon-Sein としてに留まらず）「Umweltnatur を背負ふ」といふ意味をも持たねばならなくなる。

Daseinの Daは、ortlichにもdaでなくてはならぬ」という指摘が決定的な意味を担い、ここで和辻自身もハイデガーから批判的な距離を取ることができたとするならば、「ortlichなda」の問題に即して「外界という如きものが果して確実に存在するか」といった「観念論論駁」の問題が和辻の考察の射程内に入ってくるのも当然だと言えよう。

このように和辻がその「風土」構想を立ち上げるにあたって『存在と時間』の批判的読解およびカントの「観念論論駁」から重大なヒントを得たのは確実である。それでは、後者の「観念論論駁」から和辻はいかなる論理を読み取ろうとするのであろうか。これがここでの課題となる。

和辻によれば、「[…]直観形式としての空間は、超越論的人格性が「外」に出る仕方であるということもできるであろう」。そして、「そこでもし「外に出る」ことを超越と名づけるならば、空間はまさしく超越の場面になる。それは超越論的人格性が己れを外的に現象する形式であるが、まさにその意味において外的対象を外的対象として成立せしめる場面にほかならぬ」とした上で、それにもとづいて「空間」によって「超越論的人格性」は「物体」となることが確認される。しかし、ここで直ちに和辻は第二版の議論に着目し（ここにカント解釈としては重大な問題があることはあらためて指摘するまでもない）、「心身結合の現象」が最も特異なものであり、それは「すでに結合して表象せられている」という意味で「時空間における表象」、これを別言すれば、「時間における自覚」が空間の表象と必然に結合せる特殊の場合」だというように問題を限定して、それを「身体」として読み解く。すなわち、「人格の中身となる物体はただ身体のみである」というわけである（『全集別一』三四二—三五〇）。和辻のこの「観念論論駁」解釈は第一版と第二版とを原理的に区別していない点ですでに指摘した通り問題はあるにしても、第二版の解釈として限定すれば注目されてよい。「観念論論駁」解釈をめぐる分析は別稿に譲るとして、この場合には少なくとも「外に出る」という「超越」が「身体」において、しかもまた「身体」そのものを介してのみ可能であるという構造と論理をカントに即して理論的に押さえようとした点は風土論を理解する上で見逃されてはなるまい。つまり、『風土』の「精神が自己を客体化する主体者である」という主張のプロトタイプは『純粋理性批判』解釈（もちろん、この場合にそれはハイデガー的問題意識から読み取られたカント解釈ということにもなる）の中に見出されるのではなかろうか。この主張は『風土』では「人間存在の風土的自己了解」を導き出してゆく決定的な議論にほかならないので、なおさら注目してよいのではないかと思う。

さらにまた、この「外に出る」という「超越」が根源的には「間柄」の成立に関わるという論点については、これも少し時期的に遅れるが『倫理学』の記述も参考になる。

［…］我れが実践の主体として汝に対する時には、汝もまた同じく実践の主体として我れに対する。汝の肉体はそのあらゆる部分において汝の人格を示し、従ってそのあらゆる動きにおいて我れの人格としての反応を引き出す。［…］かくのごとく主体的連関をなすものとして汝は我れの外にあり我れに対立し得るのである。このような空間性は自然の世界の空間とは同じではない。すなわち直観の形式というごときものではなくして多化せる主体の連関する仕方であり、一様の広がりというごときものではなくして遠近広狭の相転換する弁証法的な広がりである。一言にして言えば主体的なる人間の「間柄」そのものである。人間存在を単に人の存在と見ずして人の間であることを力説したときに、われわれはすでにこの主体的空間性を見ていたのである。すべての人間の行為的連関を示す言葉、たとえば「交わり」「交際」「交通」「通信」等々は、ただこの主体的空間性においてのみ理解せられるであろう。［…］我々は右のごとき主体的空間性が人間の本質的規定であると考える。それなくしては人格の間の体系的連関などというものもあり得ないのである（『全集一〇』一六四）。

空間の主体化はまさに近代哲学の主要な潮流であったと言ってよい。ただその主体が自然を観照する主観であり、あるいは個人としての人であったがゆえに、主体化された空間が十分なる意味において主体の空間性となり得なかったまでなのである。今やその主体が「人間」として、すなわち、個人的・社会的なる二重性格を持つものとして、規定せられた。かかる主体の空間性は、人間の主体的な間柄であるほかはない（『全集一〇』一八五）。

ここでいう「主体的空間性」とは『風土』での「主体的身体性」のことであり、すなわち「風土性」にほかならない。したがって、「主体的空間性」が「間柄」そのものであるということは、熊野純彦が指摘するように、[18]「間柄」は「身体性」の次元で成立するとともに、「身体性」は「相互身体性」にほかならないことになる。そうすると、「身体性」の次元に下りてはじめて「相互身体性」という仕方で「われわれ」が確立されるとまさに同時に、「世界」も「われわれの世界」として成立する。つまり、和辻にあって「世界」は客観的に存在するのではなく、第一義的にまず「われわれの世界」として存在するのであって、その意味で「世界」は本来的に「人称的」世界であり、それを支えているのが「主体的身体性」であり「風土性」なのである。しかも、「人間」の行為連関を示す「交通」は「相互身体性」にもとづいてのみ可能であるわけだから、「主体的空間性」も根源的にその動態的なあり方において把握されなければならず、それゆえにそうした「主体的空間性」に支えられた「世界」もそのダイナミズム（動態性）に即して理解される必要がある。このとき、「世界」にとって「交通」はそのダイナミズムを示す具体的現象であり根源的現象でもあることになろう。しかしながら、それは和辻の風土論的問題構制にとって根本的にどのような意味を持つのであろうか。「風土」は「世界」のこうしたダイナミズムを引き受けなければならない。最後にこの問題を考察してみたい。

五　「越境する身体」としての「旅行者」

和辻が『倫理学』において「主体的空間性」を論じる際にその具体的現象として念頭に置かれていたのが「交わり」・「交際」・「交通」にほかならない。たとえば、「交通」に関してこう敷衍している。

　交通や通信は確かに空間的連絡であるが、しかしこの現象において重要なのは、それらが主体の行動としての連絡を表現していることである（「全集一〇」一八九）。

　そこでまず交通の現象を捕える。交通の最も原始的な形態は歩行である。人はその働き場所へ出勤するために、あるいは友人を訪ねるために、道を歩いて行く。だから交通の現象はまず第一に人間存在のひろがりを表現するものとして取り扱われたのである。ところでこの現象が右のごとく根源的な空間性を示しているのは、道が空間的にひろがっているからではなくして、人間存在が、特に人間の交わりが、道を歩くというごとき主体の行動において成り立っているがゆえであった（「全集一〇」一九〇）。

無論ここでの議論は「すでに」と「あらかじめ」との緊張関係から人間存在の時間性を導きだしてくるものであるが、しかし「交通」という現象が「主体的空間性」を示しているのは「人間存在」が「歩行」という主体の行動において成立している、これを別言すれならば、「間柄」は「歩行」という主体の「身体的」行動において具体的に成立していると言えよう。つまり、和辻によれば、「「外に出る」という構造も、寒気というごとき「もの」の中に出るよりも先に、すでに他の我れの中に出るということにおいて存している」のであって、これが「間柄」にほかならないのであるから、「歩行」という主体の身体的行動によってわれわれは「外に出る」、すなわち、身体的行動を通してのみ「他の我れの中に出る」ことが可能になるわけである。和辻のいう「間柄」は根本的に人と人との間の行為的・動態的なあり方を言い表しており、それゆえにこのダイナミズムにおいて根源的に把握されなければならない。そうしてみると、和辻が『風土』で「人間存在の風土的規定」と言い、人間を「主体的身体性」としての「風土性」に即して捉え直そうとするとき、「間柄」は「相互身体性」の次元ではじめて成立することが明らかになったが、その「相互身体性」とは静態的な関係を言い表していたのではなく、かえって「主体の身体的行動」という行為的で動態的なあり方を含意していたのではなかろうか。「交通」や「交わり」は「相互身体性」の具体的現象であり、したがって「主体的身体性」とはいわば「越境する身体」のダイナミズムのことにほかならない。この「越境する身体」にもとづいてのみ「間柄」は成立するわけである。それが『風土』では文化と文化の間を移動する「旅行者」という概念に集約される、あるいは別様に表現するならば、自文化と他文化との関係の中で「旅行者」のそれに収斂することになる。すなわち、『倫理学』における「歩行者」は『風土』の「旅行者」にほかならず、両概念は「越境する身体」として同じ意味を持つのである。

『風土』における「旅行者」の担う意味についてはこれまでほとんど注目されていなかったと言ってよいだろう。[19] しかしながら、それはこれまでに明らかにしてきたように見かけ以上に決定的な仕方で存在論的に重要なのである。なるほど「風土の基礎理論」を展開した『風土』の第一章では「旅行者」に関する言及はない。それに対してしかし、第二章以下では次のように重要な役割を担う。

しからば吾人はいかにしてその具体的なる沙漠に接近し得るのであろうか。沙漠的人間にとってはそれはただ自己解釈の問題であるとも言えよう。しかし人間は必ずしも自己を自己において最も良く理解し得るものではない。人間の自覚は通例他を通ることによって実現される。しからば沙漠的人間の自己理解は霖雨の中に身を置くことによって最も鋭くされるであろう。このことは沙漠的ならざる人間が旅行者として具体的沙漠に接近し得ることを立証するものである（『全集八』四五）。

我々の国土から出発して太陽と同じに東から西へと地球を回って行くと、まず初めにモンスーン地域の烈しい「湿潤」を体験し、次いで沙漠地域の徹底的な湿潤の否定すなわち「乾燥」を体験する。しかるにヨーロッパに至ればもはや湿潤でもなければ乾燥でもない。否、湿潤であるとともに乾燥なのである。［…］体験的に言えばそれは湿潤と乾燥との総合である。このような湿度の弁証法はもちろん歴史的発展の弁証法ではない。それはまず第一に旅行者の体験における弁証法である（『全集八』六四―六五）。

つまり、「旅行者」として他文化を体験することは何よりも自文化を自覚することでもある。むしろ自文化を理解するためには「旅行者」として他文化を体験することが方法論的にも存在論的にも必要不可欠だと言うべきであろう。「方法論的」に必要であることに関しては、和辻が『人格と人類性』で「［…］時間は超越論的人格性が客体において己れを意識する道であり、空間は同様に他者を意識する道であるとも言えよう」（『全集九』三四七）と述べていた内容がヒントを与えてくれる。すなわち、そもそも「空間」を通してのみ「他者」を意識することができるのであれば、またそうしなければ本来的に「自己理解」が成立しないならば、「空間性」において何よりもまず「他者性」が確保されることになるが、この場合の「空間性」とは言うまでもなく「主体的空間性」であり、それはまた「主体的身体性」のことであって「風土性」にほかならない。そうしてみると、「自己了解」とは第一義的に「風土的」自己了解でなければならず、しかも「風土性」はいま述べた通り「主体的身体性」のことであり、それを敷衍するならば、「相互身体性」の次元で動態的に成立する「間柄」であり「越境する身体」なのである。したがって、「風土的自己了解」では「旅行者」として「外に出る」ことが方法論的に不可欠となる（和辻風土論は認識論的存在論でもあるので、このことは「存在論的」にも必要である）。その意味で、ヨーロッパ留学直後に執筆されたのが「日本の珍しさ」や「支那人の特性」であって、前者の冒頭で「ヨーロッパを初めて見学して何か「珍しい」という印象を受けたかと聞かれると、自分は明白に「否」と答えるほかない。そこには深い感動を与えるいろいろなものがあったが、しかし「珍しい」という点では、途中で見たアラビアやエジプトの沙漠の足下にも及ぶものがなかった。ところで旅行をおえて、日本へ帰って来て見ると、この「日本」というものがアラビアの沙漠にも劣らないほど珍しい、全く世界的に珍しいものであることを、痛切に感ぜざるを得なかったのである」（『全集八』一五六）と、まさに「旅行者の体験における弁証法」を語っているのは決して偶然ではない。[20]「旅行者」として「ヨーロッパ」を体験することによって自文化の自己理解が深まった、これをもう少し精確に表現すると、「日本文化」の「風土的自己了解」がはじめて真に形成されたということなのである。

以上のように、「旅行者」であることが「風土的自己了解」にとって方法論的にも存在論的にも必要不可欠であるとすれば、たとえば、「［…］ヨーロッパの旅がもたらした最大の収穫としては、これらの著作よりもむしろ『風土』（一九三五年）をあげるべきであろう。この書は、日本からヨーロッパに至る船旅の途上で体験したユーラシア大陸各地の風土に対する印象をもとにして、各地域の文化特性を比較考察したものである[21]」として、「新しい文明観は、人類の諸文化を空間的並在の関係においてとらえる視座に立たなくてはならないであろう。和辻が風土論において目指した基本的問題意識はそういうところにあったと解釈される[22]」というように、『風土』をトランスカルチュラリズムに近似的なコンテクストの中に位置づけて解釈しようとする湯浅泰雄の和辻解釈も、まさにその観点を理論的に支えて哲学的に基礎づける「越境する身体」としての「旅行者」に対する洞察を欠いていたがゆえに、「「日本」に関する説明はヨーロッパ旅行とは無関係である[…][23]」といった誤った分析に陥ってしまったと言えよう。湯浅の理解は和辻風土論を「比較文化論」の先駆的業績として位置づけようとする比較的穏当なところに落ち着いてしまった感もあるが、しかし「青年時代以来の和辻の関心の一つは、国際的な文化交流の場において、日本文化がどのような位置を占め、またどのような特性をもっているのかという問題を明らかにすることであった[24]」という指摘は重要な意味を持つ。すなわち、「国際的文化交流」の視点である。この場合もちろん、それは湯浅のいう通俗的な「国際的文化交流」ではなく、文化に本来的に内在するグローバルな次元でのダイナミズムのことにほかならない。和辻哲郎自身はむしろそれを支えて基礎づける概念装置を『風土』で準備して、湯浅が理解する通俗的な「国際的文化交流」をはるかに凌駕した文化のグローバルなダイナミズムを「風土論的身体論」にもとづいてより行為的で動態的に展開しようと試みていたのであり、この点は決して和辻風土論で見落とされてはならないであろう。

六　おわりに――残された課題

和辻風土論を解釈するにあたって、こうした「越境する身体」としての「旅行者」という新たな視座が理論的に要請されるとしても、本論稿の冒頭で紹介したベルクの和辻批判はその観点からどのように論じられうるのであろうか。つまり、和辻はベルクの指摘した錯誤を日本以外に関して犯しているのであろうか。ベルクの批判はこうであった。

和辻はさまざまな実例を検討しながら、自分の経験、すなわち、日本からヨーロッパを訪れた旅行者の印象やヨーロッパ滞在中の印象と、その地域の住民の経験を区別しなかったようである。

すなわち、「旅行者」という概念を和辻独自の方法概念として強調するならば、ここでベルクが問題提起しているのは「旅行者」と「定住者」との解釈学的関係にほかならない。解釈学的なテクスト理論を援用すれば、「旅行者」の方が「定住者」の所属している文化についてより的確に把握できるということは十分にありうる。それゆえに和辻が、「旅行者はその生活のある短い時期を沙漠的に生きる。彼は決して沙漠的人間となるのではない。沙漠における彼の歴史は沙漠的ならざる人間の歴史である。が、まさにそのゆえに彼は沙漠の何であるかを、すなわち沙漠の本質を理解するのである」(『全集八』四六)と力説したくなるのも十分に理解できるし、テクスト理論的にも正当化できる。したがって、「まさにそのゆえに彼［すなわち、旅行者――引用者］は沙漠の何であるかを、すなわち沙漠の本質を理解するのである」と断定したのは奇妙に響くかもしれず、一見すると独断的――ベルクの表現を借りれば、「主観的」――にすぎると評価したくなるかもしれないが、すでに明らかなように決してそうではない。ベルクの和辻批判は当たらない。むしろ問題はそこにあるのではない。問題は和辻が理論的に強調した「旅行者の体験における弁証法」の重要な側面を和辻自身が看過している点に指摘できる。つまり、「［…］人間は必ずしも自己を自己において最も良く理解し得るものではない。人間の自覚は通例他を通ることによって実現される」と述べたのは和辻自身ではなかったのか。「沙漠」の「定住者」がそこで生活をしてそれに馴染んでいたというだけで「沙漠の本質」を最も良く理解できるわけではないのと同様に、「旅行者」が「沙漠」の「他者」であるという理由だけでそれを最も良く理解しうるわけでもない。自己理解と他者理解とはつねに相互に媒介されなければならない。したがって、「定住者」が同時に「旅行者」となり、その「旅行者の体験における弁証法」を通して自己理解を深化させうる場合にのみ自文化に関する最も深い理解も得られることになろう。そうだとすると、ベルクの場合はかえって「旅行者」の問題を過小評価していることにもなる。いずれにせよ、「旅行者」と「定住者」の問題を和辻風土論に即してより明確に解明することが必要であるが、これは今後の課題とする。また、課題ということで言えば、和辻のカント解釈やハイデガー批判をさらにテクストに即してこれからさらに精査することを約して本論稿を終えたい。

注

（1）田中久文「和辻哲郎における「国民道徳論」構想」、佐藤康邦・清水正之・田中久文編『甦る和辻哲郎』（ナカニシヤ出版、一九九九年）六九頁を参照のこと。

（2）田中久文、前掲論文、五九頁を参照のこと。

（3）Vgl. Yasushi Kato, "'Öffentlichkeit' in der japanischen Kultur und Gesellschaft?", in: Andreas Brandt et al (Hg.), *Vernunft und Leidenschaft. Nicht-reine synthetische Urteile a piriori über Konrad Cramer*, Göttingen, 2002, S.68ff.

（4）梅棹忠夫『文明の生態史観』（中央公論社、一九六七年）二一六頁。

（5）このことについては、津田雅夫「地域の風土論的考察」、名古屋哲学研究会編『哲学と現代』第二一号、四頁以下を参照のこと。

（6）このことについては、Augustin Berque, *Ecoumène*, Paris, 1987, S.200f.（オギュスタン・ベルク『風土学序説』筑摩書房、二〇〇二年、二一八頁以下）を参照のこと。

（7）Berque, a.a.O., S. 202f. [二二一頁]。

（8）このことについては、Berque, a.a.O., S. 204f. [二二三頁以下] を参照のこと。

（9）このことについては、熊野純彦「人のあいだ、時のあいだ」、『甦る和辻哲郎』三三頁以下を参照のこと。

（10）このことについては、亀山純生『環境倫理と風土』（大月書店、二〇〇五年）一三四頁以下を参照のこと。

(11) 桑子敏雄『風景のなかの環境哲学』(東京大学出版会、二〇〇六年) 五八頁。

(12) 和辻自身は「主体的肉体性」という表現を使用しているが、本論稿では引用文中以外では「主体的身体性」という言い回しを使用する。したがって、引用文中以外では「肉体」も「身体」に変更する。

(13) Martin Heidegger, *Sein und Zeit*, Tübingen, 1927 (15.Auflage [1979]), S. 137. (原佑・渡邊二郎訳『存在と時間Ⅱ』中央公論新社、二〇〇三年、一八頁以下)。

(14) Gernot Böhme, *Aisthetik*, München, 2001, S. 81. (ゲルノート・ベーメ『感覚学としての美学』勁草書房、二〇〇五年、一〇五頁)。

(15) (1) については前節で簡単に取り上げたが、「『国民性の考察』ノート」の分析がさらに必要となろう。

(16) このことについては、加藤泰史「表象・外部・他者――『純粋理性批判』における他者の問題」、渡邊二郎監修『西洋哲学史の再構築に向けて』(昭和堂、二〇〇〇年) 三四七頁以下を参照のこと。

(17) このことについては、加藤泰史、前掲論文、三五二頁以下を参照のこと。

(18) このことについては、熊野純彦、前掲論文、三七頁以下を参照のこと。

(19) 例外は、田中久文、前掲論文、六八頁と津田雅夫『和辻哲郎研究』(青木書店、二〇〇一年) 六〇頁以下くらいではないかと思う。

(20) このことについては、津田雅夫、前掲書、六三頁も参照のこと。

(21) 湯浅泰雄『和辻哲郎』(筑摩書房、一九九五年) 一三七頁。

(22) 湯浅泰雄、前掲書、一五一頁。

(23) 湯浅泰雄、前掲書、一四五頁。

(24) 湯浅泰雄、前掲書、一六二頁。

(*) 和辻哲郎からの引用は、岩波書店版『和辻哲郎全集』(全二五巻・別巻二巻) にもとづき、「全集」と略記して、巻数および頁数を漢数字で本文中に表記した。なお、引用文中には「シナ」や「支那人」など現在では侮蔑的とされる言い回しもあるが、原文を尊重してそのままとした。

第13章　戸坂潤における実践的唯物論構想[1]
――モラルと文学の関係をめぐって

平子友長

一　道徳論の射程――二つの道徳概念

戸坂の哲学が常に日常性と常識の地平で展開されることに留意すれば、戸坂にとって「歴史的運動」ないし「歴史的運動の車輪を回転せしめる」とは、人々の常識の変化を引き起こすことを意味する。常識の変更を引き起こす力量を持つものは、それ自身一つの常識でなければならない。常識と同じ地平で、自身も一つの常識として常識の変更をもたらすことのできる営みを、戸坂はモラルと呼んだ[2]。モラルを探求する営みが文学である。「道徳（モラル）－文学－風俗」という系列、ここに戸坂の哲学の独創性を理解するためのテーマ群が横たわっている。

文学がモラルを追求するものだという事実は、文学が常に常識に対する反逆を企てるものだという処に、一等よく見て取れるだろう。[…]道徳を納得的に否定し得るものは、一種の道徳の他にはあり得ない。[…]社会科学的な道徳観念も亦、道徳を解体し道徳を道徳の否定にまで導く過程に生じる処の、道徳観念であった。だが夫は道徳を本当に科学的に終焉せしめて了うものだ。之に反して道徳の文学的観念は、道徳を道徳として、モラルとして、云わば止揚し且高揚する処の観念に他ならない。（戸坂 四、二五六―二五七頁）

戸坂は、「一種の道徳」として、通俗道徳（＝社会的多数者の平均値的常識）に対して「反逆を企て」るものを「モラル」と呼んだ。この「モラル」は、常識論における「ノルムとしての常識水準」に対応する概念であるが、後者が、ジャーナリズムという公共的空間における批判・批評として機能するものであるのに対し、「モラル」はさしあたり「一身上の自分」に向かって発せられる批判であるという基本的違いがある。更に、社会科学的な道徳観念は、結局は、道徳を否定して、それを科学に解消してしまうのに対して、道徳の文学的観念こそ、通俗道徳を「止揚し且高揚」させて、これをモラルとして陶冶することを可能にする。こうして戸坂は、社会科学と異なる文学の意味づけを道徳・モラル論として基礎付ける課題に直面した。このために戸坂が導入した新しい対概念が「自分」と「個人」であった。社会の担い手は「個人」であり、道徳の担い手は「自分」である。「社会‐個人」の系列を対象とする認識は社会科学であるが、それは「そのままの資格に於いて」は「道徳‐自分」の系列を適切に問題化することができない。「道徳‐自分」系列を適切に扱うことのできる知的営為が文学である。ここに二つの系列に由来する「二つの秩序界」が並び立つ。

さて私はここに二つの秩序界を並べねばならぬ事情に立ち至った。一つは存在・物・物質の秩序界だ、もう一つは自分・意識・意味の秩序界だ。前者は存在し後者は存在しない。そして後者は前者の存在に随伴するのである。――「個人」と「自分」とを隔てたあのギャップは、実はこの二つの秩序界の間に横たわるギャップであった。（戸坂 四、二六四―二六五頁）

二つの秩序界は、「存在・物・物質」の秩序界、「自分・意識・意味」の秩序界と規定され、さらに前者は「存在」の秩序界、後者は「非存在」の秩序界と規定される。ここで重要なことは、「存在・物・物質」と「自分・意識・意味」との関係は、因果関係でも規定・非規定の関係でもなく、「随伴」の関係であると言われている点である。(3)

外界の物質と頭細胞物質との物質相互の物的関係が存在していて、その存在に沿って随伴して起こる或る関係が、意識による反映・模写ということであり、つまりそういう作用としての意識なのである。[…]之は一応不離な関係だが併し直接には因果関係ではない。反映・模写という言葉は、こうした非因果的な直接的関係を云い表わす範疇なのである。だから実は意識があって存在を反映するのではない（意識は元来なかった）、却って反映という存在の随伴現象が意識と云うことだ。夫が「自分」ということなのだ。[…]処が一般に存在に随伴する関係は、意味と呼ばれる。意味は厳密に云うと存在の因果所産でも何もなくて、存在が有つ処の一つの関係のことだ。[…]自分乃至意識は意味にぞくするものだということになるだろう。（戸坂 四、二六三―二六四頁）

「意識があって存在を反映するのではない（意識は元来なかった）」という命題は、意識を存在と相関する存在者としてアプリオリに存在化することへの批判である。意識の存在性格は、存在に対して非存在であるものが、「存在が何物かを随伴する」という「在り方」をすることによって「意味」として独特の「存在」性格を獲得することにある。

二つの秩序界の末端に、「個人」と「自分」が並び立つ。「個人」は「存在」の次元に、「自分」は「意味」の次元に対応する。前者を対象とする知的営みが社会科学であるとすれば、後者を対象とするそれが文学である。社会科学的認識の系列が「個人－真理－科学」であるとすれば、文学の系列は「自分－モラル－文学」である。[4] そして戸坂の哲学の究極の実践的課題は、学問的真理を諸個人の「一身上の問題」としての「モラル」の次元にまで媒介させることであった。問題は、この媒介の具体的内実である。この媒介に関する戸坂の説明は、一九三六年に刊行された『道徳の観念』第四章「道徳に関する文学的観念」のうちに見いだされるが、それは極めて難解であるとともに、叙述それ自体が試論的性格を免れないものであった。戸坂にもう少し理論化のための時間が与えられていたならば、おそらく戸坂はこの問題についてより完成された論理を作り上げることができたであろうが、一九三〇年代後半の日本の言論状況は戸坂にこのための時間を与えなかった。しかし戸坂が、道徳論を切り口として、イデオロギー論とは異なる新しい哲学的世界を切り開こうと意図していた事は明らかである。戸坂の哲学の未完の可能性の方向性を見極めるためにも、『道徳の観念』第四章における戸坂の議論の展開を注意深くたどる必要がある。

> 社会科学によるイデオロギーとしての道徳の観念は、丁度そういう「常識的な道徳観念の」克服の過渡期にぞくする処のものだ。夫は一方に於いてこの常識的な道徳観念を想定し借用する［…］と共に之を批判し克服することによって、そういう通俗常識的道徳観念をば消滅させる処の、理論にぞくする。そこで所謂道徳なるものは終焉するのだ。――で社会科学的道徳観念（「イデオロギーとしての道徳」

の観念）は、それ自身が初め肯定したものを終局に於いて否定するという、ディアレクティックな特色を、特別に著しく帯びている。（戸坂 四、二四八頁）

かくて社会科学的観念によれば、道徳なるものは［…］遂に批判克服されて無に帰する。（ブルジョア）常識的観念乃至（ブルジョア）倫理学的観念としての道徳は、科学的でなかった。「道徳」は消滅する。「道徳」は終焉する。（戸坂 四、二五四頁）

戸坂は、通俗的道徳・倫理学を「イデオロギー」として把握する社会科学的道徳観念を通過することによって、「道徳」それ自体をいったん無化し「終焉」させる。この道徳的更地の世界に、戸坂は、「存在・物・物質」の社会科学的秩序界と「自分・意識・意味」の文学的秩序界とを分節化させ、その上で両者の媒介を問うのである。

この二つの体系を総合することは、［…］存在の体系に意味の世界を付加することによって、存在の体系をば意味の体系を含んだ体系にまで、拡張的に組織し直さねばならぬということだ。個人から自分なるものへの橋渡しをするためには、そういう論理的工作が要るのである。――モラルとはこの論理的工作の内に、必然的に出て来るものだ。（戸坂 四、二六四頁）

戸坂によれば、この個人から自分への「橋渡し」をする「論理的工作」の機能を果たすものが「空想力（想像力・構想力）とか象徴力とか誇張力とかアクセント機能」（戸坂 四、二六三頁）であった。

こうして大体象徴的な性質を有たされた限りの科学的概念は、［…］文学的表象・文学的影像である。［…］この文学的表象が保つ象徴や空想や誇張その他の、この非存在的な機能が、自分というものを個人から区別する例のギャップを埋めるものに他ならぬ。個人とは社会科学的概念だ。之は史的唯物論によって片づく。之に反して「自分」とは、文学的表象だ。之は一切の文学的又実に道徳的なニュアンスとフレクシビリティーとを有っているだろう。個人に関する体系は立派に社会科学という科学になる。だが自分に就いての体系は、文学にはなっても科学的――実証的・技術的――理論とはならぬ。（戸坂四、二六五頁）

戸坂の道徳論の難解さは、イデオロギー論の枠組みが想定する社会的諸関係によって規定された個人とは異なる「自分一身」をイデオロギーとしてのモラルとは異なるモラルの主体として定立し、しかもこの「自分一身」によって担われるモラルが「私事」ではなく「社会的モラル」であると主張する点にある。その場合、「社会的モラル」それ自体が、社会科学的方法によって一つのイデオロギーとして同定することのできるモラルとそれによっては把握することができないモラル（一身上の問題としてのモラル）とに二重化する。

モラルとは自分一身上の問題であった。［…］モラルは常に社会的モラルだ。社会機構の内に生活する一人の個人が［…］正に『自分』だということによって、この社会の問題は［…］彼の一身上の問題となる。一身上の問題と云っても決して所謂私事などではない。私事とは社会との関係を無視してもよい処のもののことだ。処が一身上の問題は却って正に社会関係の個人への集堆の強調であり拡大であった。［…］科学的概念が文学的表象にまで拡大飛躍することは、［…］この概念が一身化され自分というものの身につき、感能化され感覚化されることだ。今や、自分＝モラル＝文学は一続きの観念なのである。社会の問題が身に付いた形で提出され、自分一身上の独特な形態として解決されねばならぬということが、文学的モラルを社会科学的理論から区別する処のものだ。(戸坂　四、二六五―二六六頁)

イデオロギーとしてのモラルが「一身化され自分というものの身につき、感能化され感覚化される」ことによって一身上の問題としてのモラルが成立する。このモラルは、社会科学的概念によってイデオロギーとして把握されたモラルを、他ならぬ自分一身のモラルとして身体化(感能化、感覚化)させた(身につけた)モラルと言うことができる。しかしこの身体化のためには、社会科学から文学への飛躍が必要であると、戸坂は言う。

真に文学的なモラルは、科学的概念による認識から、特に社会科学的認識から、まず第一に出発しなければならない。この認識を自分の一身上の問題にまで飛躍させ得たならば、その時はモラルが見出された時だ。[…]そしてその方法は社会科学的認識の淵をばモラルにまで飛躍するという機構であり手続きであるのだ。(戸坂　四、二六六―二六七頁)

道徳の観念も単に社会科学だけでは片づかないものがあるということになって来る。なぜなら社会科学では個人というものや個人の個性を論じることはカテゴリー上常に可能だが、併しそのままでは、銘々の自分の我性に基づく活動を論じるのに足りない点がある。この我性という銘々の自分の一身上の課題を解き得るような立場に立つことによって初めて、道徳の最後の科学的・哲学的・観念が得られると思うが、処がこうした立場は恰も文学する立場なのだから、私は之を文学的な道徳観念と呼ぶことにした。(戸坂　四、二八〇頁)

注目すべき事は、イデオロギー論における道徳概念から「自分一身上」の文学的モラルへと「飛躍」させる際に、「無」概念が決定的役割を果たしていることである。戸坂が、西田哲学をただ批判するだけでなく、そこから生産的な思想契機をくみ取ろうとする接点がここに見いだされる。

自分というものは、［…］ふつうの意味では存在しない、従って普通の意味では無だ（無であるとはいえない。ただ無だ）。（戸坂　四、二六三頁）

モラル乃至道徳は、「自分」が無かったように、無だ。それは領域的には無だ。それは恰も鏡が凡ての物体を自分の上にあらしめるように、みずからは無で而も一切をその内に成り立たせる。（戸坂　四、二六八頁）

二　一九三〇年代半ばの文学とモラルをめぐる日本の思想状況

戸坂は、『無の論理』は論理であるか」（『日本イデオロギー論』）において、西田哲学を次のように批判した。

一般に無の論理は、事物そのものを処理する代わりに、事物の持つ意味を処理するのである。［…］無の論理は事物の「論理的意味」だけを問題とするのである。［…］こうした意味解釈のためだけの論理としてならば、なる程無の論理程徹底した方法はないだろう。［…］無の論理は論理ではない、なぜなら、それは存在そのものを考えることは出来ないのであって、ただ存在の「論理的意義」だけをしか考え得ないのだから。(5)（戸坂 二、三四七頁）

この批判が西田哲学への批判としてどれだけ妥当しているかという判断は今は留保しておく。しかし戸坂が自己の文学的モラル論を展開するために、「存在・物・物質」の「存在の体系」と「自分・意識・意味」の「意味の体系」という「二つの体系」を構想し、前者から後者への展開においては「想像力」による「飛躍」が必要であると主張した時点で、上記の西田哲学への批判には重要な変更が加えられたと、筆者は考える。それは、自分一身上のモラルの存在意義を展開するために、戸坂自身にとっても、「意味」と「無」の論理を展開する課題が提起されたからである。『日本イデオロギー論』の刊行が一九三五年七月、『道徳の観念』の刊行は一九三六年五月である。両者の刊行時期の差は一年にも満たない。しかし筆者は、『道徳の観念』における「道徳に関する文学的観念」の提起によって、戸坂の理論は新しい局面を迎えたと考える。

戸坂の思想的展開と重なる時期に、小林秀雄は「私小説論」（一九三五年五―八月）の末尾部分で次のように述べた。

マルクス主義の思想が作家各自の技法に解消し難い絶対性を帯びていた事は、プロレタリア文学に於いて無用な技巧の遊技を不可能にしたが、この遊技の禁止は作家の技法を貧しくした。［…］それらの「遊技を禁止する」技法論に共通した性格は、社会的であれ個人的であれ、秩序ある人間の心理や性格というものの仮定の上に立っていた事であり、この文学運動にたずさわった多くの知識階級人達は、周囲にいよいよ心理や性格を紛失してゆく人たちを眺めて制作を強いられてい乍ら、これらの技法論の弱点を意識出来なかった。またそれほどこれらの技法論の魅惑も強かった。だが、またこの技法の貧しさの内に私小説の伝統は決定的に死んだのである。彼等が実際に征服したのはわが国の所謂私小説であって、彼等の文学とともに這入って来た真の個人主義文学ではない。最近の転向問題によって、作家がどういうものをもたらすか、それはまだ言うべき事ではないだろう。ただ確実な事は、彼らが自分たちの資質が、文学的表現にあたって、かつて信奉した非情な思想にどういう具合に耐えるかを究明する時が来た事だ。彼らに新しい自我の問題が起こって来た事だ。そういう時彼らは自分の中にまだ征服しきれない「私」がある事を疑わないであろうか。[…] 私小説は亡びたが、人々は「私」を征服しただろうか。私小説はまた新しい形で現れて来るだろう。[6]（『小林秀雄全集』第三巻、新潮社、二〇〇一年、四〇七―四〇八頁）

小林は、マルクス主義文学の日本への到来が一つの文学史的事件であり、マルクス主義の洗礼を受けた事が、良きにつけ悪しきにつけ、それ以降の日本の文学に決定的影響を与えたことをその少し前で述べている。[7] マルクス主義文学がもたらしたものは、上記の引用文のフレイズを用いれば日本の「私小説の伝統の死」であった。小林によれば、作家の側からする文学的「技法」の活動空間を抑圧すること（社会科学的客観化の立場に徹すること）によってプロレタリア・リアリズムは階級に分裂した社会的現実のリアルな実相に肉薄しようと努めた。しかし当時のプロレタリア作家たちの眼前に展開されていた社会的現実は、大衆社会の現実であった。そこは心理的にも性格的にも一貫性を欠き不安定に浮動する人々の世界であった。[8]「ブルジョア的個人」でも「プロレタリア的個人」でもなく、およそいかなる社会集団の一員であるとも定めがたい不定型な人々の出現（大衆社会の成立）を前にして、マルクス主義文学運動は、制作技法の貧しさゆえに破産した。かつてのマルクス主義文学運動の担い手たちの転向現象がそれに続いた。小林は、この転向問題をマルクス主義作家たちが「かつて信奉した非情な思想にどういう具合に耐えるかを究明する時が来た」こととして捉え、ここに「新しい自我の問題」が起こってきたと指摘した。(9) 戸坂による「自分一身上の問題」としてのモラルの問題は、小林の問題提起に対する戸坂なりの反応であったと解釈することができる。小林が指摘したマルクス主義文学の隆盛によってもたらされた日本の私小説の伝統の死の問題は、「社会科学的道徳観念（イデオロギーとしての道徳観念）によれば道徳は消滅し、終焉する」（戸坂 四、二四八、二五四頁）という戸坂の認識と深いところで通底しているように思われる。また小林が提起した「心理や性格を紛失してゆく人たち」の出現の問題に対する戸坂なりの回答が、『思想と風俗』（一九三六年）であったということもできる。戸坂と小林は、マルクス主義への態度に対して正反対の立場に立ってはいたけれど、両者の立場は、一度ならず、共鳴し合うところがあった。(10)

戸坂もまた、プロレタリア文学の登場を新しい自我の探究の問題として把握していた。しかもそれを「日本の私小説の伝統の死」の問題と関わらせて展開した小林と重なり合う問題連関の中で把握していた。戸坂にとって社会科学的道徳概念と文学的道徳概念との関係の問題は、既成の理論の応用問題としてではなく、小林が「私小説論」の末尾で「新しい自我の問題」を指摘した一九三〇年代半ばの日本の思想状況の新しい質を表現する問題として、新たに鍛え直さなければならない概念として受けとめられていた。戸坂は、「日本の民衆と「日本的なるもの」」（一九三七年三月）において、社会科学的道徳概念を実在的範疇、文学的道徳概念を方法的範疇として、両概念の区別を試みている。(11) 文学的道徳概念（自分、自己、自我）は、対象的に実在する概念ではなく、一九三〇年代半ばの新しい時代状況によって提起された「新しい自我の問題」を適切に摘出するために選び抜かれた方法的な概念であった。実在的な自我とは区別された方法的な自我概念が要請されてきた文学史的な経緯について、戸坂は以下のように述べている。

明治以来のブルジョア文学の神髄が、この自我に就いての一種の探究であったことは、広く認められていると思う。自我というものの果す［…］文学的認識に於ける役割がハッキリしていなくて、自我の探究という名義の下に、方法上のカテゴリーに過ぎない自我が、そのまま探究の対象に他ならぬものと想定されていたわけで、従って、小市民的自我［…］の行きづまりの自覚は、遂に文学的機能としての自我をも同時に窮地に陥れて了ったのである。だが、この時はすでにプロレタリア文学の台頭が準備されていた時期だ。処がプロレタリア文学はその最大の繁栄期と考えられる時期に於いても、所謂自我の探究というような名目を採用しなかった。極端に云えば自我の代わりに社会が問題にされたとさえ思われた。「自我」の破産を目の前にして、それに代わるものが同じく自我という古い器を尊重する筈はなかったのだ。処がそれにも拘らず［…］之こそ新しい自我の探究であったことを、プロレタリア文学の圧倒的読者が誰よりもよく知っている。読者は社会の名に於いて新しい自我を、自分のための新しいタイプを、受けとった。［…］そこで自我の探究という古い名目が、プロレタリア文学に於いても、主体の問題という形で、復活した。だがその時はプロレタリア文学が従来の無邪気な意味でのプロレタリア文学ではなくなって、探究される新しい自我が本当に自分自身の自我かどうかという反省につつきまわされた処のプロレタリア文学となった時である。（戸坂 四、二〇四頁）

プロレタリア文学が「転向文学とも称される」ようになり、「従来のブルジョア文学の末流と混戦しなければならなくなった」時代状況において、再度、主体と自我の探究の問題が新ためて提起されるようになった。戸坂は、この時代状況に直面して「主体や自我の探究」を「再び個人主義の内に覆没」させないために、また「小市民は小市民的な自我を小市民的自我によってしか問題になし得ないというような、機械的な宿命論」から脱出するための「唯一の哲学的原則」を、「自我という文学的概念を一旦探究の対象たる自我から引き離して、文芸的認識上の機能の一環として整理すること」に見いだした。戸坂は、文芸的認識上の方法的カテゴリーとしての自我を「探究の対象たる自我から引き離」す作業を「自我は自我をつき放し、自我を超克するという、誰しもやっている一つの活動」であると述べている（戸坂 四、二〇四―二〇五頁）。ここには『日本イデオロギー論』も含め戸坂がこれまで築き上げてきた諸概念や方法論が、新しい時代状況が提起した主体の問題の解明には不十分であることを痛切に自覚する戸坂の反省が表明されている。事実、戸坂はこのエッセイにおいて前年（一九三六年）刊行した『道徳の観念』の不十分さを次のように指摘しつつ、次のように述べている。

私がかつて発表した道徳論が非難されるとすれば、［…］之だけでは文学の唯物論的な特性を検出するに足りないという点にある。文学的認識機能の一環としての、文学に於ける自我なるものが、何かまだ全く一般的な抽象的なものに止まっている。［…］自我が本当に認識上の役割を果たすのは、文学（文芸）に於てだ。そうすればこの自我は、抽象的な一般物などではあり得ず、又階級主体でさえもあり得ずに、正に階級性によって支えられた自分自身の立場ということでなくてはならぬということになる。［…］こういう自我の感性・官能そのものが階級性を有っているということにもなるのだ。だがブルジョア文学も亦、自我のこの種の「具体化」ということにこの時すでに気づき始めた。横光利一氏が純文学にして通俗文学である処の純粋小説論を唱えたのも、その論理の説得力は別として、この問題を捉えたものであった。[12] ブルジョア文学の圏内に於てさえ、まだ何等の定式を持てないでいるが、民衆論が起きて来たことが之なのだ。小林秀雄氏が民衆を論じ出したのも之である。[13]［…］とに角自我を日本の民衆と結びつけずにはいられなくなったということは、ブルジョア純文学という約束の下における一つの進歩だと云わねばならぬ。（戸坂 四、二〇五―二〇六頁）

日本の民衆における自我＝主体性の問題を、制作主体である作家や文学批評家自身の自我＝主体性の問題と密接に関連させて理論的に展開する必要性が、この時期、日本の文学界全体を捉えていた。戸坂は、小林秀雄や横光利一らの文学評論から大きな示唆を受けながら、彼等と競うようにして自らの新しい立場の提示に努めていた。この論文の末尾で戸坂は、一九三七年段階における自分の結論的立場を次のように要約した。[14]

私は今、自分が日本民衆の一人としての立場を及ばずながら充足したいと望んでいる。夫れが私の身の置き処のようなものだ。［…］日本の民衆は政治（民主主義的なものさえ）的訓練をまだあまり積んでいないので（之は他方今後の民主主義の多少の有効さを物語るわけでもあるが）、今日でもまだ民衆の持つべき対立意識をハッキリとは定着出来ずにいる［…］。そういう意味で日本民衆はまだ社会民衆としての自分自身を殆んど理解していない。[15] この民衆の自意識を明らかにすることこそ、今後の日本の作家の自己意識の役割であり、作家の自我の機能であろう。［…］日本民衆の利害を離れて、日本的なものを論じることは出来ない、許されない。日本民衆こそ唯一の日本的なるものと見做されねばならぬ。[16]
（戸坂 四、二〇八―二〇九頁）

注

（1）戸坂潤からの引用は、『戸坂潤全集』全五巻（勁草書房、一九六六―六七年）および補巻（一九七九年）を用いた。本書からの引用は、例えば（戸坂 三、二〇頁）のように巻数と頁数で表示する。

（2）「常識こそ一つの低級なモラルであり、モラルこそ新しい常識への進出だ。常識を否定するのにはまず常識から踏みはじめねばならぬ」（戸坂 四、三一一頁）。

（3） 二つの秩序界のこの「随伴」関係は、戸坂におけるスピノザ受容の問題として興味深い。

（4） 「科学の探究の対象は真理と呼ばれる。之に対して、文学の探究の対象が道徳・モラルなのである。［…］道徳・モラルとは、一身上の真理のことだ」（戸坂 四、二六八頁）。「モラルは科学的認識を自分という立場にまで高めたもので、現実の反映としての「認識」の特殊な最高段階以外のものを意味するものではない。その意味では科学の対象が真理であるように、文学の対象はモラルなのである」（戸坂 四、二八一頁）。

（5） 「事物を事物の意味にまで――そして夫れが結局事物の意識に迄ということになる――昇華せしめて典型化す処の、この形式主義は、元来、質量的原理を忘れない処の唯物論的やり口の正反対物でなければならない。事物は事物そのものではなく事物の意味としてしか取り扱われない。だからその限りで夫れは常に象徴的・表現的な性格を脱しない」（戸坂 三、一七三頁）。

（6） 以下、小林秀雄からの引用は『小林秀雄全集』全一六巻（新潮社、二〇〇一―二〇〇二年）から行い、（小林 三、四〇七頁）というように巻数とページ数を表記する。

（7） 「マルクシズム文学が輸入されるに至って、作家の日常生活に対する反抗ははじめて決定的なものとなった。［…］作家の個人的技法のうちに解消し難い普遍的な姿で、思想というものが文壇に輸入されたという事は、わが国近代小説が遭遇した新事件だったのであって、この事件の新しさということを置いて、つづいて起こった文学界の混乱を説明し難いのである。」（小林 三、三九〇頁）。「日本の文学が論理的な構造をもった思想というものを真面目に取扱い出したのは、マルクス主義文学の輸入から始まるので、恐らくここ十数年来のことで、その慌《あわだた》しさや苦しさは、自ら書いて来たものを振り返ってみるだけで充分だ」（小林 三、二〇九頁）。

（8） 「僕等はもはや自然主義作家等の信じた個人という単位、これに付属する様々な性格規定を信ずる事が出来ない。それというのも［…］僕等がお互の性格の最も推測し難い時代に棲んでいるという事実から信じられなくなったのである。性格は個人のうちにもはや安定していない。それは個人と個人との関係の上にあらわれるというものになった。性格は人と人との交渉の上に明滅する一種の文学的仮定となった。という事実は、恐らく文学を知らぬ今日の不安に苦しむ多数の生活人が自ら体得しているものではあるまいか。それに最も鈍感なのはかえって文学業者ではあるまいか。［…］この人間の性格に関する文学的仮定の変動、［…］一つの視点から多数の人間を眺めるのではもはや足りず、互に眺め合う人々の多数の視点を作者は一人で持たねばならぬ」（小林 三、二一二頁）。

(9)「社会の混乱がはっきり見えて来るには社会の混乱から生れた思想が混乱に鍛錬される為の時間を要するのだ。弾圧や転向や不安や絶望が思想を鍛錬するのである。鍛錬された思想が今社会の混乱をいよいよ判然と眺めさせる。だから見給え、ブルジョア作家もプロレタリア作家も現代世相を描こうとして今始めてその極度の困難を自覚しているのだ。リアリズムの問題が新しく論じられるのはこの故である」(小林 三、二一〇頁)。「人間の内に思想が生き死にする光景は僕等にとって充分に新しい驚くべき光景だったのだ。例えばマルクスの思想によって現実を眺める事は出来たが、その思想に憑かれた青年等の演ずる姿態の生ま生ましさが、自分の事にせよ他人の事にせよ、ほんとうに作家の心眼に映るのには時間を要したのである」(小林 三、二一一頁)。

(10) 戸坂は「小林秀雄[…]は少なくとも私にとっては最も魅力のある文芸批評家である。彼はまことにユニックな批評の技術を持っているように見える」(戸坂 四、一〇五頁)と述べている。小林秀雄も戸坂を肯定的に評価している。「「読売」紙上に、戸坂潤氏の「哲学は日常的でなければならぬ」という文があった。こちらは日常哲学の解説だから、やさしいし、応用の範囲も広いし、言っている事は正しいと思った。日常茶飯事は神聖なものである。実際性とか時事性とかいうものには、哲学者や文学的文学批評家等のうかがいしれぬ秘密があるという説だ。井伏鱒二なら、諸君、豆腐屋のラッパの声を聞けと言うであろう。[…]悲劇の哲学にせよ、日常性の哲学にせよ、学者の解説というものは、僕には面白くないのだが、どっちかと言えば日常性の哲学を説いてもらった方が有難い。「改造」八月号の「文芸批評家のイデオロギー」という文章で戸坂氏は僕のことを色々批評していた、つまらぬ洒落を飛ばしたり、故《ことさら》に小理屈をならべたり弥次ったりしているのは下らぬと思ったが、種々教えられる処があった。僕の発言衝動のうちには、客観的物質界一般に対する恐怖というものがあって、それは僕は幾何学的精神はもっているが、工学的精神が極めて鈍感である処に、由来すると氏は言っていたが、これなぞは名言だと思って僕は自省している」(小林 三、二〇六―二〇七頁)。

(11)「前者[社会科学的道徳概念]は道徳律や良心や人倫的習俗として、社会の上部構造の形で現実に存在する道徳現象のことであり、実在的な範疇としては、之が最も科学的な道徳概念なのである。併し之は社会科学の取り扱う対象であっても、必ずしもこの対象を捉えさせる方法にぞくするものだということは出来ない。[…]処が文学的な道徳概念は、もはやこうした実在する道徳を云い現わすものではない。[…]文学はとに角一種の認識であるが、この認識という能動的な機能の一環として、道徳という観念が出て来るというのが、文学的な道徳概念ということの意義なのである。つまり之は、実在する所謂道徳のことではなくて、文学的認識に於ける、認識論上の、或いは又文芸学上の、一つの方法的なカテゴリーのことだ。世間では之をモラルとも呼んでいるのである。［…］之が自分とか自己とか自我とか呼ばれるものと遂に離れることが出来ないのは、人の知る通りである。そしてここでいう自分とか自己とか自我とかも亦、実に認識のメカニズムにぞくする一環としての夫のことで、必ずしも個人や人間というような現実の対象のことではない」（戸坂　四、二〇三—二〇四頁）。

（12）　横光利一の「純粋文学論」（『改造』一九三五年四月号）は「純文学を救うものは純文学ではなく、通俗小説を救うものも、絶対に通俗小説ではない。等しく純粋小説に向かって両道から攻略してゆけば、必ず結果は良くなるに定っていると思う。［…］純粋小説は［…］ただ作家がこれを実行するかしないかの問題だけで、それをせずにはおれぬときだと思う事が、肝腎だと思う」（『定本横光利一全集』第一三巻、河出書房新社、一九八八年、二四五頁）という文章で終わっている。

（13）　小林は、「純粋文学」論争が「日本的なもの」と文学における大衆性の問題との関連において生起した経緯について、以下のような卓抜な説明を与えている。「「日本的なるもの」という今日の問題は「大衆的なるもの」という問題と引き離しては考えられぬ。純文学者達の「大衆的なるもの」に就いての様々な苦痛と離しては考えられぬ。文壇にはじめて大衆の問題をまともに提供したのは言う迄もなくプロレタリア文学であった。それと同時にブルジョア文学の新しい分野には、西欧ブルジョア文学の爛熟の頂に現れた極端な個人主義、主知主義の影響の下に、心理学的人間学的文学の運動が起こった。後者は前者の公式主義を難ずるに急で、文学の社会性の問題を放ったらかしたし、前者はブルジョア文学一般を難ずるに急で、経済的変革から非常に立遅れたわが国のブルジョア文化の特殊性などは問題にしなかった。［…］今日のプロレタリア文学の衰退という現象も、単なる弾圧という様な外的事情からばかり説明出来るものではない。西洋から学んだ階級対立という明瞭な概念と、階級対立という考えを育てた伝統的生活を持たないわが国大衆との食い違いに、そもそもの無理があった。だからわが国のプロレタリア文学運動は、民衆の階級意識から醸成されたのではなく、インテリゲンチャの性急な民衆啓蒙運動として現れたのであった。又一方ジョイス、プルウスト、ジイド、ヴァレリなぞの影響を受けた新しいブルジョア文学の運動にしても、そういう文学がいかに西欧ブルジョアジーの爛熟した不安を語っているかが本当に理解出来なかった処から、その齎《もた》らす精緻な人間像を、既成のブルジョア文学や、新しいプロレタリア文学に抗し得る何か新しい夢を齎らしたものと信じ込んだのである。文壇は外来思想の実験所と化した。而もこの実験は文壇の外には殆ど通用する事がなかった。それ許りではない、文壇内でお互に理解出来ない言葉で論戦しなければならなかった。文学的専門語としても未熟だし、文壇的方言としても板につかぬ様な言葉を盛んに使用して批評家達が議論している間、実際の作品の制作の上でも真に社会的な文学は生れなかった。民衆は専門化した文壇に見切りをつけて大衆文学に走ったのである。純文学の貧困が、大衆文学の低俗さなぞを軽蔑していられない程の情勢になって来た一方、大衆文学もようやくマンネリズムに落ち入り、一般読者の要望に答え切れなくなった。そこに「純粋文学」の問題が起こって来たのである。だから今日の「日本的なるもの」という問題は、わが国の近代文学は、例えばゲエテとか、ドストエフスキイとかいう人が創造した様な意味での国民文学というものを省みれば、一つも産出されなかったという反省と離れて考えられぬ。最近の外来文学思想は、わが国の封建的残滓と戦うにはまことに有力な武器として役立った。［…］この武器は民衆の獲得というそれ以上積極的な仕事では皆失敗して了ったのである。そういう最近の文学運動を既成概念なしに反省してみた処に、学んだ文化と現実の文化との食違いが明らかに浮び上り、何も彼も僕等の手で作り直さねばならないという気運が生じたのであって、この点「日本的なるもの」の問題は新しい人間観念の確立という「ヒュウマニズムの問題」とも関連しているし、又一方かかる気運が［…］何等確固たる主張の上に立っていない点で、「現代の不安」の問題にも関連している」（小林 五、一〇八—一一〇頁）。

（14） 小林は、戸坂のこの論文に対して好意的なコメントを寄せている。「戸坂潤氏の『日本の民衆と「日本的なるもの」』（「改造」）は興味をもって読んだ。何故かというと、今日の日本的なものに関する問題の発生の逆説性に正しく触れていると思われたからである。日本の民衆こそ唯一の日本的なるものと見做されねばならぬというテエゼに、ブルジョア文学者は言わば内から外へ、プロレタリア文学者は言わば外から内への自我の具体化という動きから触れる事を強いられている、という氏の説に僕は異論を持ち出す余地を認めぬからだ。若し氏の言う様に、問題は作家自身の「自分」とは何かに帰するのなら、元来が扇動や強制によって決して成功し得ない文学という仕事が、日本的な問題に関して氏の恐れる様な方向に歩き得ようとは思わぬ」（小林 五、一一九頁）。小林の最後の文章に表れた日本の将来に対するある種楽観的な見方を規定しているものは、小林の次のような人生観であろう。「僕は伝統主義者でも復古主義者でもない。何に還れ、彼《か》に還れといわれてみたところで、僕等の還るところは現在しかないからだ。そして現在に於て何に還れといわれてみた処で自分自身に還る他ないからだ。［…］僕は大勢に順応して行きたい。妥協して行きたい。びくびく妥協するのも堂々妥協するのも、順応して自分を駄目にして了うのも、生かす事が出来るのも、ただ日本に生まれたという信念の強さ弱さに掛かっていると考えている」（小林　四、二五二―二五三頁）。「凡そ人間の仕事で芸術ほど無力なものはない。そして無力であって構わないのである。構わないという自覚が文学者に持てたなら、［…］文学者のこの無力に対して残酷な評言に不安を覚える必要もなくなる筈だ。そういう時、伝統は、自分の個性を通して新しく誕生する筈である」（同、二五八頁）。

(15)「日本の民衆が社会階級関係に於て、どういう役割を有っているか、又持たねばならぬか、ということが、日本民衆は何であるか、ということの、何より大事な第一の規定だ。［…］日本民衆も民衆である限り民衆支配に対する対立物だというのが、政治上の事実であり、そしてやがてそれが吾々日本民衆の民衆的信念となるべき筈である。この信念は［…］民衆の日常利害に基く実際活動によって初めて必然的に固められてゆく信念である。実は日本的なものもその時、初めて実際な形で創造されてゆくのだ」（戸坂　四、二〇七―二〇八頁）。

(16)「日本民族の現実の心理の分析に先立って、どこかで造って来た日本的なものを押し立て、之を日本民衆に押しつけることは、理論上一つの暴力と云わねばならぬ」（戸坂　四、二〇七頁）。

第14章 大西克礼における日本美の構造
——「あはれ」・「幽玄」・「さび」

田中久文

大西克礼《よしのり》（一八八八—一九五九年）は、近代日本を代表する美学者である。彼の美学の中心の一つは、ドイツ美学の主要課題であった美的範疇論にあった。彼は最も基本的な美的範疇として、「美」・「崇高」・「フモール」の三者をあげている。そして、この三つの基本的な美的範疇の変容体として、さらに六つの派生的な美的範疇が考えられるとした。即ち、「美」の派生体として「優婉（婉美）」と「あはれ」を、「崇高」の派生体として「悲壮（悲劇美）」と「幽玄」を、「フモール」の派生体として「滑稽」と「さび」を考えるのである。

これら六つの派生的美的範疇のうち、「優婉（婉美）」・「悲壮（悲劇美）」・「滑稽」の三者は、主に西洋の美学において論じられているものであるのに対して、「あはれ」・「幽玄」・「さび」の三者は日本における美的範疇である。こうして大西は、「あはれ」・「幽玄」「さび」という日本の美的範疇を、「美」・「崇高」・「フ

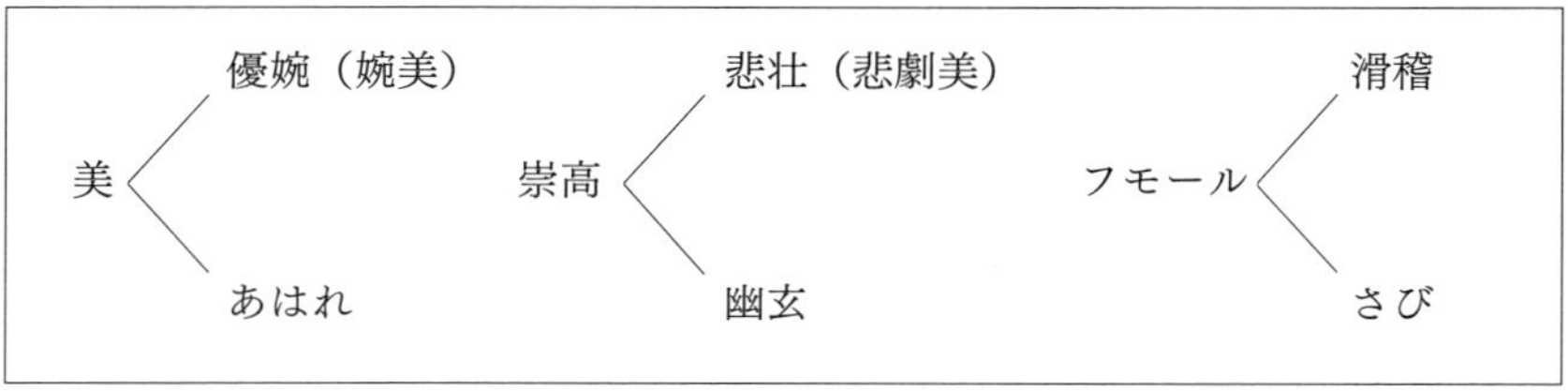

モール」という、彼が最も普遍的と考える美的範疇に、それぞれ関係付けることによって、日本の伝統的美学を、閉鎖的視点から解放し、普遍的な美学との関係の中で、その意義を明らかにしようとしたのである。

それは、生没年ともに大西の一年遅れの和辻哲郎が、倫理学の分野で行ったことによく似ている。和辻は『日本倫理思想史』などで日本の倫理思想について論じているが、そこで彼の扱っている日本の倫理思想とは、日本にのみ固有の倫理ではなく、人間にとって普遍的な倫理が日本の風土・歴史において特殊に限定されたものであるとしている。[1]

大西は一九三九（昭和十四）年に『幽玄とあはれ』[2]を出版し、まず「幽玄」・「あはれ」の内容を分析し、続いて翌年、『風雅論——「さび」の研究』[3]を出版して、「さび」の内容を解明した。そして、これら個別的な研究を基礎にして、「あはれ」・「幽玄」・「さび」の三者を、先に述べたような形で、彼の体系的な美学全体の中に位置付けようとした。それは、没後の一九六〇（昭和三五）年に出版された『美学（下巻）』[4]にまとめられている（以下、大西からの引用はすべて『美学（下巻）』による。なお大西からの引用文の傍点はすべて大西自身によるものである。それ以外の引用文の傍点はすべて本稿筆者によるものである）。

本稿では、以上のような、大西の捉えた日本美学の概要とその意義について考えてみたい。

一 「あはれ」論――世界をどう認識するか

1 「あはれ」の心理的意味

「あはれ」という言葉は、美的範疇として使われるだけでなく、それ以前から日常言語としても用いられていた。

大西は、平安時代の文芸作品を材料として「あはれ」という言葉を分析し、その意味を、①「特殊的心理的意味」、②「包括的心理的意味」、③「一般的美的意味」、④「特殊的美的意味」の四つに分類している。

①「特殊的心理的意味」とは、喜怒哀楽さまざまな特殊な心理的感情のことであり、日常言語としても用いられた。元来「あはれ」は、悲哀ばかりでなく、喜怒哀楽すべての感情に関して使われたのである。平安時代の文芸作品では、「うれし」「面白し」「をかし」といった言葉と一緒に使われる場合も少なくない。

ただし、そこには「嫌悪」や「軽蔑」といった「対象を排斥したり、圧抑したりして、これに対して自我の昂揚を感ずる如き「心的態度」（Stellungsnahme）は含まれていない」という。また、「「嫌悪」とまさしく対立するような、主観性の著しい「愛欲」もしくは「執着」の意味」も「余程稀薄となっている」とする。こうした点を踏まえて、大西は「あはれ」という感情が本来的に意味する精神的態度は、「一種の「静観的」(kontemplativ) ともいうべき「心構へ」(Einstellung)」であると結論づけている。

さらに、「あはれ」という言葉は、こうした喜怒哀楽さまざまな心理的感情を意味するだけでなく、そうした「特殊の限定された感情内容の意味を超越して、普く一般の感動体験そのもの」を意味する場合もあると大西は考え、それを②「包括的心理的意味」とした。

たとえば、「春はただ花のひとへに咲くばかりもののあはれは秋ぞまさされる」（千載和歌集、詠み人知らず）という歌における「あはれ」には、喜怒哀楽さまざまな心理的感情が包括的に含み込まれていると思われる。

２「あはれ」の美的意味

以上の、①「特殊的心理的意味」、②「包括的心理的意味」は、人間の主観的心理に基づくものである。それが美的意味をもつようになるためには、対象によって触発されるという客観的契機が入ってこなければならないと大西は考える。大西の言葉を使えば、主観的な「感動」に、「「直観」乃至「諦観」という如き知的客観的意味」が加わり、両者の「融合統一」によって、一種の「観照的態度」「静観的態度」が生まれたとき、そこに初めて美的意味が生じるのだという。それが、③「一般的美的意味」としての「あはれ」である。

大西によれば、『源氏物語』の弘徽殿の女御の嫉妬心などは、強い感情がありながらも、客観的な「諦観」がないという点において「あはれ」ではなく、逆に俗情を捨てた僧侶の場合は、静観的態度はあっても、主観的な「感情」がないという点において「あはれ」ではないという。

『源氏物語』では、自然や人間や楽器など、さまざまなものの美しさを「あはれ」と表現している。大西によれば、そうした使われ方の「あはれ」においては、「「美」（“das Schöne”）の意識が主で、「悲哀」や「憂愁」という如き特殊的感情としての意味は全く後退している」という。ここでは、どのような美しいものに対しても、「あはれ」が一般的に使われているので、大西はこうした意味での「あはれ」を「一般的美的意味」とよんでいるのである。

大西によれば、心理的意味から美的意味に展開するためには、対象の美しさに触れるという客観的契機が必要となる。大西自身指摘しているように、このことはすでに本居宣長が説いていた。宣長は「もののあはれ」という言葉に注目し、「あはれ」は主観的な感情ではなく、「もの」に内在するものであると考えた。(5) 人間は「もの」の本質を知ることによって、「あはれ」という感情をもつというのだ。したがって、宣長は「もののあはれを感じる」という表現はせずに、必ず「もののあはれを知る」という表現を使っている。『源氏物語』では、「四季折々の景気」「人のかたち・有様、衣服、器財、居所」など、さまざまな事物のよさが「あはれ」と表現されている。宣長によれば、それは、これらさまざまな事物に内在する「もののあはれ」を表現したものだという。特に光源氏をあらゆる面で理想的に描いているのは、「もののあはれ」を源氏一身に集約して表現しようとしたからだという。

このように、『源氏物語』は物語というフィクションによって「もののあはれ」の粋を明示的に表現したものであるが、しかし宣長はそうした「もののあはれ」は、現実世界にも常に遍在していると考えていた。相良亨は、宣長には、「われわれが、〝生〟の中で出会うあらゆる「事」はみな、それぞれが豊かな「あはれ」を内包している」という考え方、つまり、「この世は、「物のあはれ」の海」だという世界観があるとしている。(6)

以上のような、美一般を「あはれ」と捉える「一般的美的意味」の奥に、大西はさらに特殊な意味での美を意味する「あはれ」があるとする。それが、④「特殊的美的意味」としての「あはれ」である。
大西によれば、「特殊的美的意味」とは、「あはれ」が「再び元の「哀愁」「憐憫」というような特定の感情体験の「モティーフ」と結合し、同時にその「直観」乃至「諦観」の知的視野が、特定現象の範囲を超えて、人生や世界の「存在」一般に迄拡大され、従って多少とも形而上学的もしくは神秘主義の観方《アインシュテルング》に類する体験」となったものであるという。

大西は、こうした「特殊的美的意味」の例として次の文をあげている。

八月二十日余の有明なれば空のけしきもあはれ少なからぬに、大臣のやみにくれまどひ給へるさまを見給ふもことはりにいみじければ、空のみながめられ給ひて

のぼりぬる煙はそれともわかねどもなべて雲居のあはれなるかな

（『源氏物語』葵）

これは、妻葵の上の急逝を悲しんで光源氏が歌を詠んだ場面である。雲のある空全体が「あはれ」をそそるというのである。この場合の「あはれ」は、空という客観的世界に触発されたものであり、しかも悲哀を帯びている。

こうした「特殊的美的意味」においては、最初の「特殊的心理的意味」において問題にした、悲哀・傷心・憐憫等が再びクローズアップされる。しかし、それはもはや日常の心理的感情ではなく、「一種特異の美的満足乃至快感」が得られるようなものである。ただし、「あはれ」が「特殊的美的意味」へと高まるためには、そうした主観的側面の変化のみでなく、心理的「あはれ」が「形而上学的に拡大され、或は深化される」ことが必要であるというのだ。

大西によれば、これらの「あはれ」は、「美的感動及び直観を、いわば「物一般」「存在一般」の形而上学的基底にまで沈潜せしめ、あるいは滲潤せしめて、そこから一種の世界観的意味の如きものに拡大され、もしくは一種の「世界苦」（"Weltschmerz"）というようなものに普遍化された」ものである。それは、逆にいえば「世界万有の「存在根拠」（Seinsgrund）ともいうべきものの中から、一種の脈々たる「哀感」を汲み取る」ものであり、そこには「一種の深い精神的満足の快感」があるという。

3　「あはれ」の究極態

以上のように、「特殊的美的意味」には美的満足や快感が伴うとするならば、それは究極的には悲しみそのものを濾過していくことになるのであろうか。

実は大西は、第四段階の「特殊的美的意味」の上に、さらに第五の段階を立てている。その内容は必ずしも判明ではないが、「「優美」、「艶美」、「婉美」等の種々の美的契機をば、それ自身の中に摂取し、綜合し、統一」したところに成立する「あはれ」の「充実完成」であるという。つまり悲しさを根底におきながらも、多様な美を含み込んだ完全体としての「あはれ」というものが存在すると考えているのである。大西は、その例として次の文をあげている。

> 御念誦堂に籠り居給ひて日一日泣き暮し給ふ。夕日花やかにさして山際の梢あらはなるに、雲の薄くわたれるが鈍色なるを、何事も御目留らぬ頃なれど、いとものあはれに思さる。(『源氏物語』薄雲)

これは光源氏が藤壺の死を悲しんでいる場面であるから、ベースは悲哀であるが、何か弥陀の来迎を連想させるような夕日の情景が描かれている。

大西は、こうした第五段階の「あはれ」の世界を歌で表現すれば、次のようなものが当たるとして二首あげている。

> 久方の光のどけき春の日にしづ心なく花の散るらむ
>
> 山寺の春の夕暮来てみれば入相の鐘に花ぞ散りぬる

これらの歌の核心を、大西は「宇宙的感情《コスミック・ゲフュール》」という言葉で表している。そこには、一抹の哀しさをたたえながら、円光のさしたような世界が現出している。大西は、そうした世界に、「あはれ」という美的概念が指し示す究極の姿をみようとしているのである。

二　「幽玄」論——世界をどう超越するか

1　俊成——王朝美と「幽玄」

「幽玄」という概念は、「あはれ」や「さび」とは異なって、中国で生まれたものではあるが、それが独特の美意識として発展したのは日本においてである。特に、日本で「幽玄」概念を展開させたのは歌論というジャンルであった。

「幽玄」という言葉は、平安時代から使われ始めるが、それを明確に歌論の中心にすえたのは藤原俊成（一一一四―一二〇四年）であったと大西は考える。俊成にとっての「幽玄」とは、「あはれ」「優し」「えん（艶）」といった王朝の美意識に深みを加えたものである。俊成は、そのことを「慈鎮和尚自歌合」の判詞で次のように説明している。

　おほかた歌は［…］ただよみあげたるにも、打詠じたるにも、なにとなくえん〔艶〕にも幽玄にもきこゆることのあるべし。よき歌にもなりぬれば、其詞すがたの外に景気のそひたるやうなることあるにや。たとへば春の花のあたりに霞のたなびき、秋のまへに鹿の声をきき、かきねの梅に春風の匂ひ、みねのもみじに時雨の打ちそそぎなどするようなることのうかびてそへるなり。(7)

これによれば、「幽玄」とは、直接言葉が表現する「詞すがた」を超えたところに現出する「景気」といったものである。それは、たとえていうならば、「霞」の奥に「春の花」を、「鹿の声」に「秋」を、「梅」に「春」を、「時雨」の背景に「もみじ」を感じ取るようなものであるという。つまり、王朝の美意識を間接的に表現することによって、そこに深みを与えたものが「幽玄」だというのである。

大西は、以上のような俊成の「幽玄」概念を、次のようにまとめている。

> 心詞を併せて一首の歌の全体を翫賞する時に、一種の名状し難い美しい「情趣」の漂う如き場合を指していうのであろうと思われる。とにかく俊成の場合では、もはや単なる「余情」でもなく、また単なる「美」とか「優艶」というのみでもなく、この両方が統一されて、「美的余情」または「詩的余情」の縹渺として把え難いもののある場合を指して「幽玄」というのであろう。

2　長明――「余情」と「無」

以上のように、俊成の「幽玄」は、王朝の美意識に何らかの意味で深みを与えようとするものであるが、しかしそこには多様な意味が込められており、簡単には要約しにくい。しかし俊成よりも四十歳余り若い鴨長明（一一五五？―一二一六年）になると、その「幽玄」概念はかなり明確になっていく。

長明は自分の歌論『無名抄』において、「幽玄」について次のように説明している。

> いはむや幽玄の体、まず名を聞くより惑ひぬべし。自らもいと心得ねことなれば、定かに申すべしとも覚え侍らねど、よく境に入れる人々の申されし趣は、詮はただ詞に現れぬ余情、姿に見えぬ景気なるべし。心にも理深く詞にも艶極まりぬれば、これらの徳は自ら備はるにこそ。たとへば、秋の夕暮れ空

の気色は、色もなく声もなし。いづくにいかなる故あるべしとも覚えねど、すずろに涙こぼるるごとし。[…] 又、霧の絶え間より秋山を眺むれば、見ゆる所はほのかなれど、おくゆかしく、いかばかり紅葉わたりて面白からんと、隈なく推し量らるる面影は、ほとほと定かに見んにも優れたるべし(8)。

ここで長明は、「幽玄」を「詞に現れぬ余情、姿に見えぬ景気」としているが、それは先の俊成の「詞すがたの外に景気のそひたるやうなること」とほとんど同じである。しかし、俊成の場合は、その「余情」が「優艶」美と結びついていくのに対して、長明の場合「余情」が暗示するものは、「色もなく声もな」い「秋の夕暮れ空の気色」である。大西はこれを、「仄暗く、陰微なものに伴う静寂」と表現している。

また、「霧の絶え間より秋山を眺むれば、見ゆる所はほのかなれど、おくゆかしく、いかばかり紅葉わたりて面白からんと、隈なく推し量らるる面影」という部分も、先の俊成の「春の花のあたりに霞のたなびき、秋のまへに鹿の声をきき、かきねの梅に春風の匂ひ、みねのもみじに時雨の打ちそそぎなどするようなること」という文と類似している。大西は、これらに共通した「幽玄」の特徴を、「隠され、蔽はれているということ、即ち露わでなく、内に籠もった所のあるということ」としている。しかし俊成の場合は、そこで隠されているものが、隠されることによって一層匂いたつように感じられるのに対して、長明の場合は、隠されることによって、その「不在」が一層際立ち、それを補うべく、人間の側の「推し量」るという働き、すなわち想像力の働きが全面に出てくる。

大西は、こうした長明の「幽玄」の本質を次のように述べている。

一方に尚「価値概念」としての「幽玄」の意味を、俊成などから継承していると同時に、他方において、すでに此の概念の内容が特に「余情」という意味に先鋭化され、従って又それが「歌体」としての

「様式概念」に、一層特殊化されたあとを見ることができるように思う。

ここで大西がいう「余情」とは、「色もなく声もな」い「秋の夕暮れ空の気色」によって表現されるような「無」と深く関わるものであろう。

唐木順三は、長明の本質を「すき」という言葉で規定し、それは「外形を極微のところまで圧縮した栄華」、すなわち「草庵の栄華、清貧の栄華、乞食の栄華」を求めるところにあるとしている(9)。そうした「すき」は、「否定を媒介にして違った意味の豊富さがよみがえってくる」という意味で、「宗教的なもの、いわば無の介入がなくてはありえない」という。長明の「幽玄」概念も、そうした発想から出たものであるといえよう。

3　定家――「有心」

藤原定家（一一六二―一二四一年）は俊成の子であるが、両者は四十八歳ほどの年の開きがあり、その「幽玄」論には大きな違いがみられる。

定家は、『毎月抄』において、「和歌十体《じってい》」（「幽玄体」「事可然《ことしかるべき》様」「麗《うるはしき》様」「有心《うしん》体」「長高《たけたかき》様」「見《みる》様」「面白《おもしろき》様」「有一節《ひとふしある》様」「濃《こまやかなる》様」「拉鬼《きらつ》体」）というものを説いている。このなかには、「幽玄体」も存在するが、「さてもこの十体の中に、いづれも有心体にすぎて歌の本意と存ずる姿は侍らず(10)」とあるように、最も尊重されているのは、「有心体」である。しかも、この「有心体」は他の九体すべての根底をなすものでもあるという。

大西は俊成の「幽玄」というものがさまざまな美的内容を含み込んだ最高の「美的価値概念」であったことを指摘した上で、定家の「有心」というものは、「「幽玄体」の歌の、「美的生産」に於ける意識的主体の面を更に鋭く反省し、此の「美的生産主体」としての「心」の意義を強調するために、特に持ち出された概念ではなかろうか」と解釈している。そして、次のように結論づけている。

俊成の「幽玄」と定家の「有心」との間に左程の相違なく、むしろ「有心」の概念は、「幽玄」の「美的価値創造」の反省をば、尚一層主観的方向に推し進めたものに過ぎないのではないか。

定家の実作まで視野に入れて考えると、定家が「有心体」を説いて「心」を重視したことの深層の意味が理解できてくるように思われる。彼は平安朝の美の理念の不在を意識し、それを「美的生産主体」としての「心」によって虚構しようとしたのであろう。

先に述べたように長明の場合にも、その「幽玄」のなかには「無」とよぶべきものが含まれていた。しかし宗教性の色濃い『方丈記』や『発心集』の作者である長明にとって、それは決して「虚無」ではないと思われる。それに対して、定家の場合は、歌論では宗教的な言辞を弄してはいるが、その実作においては明らかに「虚無」が満ちてきているといえるであろう。

4　正徹——夢幻的「幽玄」

定家を最も敬愛した室町時代初期の歌人に正徹（一三八一—一四五九年）がいる。その歌論『正徹物語』の冒頭では、「此道にて定家をなみせん輩は冥加も有るべからず、罰をかふむるべき事也[11]」とさえ述べている。ただし、正徹が定家の歌論と考え、そこから大きな影響を受けた『愚秘抄』や『三五記』は、今日では定家に仮託された偽書であるとされているものである。

これら定家仮託の歌論書では、特に女性の艶美という意味での「幽玄」が説かれているが、正徹はそれに大きな影響を受けている。ただし、『愚秘抄』では「幽玄体」だけが特別の位置を占めているわけではないのだが、正徹においては、「幽玄」は最高の様式であり、最高の美的価値概念であるとされている。

そうした正徹の「幽玄」概念においては、男女関係の濃艶さがその意味の中核をなし、しかも定家以上に夢幻化されている。そこに、中世的世界の一層の深まりをみることができるであろう。大西は、正徹の「幽玄」を次のようにまとめている。

要するに正徹の「幽玄」の意味は、源氏物語の基調的情趣の如き「優美」乃至「艶美」なるものが、「夢幻」とか「神秘」とかいうような分子を混じて、一種の縹渺たる趣を呈した場合を指すもののようであるが、恐らくはこう言った意味が、一般に中世的「幽玄」概念の中核をかたちづくるものであろうと考えられる。

5　心敬——「冷え凍りたる幽玄」

正徹から歌を学んだものに心敬（一四〇六—一四七五年）がいる。彼は歌と連歌の双方で活躍した人であり、その連歌論『ささめごと』『ひとりごと』などでは、「幽玄」が重要な位置を占めている。

心敬の「幽玄」論の特徴は、「心」との関連を強調していることである。大西は、「正徹から更に心敬になると、もう一層「心」の方面を強調する考え方が現れているようである」と述べている。その場合の「心」とは、定家のような虚構の主体ではなく、仏教的な修行と深く結びついたものである。

そうした「心」の修行の末に至りつく「幽玄」の内容を、心敬は「冷え凍りたる」世界とか、「冷え寂びたる」世界と説明している。そこでは、貧寒な現実世界そのものが、透徹したまなざしによって、宗教性を帯びた形で肯定されているのである。その美意識は、「わび」や「さび」に近づいてきているといえる。いずれにせよ、心敬において、「幽玄」は一つの極北に達したといえよう。

三　「さび」論――世界をどう回復するか

1　「不楽」「寂寥」――「虚実」論

「さび」は「あはれ」と同様に、日常言語から美的範疇へと高まったものである。そこで大西は、「さび」については、『大言海』の語源的説明に基づいて、考察を開始する

「さび」の語義の第一は、「荒《さ》ぶ」からきたもので、普通「不楽」や「寂寥」といった漢字を当てる。「さびしさ」、「わびしさ」、つまり孤寂、寂寥、寂寞、また転じては貧寒、窮乏などを意味する。考えてみると、これらの意味は、普通には美を否定し打ち消すものである。従って、その消極性を超克して、美的積極性に転じたところに、美的範疇としての「さび」が生まれることになる。

この転換は、それを体験する主観のある特別な働き方によってのみ可能になると大西は考え、それを解明する手がかりとして、西洋美学の「イロニー」を取り上げる。大西によれば、「イロニー」とは、外界の事物の実在をそのままに肯定する「素朴的実在論」の態度を否定すると共に、それを単なる観念や心像に過ぎないとする「主観的観念論」の態度そのものをも、更に一層高次の自己意識の立場から否定するところに成り立つものである。これによって精神は、あらゆるものに囚われない洒々落々たる自我の「自由性」の感情を手に入れる。そしてその感情を、本来は消極的性格をもったさまざまな対象に向かって放射し投入することによって、それらを美的なものに作り上げ、みずから享受するのである。

大西は、「さびしさ」、「わびしさ」という消極性としての「さび」が、美的積極性に転じるのは、こうし

た「イロニー」に近い精神の働きがあるからだと考える。そして、そうした精神の働きを説いたものが、俳論における「虚実」論であるとする。(12)

俳論では、「虚実の間に遊ぶ」、「虚実の自在を得る」(支考)、「実に居て虚に遊ぶ」(露川)といったことがしばしば語られるが、大西はこれを、世界の肯定と否定との間に絶えず漂遊するという意味であると解釈する。俳諧的世界においては、まず窮苦欠乏に満ちた現実の世界を、全て心の幻影が生み出した「虚」とみる精神の構え方によって、それらに伴う苦痛の感情から離脱する。しかしそれだけでは、一切を「空」と感じて、あらゆる不自由にも欠乏にも無関心・無感覚となる仏教的悟道の境地と同じであって、美意識の問題にはならない。「さび」にあっては、さらにいったん否定された現実を、自由自在に楽しむ心が新たな「実」を生み出すのである。このように、「虚」と「実」とが二重映しになったものが、「虚実」論の説く世界だと大西は解釈する。

さらにまた俳論には、「さびしみとをかしみとは俳諧の風骨也」(支考)というように、「さびしみ」と「をかしみ」とを表裏の関係とする議論が、しばしばみられるが、大西によれば、それもまた「虚実」論の一部であるという。俳諧という言葉自体が本来「をかしみ」を意味しているように、俳諧の「さびしみ」には、一種の洒脱な精神態度をほのみせる「をかしみ」の契機が含まれている。「さびしさ」を感じながらも、なおそれを享受しようとする心境から「をかしみ」が生まれるのである。この「をかしみ」の議論に注目すると、「さび」は単なる「イロニー」との類似性を超えて、「フモール」に近づいていくと大西は考える。

2　「宿」「老」「古」――「不易流行」論

「さび」の語義の第二は、第一の場合と同様に「荒《さ》ぶ」に由来しながらも、「宿」「老」「古」といった漢字を当てるものであり、「年を経てふるびる」という意味である。

この第二の意味の場合も、「さび」はそのままでは消極的意味しかもたない。一般的に考えれば、新鮮味や生動性こそが美の必要条件であると思われるが、「さび」は逆に「老」や「古」のうちに美を感得するものだからである。従って、この場合も、消極性を美的積極性に転換する、何らかの主観の働きが必要となる。厳密にいえば物理的自然の世界には、時間の変化があるだけで、時間の集積ということは存在しない。時間の集積は、人間の精神のうちにのみ存在するといえよう。従って、自然のうちに「老」や「古」というあり方を見るのは、自然を生命あるものとして見た場合である。また茶道具などの加工された器物が「老」や「古」の意味における「さび」とされるのは、それが人間の生と切り離しがたい深い連関の下において見られた場合である。

では人間の精神の場合、なぜ「老」や「古」が積極的な美的意味をもつようになりうるのであろうか。人間生活においても、青春の溌剌さや、壮年の力強さこそが積極的価値をもっており、老年の生命現象は消極的なものとみなされがちである。しかし、見方によっては、時間の集積は、知識経験の豊富な蓄積、教養鍛錬の熟達、そこから結果する一種の静けさや落ち着きをもたらし、高度の積極的な人間的価値を実現する場合も多い。

特に芸術の分野では、老人による「老年芸術」の独自の意義が説かれる場合がある。たとえばジンメルは、老年の芸術が「世界本質の深みへの沈潜」をもたらすとしており、また日本においても、世阿弥が「闌位」として、能楽における老成円熟の境地を述べている。

大西は、こうした「老」や「古」を美学的に評価しようとする考え方に基づいたものが、俳論の「不易流行」論であるとする。「不易流行」論とは具体的には、「師の風雅に万代不易有り。一時の流行有り。この二つに究り、其本一つ也」[13]（土芳）というものであるが、大西は「流行」を不断の生の流動の意味とし、「不易」をその根底にある自然の永遠性として考える。そして「流行」の表現を介して「不易」を暗示するということが、「不易流行」論の意味するところであると解釈する。例えば、「古池や蛙飛びこむ水の音」や「海くれて鴨の声ほのかに白し」といった句で、直接表現されているものは、「蛙」や「鴨」の瞬間的な生命の動きである。しかし、それを通して、その底に静かに横たわる蒼古幽寂の自然の永遠性が暗示されているというのである。

3 「然帯《さお》び」――「本情風雅」論

「さび」の第三の語義は、「然帯《さお》び」という言葉に由来するものである。それは、他の語の下に付いて、「そのものらしい様子や状態を示す」ということを意味する。大西は、「然帯び」という言葉は語源的には前二者とは全く異なっているが、美的範疇としての「さび」の意味内容の一端を担うものだとする。現に「翁さび」「神さび」「秋さび」といった言葉は、元来「然帯び」から出たものであるが、そこには「寂寥」や「老」や「古」といった第一・第二の意味も重ねられて使われてきたものと思われる。現に、「をとめさび」(少女らしくふるまうこと)といったような、「寂寥」や「老」・「古」と相容れないような言葉は早くから使われなくなったのである。

大西は、こうした「さび」の第三の語義を、「物の本然の性質の発揮」と解釈する。「さび」の第一、第二の語義的意味は、空間的・時間的にみて、感覚面の充実さや豊富さが衰退するということであった。しかし、そうした感覚面の衰退が、かえって逆に、物の本質を露呈するというように考えた時、「物の本然の発揮」という第三の意味が生まれてくると思われる。第一、第二の意味が感覚性の消極的方向を規定する契機であるとすれば、この第三の意味は、その消極性の限界の奥にある積極性を規定する。

大西はこうした「然帯び」の考え方に対応するものとして、「本情風雅」論を取り上げている。(14)「本情」とは物の本然の心・本質であり、「風雅」とはそれを具体的事物を通して俳諧的に表現することである。文考は芭蕉の「金屏の松の古さよふゆごもり」という句を例にとって、それを説明している。この句は、「金屏」の暖かみという、物の「本情」を表現しようとするものであるが、それをストレートにではなく、「松の古さ」と表現している。「松の古さよ」という表現によって、蝶番も壊れかかった古屏風が置かれた、芭蕉庵六畳敷の質素な冬籠もりの様子が彷彿とされ、そのために金屏風の暖かみが一層強調される。こうした表現が「風雅」だというのである。このように物の消極面・否定面をことさら浮き立たせることによって、かえって逆に物の本質を表現しようとするのが「本情風雅」論であると、大西は解釈する。

このように、大西が「さび」を形成する三つの契機として考えた、「虚実」論、「不易流行」論、「本情風雅」論は、いずれも世界を二重性においてみるものである。「虚実」論は世界の否定と肯定、「不易流行」論は瞬間と永遠、「本情風雅」論は現象と本質という、それぞれ相矛盾する二つの契機を、いずれか一方に片寄ることなく、相互に対立させたままで、しかも表裏一体のものとして捉えるものであった。そしてそれによって、世界の消極的意味を美的積極性へと転化させようとするのである。

以上、大西の分析した「あはれ」・「幽玄」・「さび」の概要を述べてきた。これら三者は、それぞれ中古・中世・近世を代表する美意識であり、そこには時代を追って美意識の深まりがみられる。事実、「あはれ」は世界をどう認識するかの問題であり、「幽玄」は世界をどう超越するかの問題であり（もちろん、その場合の超越とは、内在的超越ともいえるものであるが）、「さび」は世界をどう回復するかの問題であって、そこには「さび」を最終的な形とする弁証法的な構造がみられる。そして、これら三者は、冒頭で述べたように、「美」・「崇高」・「フモール」という、大西が普遍的な美的範疇と考えるものの日本的形態ともいえるものである。その詳細に関しては稿を改めて論じることにしたい。

注

（1）和辻の日本倫理思想史については、拙著「「日本倫理思想史」という学問・その可能性と限界――和辻哲郎の議論をめぐって」（『季刊日本思想史』第六三号、ぺりかん社、二〇〇三年、所収）を参照。

（2）大西克礼『幽玄とあはれ』岩波書店、一九三九年（大西克礼美学コレクション1『幽玄・あはれ・さび』書肆心水、二〇一二年）

（3）大西克礼『風雅論――「さび」の研究』岩波書店、一九四〇年（大西克礼美学コレクション1、前掲書）

（4）大西克礼『美学（下巻）』弘文堂、一九六〇年

（5）本居宣長の「もののあはれ」論については、本居宣長『紫文要領』岩波文庫、二〇一〇年を参照。

（6）相良亨『本居宣長』講談社学術文庫、二〇一一年

（7）藤原俊成「慈鎮和尚自歌合」（石川一・広島和歌文学研究会編『後京極殿御自歌合・慈鎮和尚自歌合 全注釈』勉誠出版、二〇一一年、所収）

（8）鴨長明『無名抄』（日本古典文学大系六五『歌論集能楽論集』岩波書店、一九六一年）、八七頁

（9）唐木順三『中世の文学』筑摩叢書、一九六五年

（10）藤原定家『毎月抄』（日本古典文学大系六五『歌論集能楽論集』岩波書店、一九六一年）、一二八頁

（11）正徹『正徹物語』（日本古典文学大系六五『歌論集能楽論集』岩波書店、一九六一年）、一六六頁

（12）「虚実」論に関しては、支考『俳諧十論』（岩倉さやか『俳諧のこころ』ぺりかん社、二〇〇三年、所収）を参照。

（13）土芳『三冊子』（日本古典文学大系六六『連歌論集俳論集』岩波書店、一九六一年）、三九七頁

（14）「本情風雅」論に関しては、支考『続五論』（古典俳文学大系一〇『蕉門俳論俳文集』集英社、一九七〇年）、二一八頁を参照。

第４部　西田哲学の位置

第15章　「場所」の思想の深層
——「西田とハイデガー」の対比と「世界交差」としての西田哲学

岡田勝明

一　経験と場所

本論を『善の研究』を想起するところから始めたい。

西田幾多郎（一八七〇—一九四五）の処女作『善の研究』の出版は、一九一一年一月であった。二〇一一年はしたがって、『善の研究』出版百周年に当たり、いくつかの記念学会が日本国内や国外で開催された。ちなみに一九一一年には、夏目漱石が「現代日本の開化」という有名な講演を行っている。またその年は、人間的にも、学問的にも、西田の生涯にわたる心友であった鈴木大拙がビアトリス・アースキン・レーンと日本で結婚をした年でもあった。大拙は、一八九七年に渡米、一九〇九年に日本に帰国していた。

ところで大拙と漱石は、ともに鎌倉円覚寺の今北洪川に参禅の経験がある。大拙は、第四高等中学校を中途退学後、東京帝国大学哲学科選科で学びながら、ほとんど大学には行かず、今北洪川の指導のもとに坐禅に励んでいたし、漱石は一週間ばかりではあったが、同寺に滞在して坐禅に努めた。西田が禅の実地修行に励んだことは、有名である。また日本の浄土真宗の開祖である親鸞に対しても、三者は深く共感している。

大乗仏教における禅系と浄土系とが、日本人の生活と人生における伝統的な精神的支柱の一つになっていて、明治の学生たちの間でも、新たにその思想が受けとりなおされるという傾向があったようである。押し寄せる「文明開化」を受け止めるための、受け止めの支えどころが、学生たちによってもこの二宗に求められた。(1)

明治の第一世代であるこの三人は、さらにともにW・ジェームズの心理学に関心を寄せていた。アメリカ滞在中の大拙から、西田はジェームズのことを教えられ、即座にその著書の入手を熱望している。『善の研究』のよって立つ根本原理は「純粋経験」と呼ばれたが、ジェームズの提示した「純粋経験」が西田の考えていたことに結節点を与え、その思索の整理に大きな影響を与えたと考えられる。すなわち、ジェームズの指摘する「関係の意識をも経験の中に入れて考える」という捉え方を支えとして、西田の思索は一つのまとまりへの飛躍を遂げることになったであろうし、次の引用は、その考え方がさらに「場所」という考え方にも展開していくことを予想させる。「ジェームスが「意識の流」において説明したように、意識はその現われたる処についているのではなく、含蓄的に他と関係をもっている。現在はいつでも大なる体系の一部と見ることが出来る(2)」。

西田における「場所」の意味は、ものを入れる空間のようなものではなく、個々のものが関係の中で成り立って居て、また成り立って行く、その関係性の場そのもののことである。その関係は当初、判断における、対象を包む一般概念の包摂関係を意味していた。「於いてある」という独自な言い方は、「場所」が入れ物のようなものではなく、働きの場であることを示そうとしたものである。

「意識は」、あるいは「経験は」、「その現われたる処についているのではなく」、つまりものを入れる空間的なものではなく、「含蓄的に他と関係をもっている」、すなわちその関係性が全体として場となって展開していくことが、「世界」を開くのである。そのような「世界」の有り方が、「場所」である。そのような「場所」の理解自身がすでに、西田以前の哲学の立場の根本的な転回を内包していたが、しかもその場所は当初から、「経験が自覚する場所」という含蓄をもっていたところに、よりいっそう深い西田における「場所思想」の深層がある。

さて、当時の西田の知見の範囲は、『善の研究』で言及される主な人物を見れば、ほぼ推測されるであろう。古代ギリシャの哲学者から、近世哲学の代表者たち、ドイツ観念論者たちが登場するのは、当然である。しかし、ヴント（W. Wundt）、ジェームズ（W. James）、スタウト（G. F. Stout）等の心理学者、またジョットー（Giotto）、イソップの寓話集、ゲーテ（J. W. von Goethe）、シラー（F. C. S. Schiller）、イプセン（H. J. Ibsen）、ハイネ（H. Heine）、テニスン（A. Tennyson）、オスカー・ワイルド（O. F. O. W. Wild）から、ヴァイニンゲル（O. Weininger）、ハルトマン（K. R. E. von Hartmann）、ヘフデング（H. Höffding）、キルヒマン（J. H. von Kirchmann）、クラーク（S. Clarke）、シモンズ（J. A. Symonds）、ニュートン（I. Newton）、パスカル（B. Pascal）、ベンサム（J. Bentham）、ミル（J. S. Mill）、スペンサー（H. Spencer）、ルソー（J. J. Rousseau）、コンディヤック（E. B. Condillac）、ロバルトソン・スミス（W. R. Smith）、ウェストコット（B. F. Westcott）、ロイス（J. Royce）、イリングワース（J. R. Illingworth）、マッハ（F. Mach）、フェヒナー（G. T. Fechner）に至るまで、引用、言及、紹介がある。

神秘主義の思想家、エックハルト（Meister Eckhart）、ニコラウス・クザーヌス（N. Cusanus）、ヤコブ・ベーメ（J. Böhme）、またヴェーダ教、バラモン教、ウパニシャッド、マホメット（Muhammad）、キリストも取り上げられ、パウロ (Paulos)、デイオニシュース (Dionysios)、アウグステイヌス (A. Augustinus)、ドゥンス・スコトゥス (J. D. Scotus)、トマス・アクィナス (T. Aquinas) も登場する。西行、雪舟、『碧巌録』、『無門関』、『論語』、『中庸』、王陽明、荀子も踏まえられる。

当時の教養の概略が、ここに見られる。哲学を学ぶものにとっての基礎的教養の枠組みは、今日の日本においてもなお大きくは変わっていない。とくに『善の研究』においては、ヨーロッパからアジアに至るまでの存在の根本核心を、「純粋経験」という原理によって摑まえようとする意欲が大きく動いている。したがって上に示した洋の東西の代表的な思想ないし思想家たちを貫いて、純粋経験を説明していく、ということが『善の研究』の基本主題となっている。

そのさい出発点となる歴史的な根本的問題意識は、よく知られた次の序文の箇所に明らかである。すなわち、「純粋経験を唯一の実在としてすべてを説明して見たいというのは、余が大分前から有っていた考であった。初はマッハなどを読んで見たが、どうも満足できなかった。そのうち、個人あって経験あるにあらず、経験あって個人あるのである、個人的区別より経験が根本的であるという考から独我論を脱することができ、また経験を能動的と考えうることに因ってフィヒテ以後の超越哲学とも調和し得るかのように考[3]」えたと述べられている。

ヨーロッパの思想原理は個人主義にある、と理解してよい。つまり「個人」が、存在と、それを理解する思想の原理と考えられてきた。アリストテレスの「主語となって述語とならないもの」と定義された実体は、subject（日本語では文脈において、主語、主体、主観と訳される）であり、「個人」の根本性格は subjectability というところに求められた。また信仰においては、ひとりひとりの人間、つまり個人の内面性が信仰の働く場所となるが、アウグステイヌスの『告白』はそのことを物語っている[4]。キリスト教において、少なくともアウグステイヌスにおいて明らかに個人の内面性が信仰の舞台となっている。すなわちヘレニズムとヘブライズムの二つの伝統において、もちろんその語の意味には歴史的変遷が伴うが、ヨーロッパでは「個人[5]」が存在の基体であった、と言ってよいであろう。

ところが近代になって、中世のように個人の根底に神を見ることが退けられるようになった。そのことで、各個人は、他者と、また同時に自然とのつながりを失ってしまったのである。そのつながりをたんに再び中世的な思想に求めたのでは、問題展開の逆行となって問題の解決にならない。ここで言う西欧的な個人主義の底まで行って、その底を破って出てくる思想でなければ真の有効性を有ちえないのである。西田は、「純粋経験」という原理を握ってその底を破る道を歩もうとしたのである[6]。それが「場所の思想」であり、個人（私）と世界（私と汝を、さらに彼をも含む関係性の全体）とは最終的には、「個人が自覚するとき世界が自覚し、世界が自覚するとき個人が自覚する」というところまで見通されるようになる。

したがってよく論じられるように、日本的思想を使って西洋の底を破ろうとしたのではない。あくまでもヨーロッパの伝統の道を歩き抜くことで、西田はそのことを果たそうとしている。ただし東洋的伝統の中から、新たに近代ヨーロッパ世界の伝統を革新するような要素が見出されていくのである。その第一の、また根本的な着目点が、ことに後から見直せば、西田における「純粋経験」によく見出せる。

そもそも「経験」また「体験」という語は、「experience」の訳語であった。つまり「経験」と言ったときには、すでにヨーロッパの概念の翻訳において考えられているのである。西田においては、その理解の過程の中で、「個人」より「経験」が根本的と考えられるようになった。

通常経験は主観的である、と見なされている。しかしそれは、経験をアトム的な個人の意識面における現象と見ることから生じる経験理解である。経験自体は、経験する主体と経験するものが居る環境世界との相互関係において成り立っている。きわめて主観的とされる「感覚」ですらも、世界の外から感覚するのではなく、世界の内で感覚するのであるから、経験主体の感覚は、主体の出来事であると同時に、世界の出来事である。世界を直接的に経験する機能を果たすのが感覚であるが、「機能」と訳される「function」は、また「関数」の意味でもある。つまり主観と客観との相関関係から形成される形が、たとえば感覚というものの「機能」なのである。

しかも感覚は、感覚主体の受動的にして能動的作用、すなわち受動するという働きをなす能動性である。したがって経験主体の働きは、世界の外から世界とかかわることではなく、自己のうちから世界を形成する働きとなる。そこに経験が自覚的であり、また場所的であることの原初的事態がある。

経験は、自己および世界を知り、そのことが自己と世界との形成作用へと展開する事実としての出来事である。そもそも「experience」とは、「やってみる（見る）」、すなわち事実に出会うという行為によって知る、西田の表現を借りれば「事実そのままに知る」、という意味であった。ただしこのように理解されるのは、自己の居る世界においての経験、すなわち自己を世界の中において捉えられた経験理解であることに注目しなければならない。

近代において通路をなくした「人間と自然」、また「自己と他者」とを一つにつなぐ手がかりは、したがって上に述べたような「経験」の在り方の内に求めることができる。とくに自他関係でいえば、個人よりも経験をより先にあるものとすることによって、世界に於ける他者として、各自の存在の「底」に、しかもどこまでも他者である以上は自己とは異なるゆえに、また自己の「隣」に、他者を見ることができる。「アトム的個人理解」から、経験という共通の「場所」を共にしてなり立つ個人理解、すなわち「場所的個人理解」へと、西欧的思想の基盤の上で、しかし経験をより一層根源的に捉えることで、考えることができるようになる。

「経験」を「自他関係」の根拠と考えることができるのは、自他がともに在る場に開かれているからである。自己が他者に開いており、また他者が自己に開いているという「開け」において、自他関係は可能である。だから、「場所」は「開け」と言ってもよい。したがって自他関係を内包する「経験」は、まずは「開け」としての「場所」として把握される。

二　西田とハイデガー

人においても物においても、自他が相互関係の内に立つことができるのは、それらがともに共通の場所にあるからである。事物の相互関係の根拠、つまり物と物とを集めて関係の内に立たせる開けの働きをなすものを「場所」と呼ぶことができる、ということを上に述べた。ところでハイデガーは、一九四九年「ブレーメン連続講演」[7]において、「物（Das Ding）」という表題の第一講演を行っている。その講演においてハイデガーは、物が物としての働きをなすことを、「dingen（物する）」という造語的な語を使って表現し、その働きを「集めること（versammeln）」としている。以下に述べるように、ハイデガーの「物する」という働きは、ものを関係の内にひらく「場所」の働きと、一面において通じ合うと考えられる。西欧の伝統的な思考の中からハイデガーが引き出してきた、物の本質についての理解について、まずはもう少し詳細に追っておこう。

ハイデガーは物の本質を考えるための例として、取っ手と注ぎ口のある「瓶（かめ・Krug）」を取り上げる。瓶は液体をしばし保存し、その保存された液体を他のものに注ぎ出す働きをなす。ところで瓶が瓶という物の働きを遂行しているのは、壁面と底面におおわれた空間部分である。つまり「空（Leere）のところ」が、瓶の物としての働きを支え、その根拠となっている。

古代ギリシャの哲学者パルメニデスは、空虚は非存在であることを示すために、空のバケツを逆さまにして水中に入れた、と伝えられているが、瓶における空虚という事柄を例に使ったことは、意味合いが異なるにせよ、パルメニデスを思い起こさせる。いずれにせよ大乗仏教思想において、「空」が存在の「根拠ならざる根拠」と考えられている。そのような「空」への連想が動いていて、ハイデガーは物の例として瓶を使用したのではないか、という想像も誘い出される。

さて、瓶は注がれたものを保存する。保存するのは、注ぎ出すためである。しかし注ぎ出すことは、液体が保存されていて初めて可能であるから、保存することに注水することは依存しており、その保存ということは空であることによって可能である。

注がれた液体はなんであれ、もともとは大地にあった水に由来する。その水は天空から降りてきたものである。瓶に保存された水は、瓶を所有する自己の咽喉を潤すこともあるが、注ぎ出て潤すという働きは、本質的に、他者のために自己をささげるという働きである。その行為は、人から人へということもあるし、人から神へということもある。

注がれたもの（Guß）」というドイツ語は、「注ぐ（gießen）」という語から由来し、さらにそのインドゲルマン語の語源は、「犠牲にする」という意味の「ghu」であるという語源説をハイデガーは示して、「注ぐこと」とは、「犠牲になって献上すること」という意味になることを指摘する。

注ぐことのうちに、天空（der Himmel）と大地（die Erde）、人間（死すべきものども die Sterblichen）と神（神的なものたち die Göttlichen）とが居り合わされることになる。瓶という物の本質は、このような四者を宿らせるところに見出される。

すなわち「瓶が物であるのは、瓶が物化する〈der Krug dingt〉かぎりにおいてなのだ。物の物化のはたらきから〈Dingen des Dings〉、瓶という種類の現前的にあり続けるものが現前的にあり続けるはたらき〈das Anwesen des Anwesenden〉は、出来事としておのずと本有化〈ereignet sich〉され、ようやく規定されもするのである」[8]と述べられる。物であるという働きが働くこととは、現前的に、つまり本来的に存在することである。その存在において、上記の四者が単一性（Einfalt）の内に在るようになる。

ハイデガーは、四者が「統一」されるとか「融合」されるという言い方ではなく、「一つに落ち合う（einfallen）」という言い方をしている。すなわちその表現が意味していることは、四者はそれぞれの在り方をしていながら、「自ずから一つに重なり合う」という関係に開かれる、ということであろう。

それぞれが独自でありながら重なり合う仕方をハイデガーは、「単一性を出来事として本有化する反照－遊戯〈das ereignende Spiegel-Spiel der Einfalt〉」[9]と呼び、「反照－遊戯」を「世界が世界すること〈Welt weltet〉」、つまり世界がその本質的な世界のあり方をすること、としている。

物が物すること（Dingen）とは、世界が世界すること（Welten）であり、もちろん相違はあるにせよ、関係性にもたらすという意味では、それは西田的に表現すれば、場所の働き、と言ってよいであろう。しかもハイデガーが現前性を強調し、本有化（Ereignen の原義は、目前に見る、という意味である）を語るところも、西田の「場所」と共鳴する。西田は、論文「場所」において、「真に純なる作用というのは、働くものではなく、働きを内に包むものでなければならぬ。潜在有が先立つのではなく、現実有が先立たねばならぬ」[10]と述べている。Ereignen と energeia との関わりは、なお熟考を要するが、両者を一つにつないで考えるところに、「場所」についての西田思想の深処がある。

いずれにせよ、「場」も「所」も漢語としてあるが、両語を一つにした「場所」という表現は日本で作られたようであり[11]、たとえば一月の相撲興行を「初場所」と言うように、「場所」はある行いや働きが現前的になされることということニュアンスを持つ。

また西田は「場所」の働きを、意識をモデルにして見出しているが、その働きとは「包む」ということであった。意識という場所の働きを、判断の働き（「或るものを、何々である」と判断することは、或るものを、何々という普遍者ないし概念において包み捉えることである）から考えることで、それは「包む」ということとして理解された。「包摂判断の述語面が述語となって主語とならないと考えられた時、それが私のいわゆる場所として意識面であり、これに於てあるということが知るということであるというのが、私が「場所」の論文において到達した最後の考である」[12]と、「左右田博士に答う」で述べられている。

個物を一般者という場所に於いて「包摂」することが「知る」ということであり、意識における包摂の仕方を西田は「映す」と呼んでいる。個物を普遍のうちに「移して見る」ことが、「映す」ことである。

ところで「うつす」の漢字表記は、「写、映、移、さらに現（「夢か現か」の「現」）」等によってなされうる。映すことは、たんなる写像を形成することではなく、影を映す（西田が「影像」、つまり「映された像（形）」という言い方をするときに、すべての存在の本質はイデアを映した影である、というプラトンの思想をまずは踏まえていたと考えられる）ことは、そこに本質である真の実在性を移し現じることとみなす考え方が、日本的発想にはもともとある。（人影の影をその人の魂と見ることから、日本の古い時代の肖像画には、ヨーロッパの人物像の描写と異なって、陰影の影は描かれなかった。その人物の影である肖像画そのものが、その人物の魂であったからである。明治時代に、写真を撮られることは魂を奪われることと考えられたことも、このような理解を裏付ける。）

いかにしても述語とならない主語、すなわち普遍のうちに包摂されない個物を映すには、「見る」という働きが、「見るものなくして見る」という働きでなければならない、と考えられざるを得ない。そのような「見る」を述語の働きと考え、その働きが「場所」と呼ばれたのである（そのような命名も、プラトンが参考にされている）。

さてハイデガーにおける、単一性（Einfalt）という関係性の場ということに話を戻すと、単一性における四者相互のあり方を「反照（Spiegel）」、つまり鏡に物を映す（spiegeln）ようなものとハイデガーは考えた、ということは、用語の使用法から言って、間違いないであろう。場所、あるいは世界における関係性を、「映す」というところに見たところには、西田とハイデガーの両者のある類似性がある。

ハイデガーにおける「映す」は、それぞれ異なるものが一つの原理に統合されるのではなく、独自な在り方にありながら一つに重なり合うという仕方で「映し合う」ことによって果たされる合一（「見る」）を表現している。西田においても、合一は「重なり合い」というように考えられた。

「映すものと映されるもの」、つまり主語と述語、あるいは主観と客観とが一である時、その「一とは両者の背後にあって両者を結合するということではない、両者が共に内在的であって、しかも同一の場所において重なり合うということでなければならぬ。あたかも種々なる音が一つの聴覚的意識の野において結合し、各の音が自己自身を維持しつつも、その上に一種の音調が成立すると同様である[13]」、と西田は述べる。たとえば生と死とは対立する。しかし西田が考えようとしているのは、「生即死」というような矛盾した事態、あるいは罪が救済と一つになるような、わたしたちの現実的、事実的な場の事柄である。矛盾が成り立つ処では、矛盾する両者は統一されるのではなく、同じ場所に重なり合う仕方で共在する。個物それ自身がそもそもの始めから、場所性を本質とするが故に、「同一の場所において重なり合う」ことができるのである。「場所と場所とが無限に重なり合っている〔…〕限りなく円が円に於てある[14]」、とも言われる。

西田においては、「見るものなくして」働くゆえに真の「見る」ことが可能になる。ハイデガーでは、見るものという個別的主体を貫きながら、なおかつ「一つ」になりうるゆえに、「見る」ということが成立すると考えられている。だから決定的なところで相違が見出されるのも事実だが、「映す」ということで考えようとされていることには、共通性がある。

さらに後期西田は、場所的存在者の具体的なあり方として技術に注目し、ポイエーシスを中心にしてその哲学を語るようになる。他方ハイデガーにも、「技術への問い」という著名な論述がある。そこで次にハイデガーが考察した技術の本質に簡単にふれておくことにしたい。

目的達成のための手段を技術の性質だとする考え方は、一般的に広く行き渡っている。しかしハイデガーは、手段とされる技術と、技術の本質とを区別すべきことを提言する。端的に言えば、伏蔵（Verborgenheit）から不伏蔵（Unverborgenheit）へと、「こちらへと－前へと－もたらすこと（Hervorbringen）」が技術の本質であるとされる。すなわち技術は開蔵（Entbergen）ということ、つまりギリシャ語の原義で理解されるアレーテイア（隠れ無きこと）という真理の事柄に属する、とされる。

「テクネーにおいて決定的なことは、作ること（Machen）や道具を使って仕事すること（Hantieren）ではないし、さまざまな手段の利用ということでもなく、すでに述べたような開蔵ということなのである。制作としてではなく、このような開蔵としてテクネーは〈こちらへと－前へと－もたらすこと〉の一種なのである」[15]、すなわち隠れなき明るみにもたらすという真理の領域の事柄に、技術の本質が見届けられるのである。

古代ギリシャにおいてテクネーとは、知の一種であり、知とはある事柄を明るみにもたらすことであった。そのさいテクネーは、ポイエーシスという仕方で何ものかを現前的に見えるようにすることなのである。明るみにもたらされ見えるようになったもの、つまり輝き（Scheinen）のなかに現われるもの、すなわち現象すること（Erscheinen）にあたって、さまざまな要因が一つに集められるということが起こる。何かを作るということ、すなわちポイエーシスとは諸要因を一つに集めることであり、そこに物が現出して、真理の内にあるようになる。

次節で述べるように、身体を手がかりに西田が語る技術、すなわち「物となって考え、物となって行う」ことにおいて「作られたものから作るものへ」展開する歴史的身体的行為としての技術とは異なるが、「世界」という問題の中で、技術が論じられるところだけに注目すれば、両者に共通性を認めてもよいであろう。理解の仕方はそれぞれ異なるにしろ、「場所」ないし「世界」、さらに「映す」とか「技術」とかという問題が問われるところには、西田とハイデガーにおける近さと遠さの交差点があると考えられる。その点を考察することによって、西田の場所思想の深淵への理解を得る手掛かりが与えられる、と思われる。

三　近さと遠さ

個人よりも関係性、ないし個々人が居る「場所」をより根源的なものと考える思考のベクトルが、東アジアの伝統の中にある。しかしその近代以前のアジア的思考が直通で西田の場所的発想を生んだ、とは言えない。また西欧近代を通さなければ、近・現代における普遍的問題として論じるにあたり、共有の基盤に立てない。西欧近代の枠組みを使いながら、その限界を超える試みが、西田における「経験の場所から存在を見る」という試みであったと考えられる。

ところで西田の思考の特徴は、一つの原理に他を従わせようとするものではなく、問題の根本的な対立の所では、どこまでもそれぞれの立場を固守しつつ、むしろ一つの立場を通すことでその立場が徹底されて、かえってその底が抜けていくという展開をもつ。場所を、「底抜けの底無し」という意味で、「絶対無の場所」と名づけたとも、理解されてよいかもしれない。いずれにしても、自己の底に徹して矛盾が露呈し、底が抜けて新展開に入っていくという論理展開は、弁証法的であって、西田はヘーゲルを超えてヘーゲルの弁証法を徹底したとも言えるかもしれない[16]。その弁証法的論理の内容を示す術語が、「絶対矛盾的自己同一」である。その表現は、矛盾と同一がたんに一つになるということではなく、絶対に結びつかないものが結びつくという考え方を示している。したがって、その語の意味は、結びつかないということにおいて結びつく、結びつくということにおいて結びつかないということが起こる、という仕方で理解せざるを得ない。そのような論理の具体例は、「生と死」の関係である。

さて「個物と場所」の絶対矛盾的自己同一の関係の考察は、具体的考察の対象として身体に向う。論文「論理と生命」[17]は、晩年における西田哲学の展開の原型を見ることのできる重要な論文と考えられるので、次に「場所の働き」の具現化としての「身体と技術と物」について、この論文をテキストとして考察を進めたい。

すでに、場所は自他関係として開かれるという点について指摘したが、自他（「自」「他」は人間も事物も含む）が働きあうということを西田は「行為すること」と考えるようになる。すなわち、「表現的な歴史的世界の立場から物を考えるには、働くということも関係ということから考えてよいと思う」[18]、さらに「我々の自己は行為的でなければならない。行為をする所に人間の存在があるのである。行為するということは、道具を以って物を作ることである」[19]と展開されていく。

場所に於いてあるものは、「場所と於いてあるもの」と、「於いてあるもの同士」の関係の中にある（ただしこの二種の関係は、一つに重なり合いもする）。この両関係の「於いてある」ことは、働くということは関係するということであり、関係するということは行為することであり、行為することは道具を使って物を作る（「作る」ということは「ポイエーシス」という意味である）ということに、一つ重なりに具体化される。

身体を道具にして物が作られるが、さらに作られたものを道具にして、道具の道具を作って人間は物を作ろうとする」こととなるのだが、その事の徹底が逆転を呼び起こす。たとえば木材を使って椅子を作る場合には、使用される木材の性質に従って椅子を作る技術が使用されなければならない。すなわち、自己が世界になるためには、まず自己を否定して世界に没入しなければならなくなる。したがって「自己が自己を失うということであり、逆に世界が世界自身を形成すること」[20]となる。さらにしかし「生命の矛盾〈筆者註：自己の矛盾、と言いかえてもよい〉というのは、自己を否定することなくして、自己を否定するものを否定することができないということ[21]」であるから、自己を否定することは逆に自己を活かすことになる。すなわち作るものは作られたものになり、作られたものになる、自己がものになることで作るものになる、つまり「作られて作る」のである。創造に焦点をあてれば、「作られたものから作るものへ」という言い方になる。

西田においては作るということが右のように考えられたので、技術とは物になることとされる。物となって働くということは、ハイデガーの「dingen」とか「welten」という言い方でも説明できるであろう。世界において物が集まって関係が展開していくことに、技術の本質が認められる。

しかし西田は、物になり物を作るということを、機械的ではなく身体的に見ている。身体においては、物質と生命と精神とが一つになっている。身体は肉体という物質の有り方をしながら、もちろん生命の宿るものであり、感じたり考えたりする心の働きもなす。身体には、「自己」という有り方も現前してもいる。

身体において、物の無常は、生物的死を通過して、ハイデガーが人間を「死をよくするもの」と表現したような、人間のみが死に得るという意味での死、すなわち人間的死は、物と共鳴し、共振する。物となってしまうということは、死に切るということである。この精神の働きが断ち切られる、という「死」の意味が、西田においては徹底する。物質の世界は、徹底した死の世界なのである。ここに西田の「物となる」とハイデガーの「dingen」との相違がある。

「日本文化の問題」の中で、西田は「制作」は「物を通す[22]」ことでなされる、と述べ、そのように働くものを、「制作的自己」と呼んでいる。「主体が残されて居るかぎり、それは尚主体から考えている[23]」のに対して、自己の絶対否定の遂行が「物となる」ことである。そこにいわば「絶対客観主義」が成立する。それは物としての死を通す、ということでもある。

ところで田辺元は、晩年に独自の「死の哲学」を展開しているが、ハイデガー批判を意図した「生の存在学か死の弁証法か」も「死の哲学」の一つの試みであった。その論文において、田辺はハイデガーの、本論でもすでに取り上げた講演「Das Ding」について論述しているが、その批判の焦点は、ハイデガーの立場はなお「観念論」である「同一性」の立場に留まる、というところにある。その立場においては、「否定突破の絶対無的超越性を媒介とする観念実在論は成立せぬ」[24]、なぜならこの立場を成立させる「存在の根源としての無」による死・復活の「「反復」的転換は現実に行証せられること」[25]がないからである。「生を超え、死を超ゆる何ものか［…］その何ものかを生の彼岸に超越するものであると考えるにしても、それがどこまでも生の此岸から指向せられ要請せられたものである限りは、実はやはり生の要求上定立せられた観念に止まり、真に超越的なるものであるという実証はない[26]」のである[27]。

中世の西洋神秘主義にまで遡ればどうなるかは別として、少なくとも近世以降における東西思想のある種の近接、その最も興味深い例としての西田とハイデガーにおいて、「場所としての世界」の理解の近さを認めることができつつ、しかしその根底において遠さがある。

特に近世以降において、西欧思想は、生の絶対的な厚みに定位して展開される。無の思想に近づいたハイデガーすら、なお生（存在）の上での死（無）という立場に止まるという田辺の批判は、おそらく正鵠を得ているであろう。しかし西欧における存在の立場の厚みは、実証的な強さのゆえに、簡単に底を破れるものではなく、かえってその強さによって無の立場ははじき返される可能性が高いと考えられる。ところがかえって実証的な事実性の底に徹することが、その底を破る道に通じることになる。西田の「平常底」が、そのような立場を示す。

ところで西田が死の側から死を考えることができたのは、何故であろうか。一言で言えば、伝統的な禅の体験と思想の影響と言えるであろう。しかしもう少し歴史的な経緯を掘り下げてみると、仏教思想との対決によってかえって仏教思想を内に取り入れた新儒教の伝統が、あるいは言い換えれば、中国仏教思想と新儒教思想との共通的基盤が、そのような可能性の礎になっていると考えられる。

たとえば朱子が書いた「白鹿洞書院掲示」には、その精神が端的に述べられている。そこには「修身の要」が書かれており、修身を基礎とした上で、「事に処する要」、さらに「物に接する要」が説かれている。修身とは、禅の宗旨である「己事究明」の事柄であるとも言える。その道が、どこまでも「自己」を世界に於いて考え、また物となることへと徹底させたのである。

『善の研究』の「第三編　善」において、「実地上の真の善とはただ一つあるのみである、即ち真の自己を知るというに尽きて居る[28]」と言われ、他方「善とは一言でいえば人格の実現である」と言われる[29]。すなわち、真の自己を知ることはそのような自己の実現と一続きの事柄であるという「知行合一」の伝統思考が、そこに見られる。ところで『善の研究』の「序」において、「善の研究」と名づけた由来は、人生の問題が終結と考えたからであると述べられているが、終結的な人生の問題は、上に述べたことを踏まえれば、真の自己実現であり、己事究明の事柄であり、それが『善の研究』のテーマであったと言うことができる。

己事究明を通した自己実現というテーマは、最晩年まで貫徹されていて、後期に中心的に述べられる「作る」ということは、「自己形成」という事柄と一つに結びついて考察される。その立場での自己形成は、「物となって考え、物となって行う」ということとなる。作ることが、どこまでも自己形成と離れなかったのは、中国に端を発した己事究明としての修身の事柄として受け止められていたからであると考えられる。もっともソクラテスも、「自己自身を知る」ことを哲学の本義としているし、釈迦の仏教においてもそれは求道の初心ともいえる。

「私は近世のヨーロッパに於て始めて私の所謂作られたものから作るものへとしての矛盾的自己同一的な世界の性質が現れて来たと思うのである。そしてそれには世界の環境的自己形成として、科学の発展と云うものがあったことは云うまでもない[30]」、と言われている。すなわち西田は最終的には、東アジアを通って出て、西洋をも貫通して、近代西欧思想をも、自己の思想の一つのモメントとして位置付ける立場に立った。西田は著作『日本文化』において、近代西洋の基礎に自然科学を置き、中国社会を人間を基礎にした道徳的立場とし、日本文化を「事」に徹したものとする考えを述べた。自然科学も宇宙（the universe. uni- は「一つの」という意味）という一つの世界を前提にして、その中で営まれている。中国は中華思想に見られるように、その社会を一つの世界（the universe）と見ていた。つまりどの文化においても、ある種の場所的世界を踏まえている。そのような多様な世界理解の中で、たとえば日本と中国と西欧という「世界」が交差するところで、「世界交差」の可能性の基礎理論として西田哲学を考察することは、多元的世界を多元的なままで一つに重ねる道を示唆することになるであろう。

四　「背景」としての「場所」

「自己の探求」という究明の筋で貫かれるともみなせる西田哲学の、もう一つの貫徹の筋は「我考える」である。両者が一つになるところに、西田の場所論の深層が潜む。

近世以降の第一原理をデカルトは、「コギト　エルゴ　スム」のコギト（cogito, 我考える）に見出した。デカルトのコギトに含まれていた原理的問題をさらに解決したものが、カントの「「我考える（Ich denke）」は私のすべての表象に伴うことができねばならない」と言われるときの「我考える」であった。西田はこのカントの「我考える」を、「私に意識せられる」と訳している。「cogito」から「Ich denke」へと進む原理的展開の方向に直属して、西田は「私に意識せられる」という場所的意識の理解を展開しているのである。

その場所的意識を明確にした論文「場所」で述べられる一つの注目点は、意識における「全き無の場所」

では、感情も意志も、すなわち「情意も映される」と述べられるところにある。ここでは絶対自由の意志も知の裏面底に見られ、理性もそこでは「感ずる理性」である。「〈作用を超越した対立なき対象は如何なるものか〉かかる対象も何かに於てあらねばならぬ［…］真の無はかかる有と無とを包むものでければならぬ［…］真の無は有の背景を成すものでなければならぬ［…］有無を含んだものは一つの作用と考えられる。しかし作用の背後にはなお潜在的有が考えられねばならぬ。本体なき働き、純なる作用というのは本体的有に対していいわれ得るのであるが、作用から潜在性を除去するならば、作用ではなくなる。かかる潜在的有の成立する背後に、なお場所という如きものが考えられねばならぬ(31)」。

作用をも内に包む真の無の場所は、作用の「背後」にある場所と言われ、そこは情意も映される場所である。その場所は、存在の「行間」とか「余白」等々と言い換えてもよいであろう。

『善の研究』の「版を新たにするに当って」において、「夢見る如く」眈った考えがこの書の「基」、言い換えれば「背景の場」になった、と言われている。純粋経験という原理として表に出る前のところでは、「我欲す」と一つになった「我考える」が、「(はっきりと「我考える」という形を取らないで) 夢見る如く眈った考え」に包まれていたのである。そこが背景となっていて、そこから前へと動いて出てきたものが純粋経験であった。そうであれば、純粋経験からさらに動いて出てきた場所という思想は、背景としてあった場所が場所として自覚されて出てきたものであったのではなかったか。純粋経験の内に場所という発想がすでに含まれていたことを先に述べたが、さらに根源的には、純粋経験の背景となる「夢着る如き我考える」という場所があったのである。このような場所から純粋経験へという局面こそ、西田の「場所」の深層ではなかったか。

しかもその場所は、情意をも包むものとして、「夢の如き」もの、すなわちイメージに溢れている。このようなイメージの世界こそ、知るということが成り立つ数歩前のその「もと」を形成する背景となり、また行為を促す働きをしていて、それゆえ「知行一体」であるところである。そこではまた「主客一重」である。そういう「もと」が、また異なる世界の世界交差を可能にする。

さまざまに焦点化され得る西田における「場所の深層」とは、深底的には、このような「背景」という立場の事柄に関わるであろう。(32)

注

(1) 漱石が正岡子規と親しく交際を始めた頃、子規は漱石に次のようなからかい気味の書簡を送っている。「我文科誕生已来夙ニ一個の親鸞上人あるを知る、一個の達磨大師あることを知らざりき。開明の今の世の中、坐禅の節ハ尻の下に空気枕をしくよう御注意奉願候」(『漱石・子規　往復書簡』、和田茂樹編、岩波文庫、二〇〇二年、四三頁)。

(2) 『善の研究』、岩波文庫、一九七九年改版、二二頁、より引用。なお二〇一二年改訂第一刷、二六―二七頁。

(3) 同書、四頁。

(4) 参照、富松保文『アウグスティヌス　〈私〉のはじまり』、日本放送出版協会、二〇〇三年。

(5) ギリシャ語の「atomon」がラテン語の「individuum」と翻訳され、英語では「individual」となり、「個人」と日本語に翻訳された。したがって日本語の翻訳語「個物」また「個体」は、原語では「個人」と同語である。物体と人間また人間社会とが、同じ構成原理から捉えられていることを、端的にこの翻訳語事情は示している。

(6) 参照、『三木清　パスカル・親鸞』、大峯顯編、燈影舎、一九九九年、二五四頁。

(7) 「物（Das Ding)」、「駆り立て体制（Das Gestell)」、「危機（Die Gefahr)」、「転回（Die Kehre)」という四講演が、行われた。

(8) 『ハイデッガー全集　第七九巻　ブレーメン講演とフライブルク講演』、森・ブフナー訳、創文社、二〇〇三年、二二頁。なお〈 〉内のドイツ語は引用者による。以後も同様。

(9) 同書、二五頁。

(10) 『西田幾多郎哲学論集　I』、岩波文庫、一九八七年、七九頁。

(11) 「働」という漢字（「人」が「動く」）も日本で作られたもので、西田は当初ドイツ語の「handeln」の意味で使用している。「Hand（手）」を意味する語が「働く」と理解されたことは、後の西田哲学の展開から言っても興味深い。もちろん「wirken」という語も、想定されうる。
(12) 『西田幾多郎哲学論集　I』、岩波文庫、一七九—一八〇頁。
(13) 同書、一一七頁。
(14) 同書、一二六頁。
(15) ハイデガー『技術への問い』、関口浩訳、平凡社、二〇〇九年、二一一—二一二頁。
(16) 弁証法については、田辺との対立を考慮すべきであるが、本稿では指摘のみに留める。
(17) 『西田幾多郎哲学論集　II』、上田閑照編、岩波文庫、一九八八年、一七三—三〇〇頁に所収。以後「論理と生命」からの引用は、この岩波文庫版により、たんに「論理と生命」と表記、頁数のみを示す。
(18) 「論理と生命」二一五頁。
(19) 同書、二〇〇頁。
(20) 同書、二三四頁。
(21) 同書、二二九頁。
(22) 『西田幾多郎全集　第十二巻』、一九六六年、三六七頁。なお新仮名遣い、新漢字に改めている。
(23) 同書、三六二頁。
(24) 田辺元『死の哲学』、藤田正勝編、岩波文庫、二〇一〇年、二六二頁。
(25) 同所。
(26) 同書、一五頁。
(27) ハイデガー批判の向こう側にはさらに西田批判があったであろうが、「絶対無」理解をめぐって、両者への批判は、田辺において複雑に絡み合うと考えられる。
(28) 『善の研究』、二〇六頁。
(29) 同書、二〇二頁。
(30) 『西田幾多郎全集　第十二巻』、三五六頁。

(31)『西田幾多郎哲学論集　I』、岩波文庫、七八頁。

(32)「背景の場所」は、西谷啓治の「空の立場」に通じるであろう。

＊本論は、二〇一二年一月五日台湾中央研究院にて発表した原稿に加筆訂正したものである。

第16章　モナドロジーと西田哲学
——「一と多の矛盾的同一」について

片山洋之介

西田幾多郎は一九三九年二月一〇日付の下村寅太郎宛の書簡で、「ラ（イプニッツ）氏が一生アルス・コムビナトリアを考へ　最后にそのためすべての知識の根底としてモナドロジーの如きものをかいた　私は〈絶対矛盾の自己同一〉を以てそれと同意義のものにしたいと思ふ」と書いている。本章では、モナドロジーと西田哲学を対話の場に置いて、「一と多」ないし「個物と世界」の「矛盾的同一」[1]について考えてみたい。

その見地から、西田がライプニッツについて主題的に論じたテキストを、三段階に分けて考える。①一九二〇年刊の『意識の問題』に収められた小論（「個体概念」および「ライプニッツにおける本体論的証明」）。②一九三八年の『思想』（五月と六月）に掲載された「歴史的世界に於ての個物の立場」（『哲学論文集第三』に所収）。③一九四四年の『思想』六月に掲載された「予定調和を手引きとして宗教哲学へ」（『哲学論文

集　第六』に所収）[2]。

年代的にも偏っていて、西田の思想発展をこの三段階に合わせるのは無理があるが、西田のライプニッツ解釈との関係で概観すると、①の「個体概念」では、ライプニッツの個体概念が、主に『形而上学叙説』（一六八六年）を手がかりに、批判抜きに紹介されている。その後、①と②の間には、一九二六年の「場所」をはじめとする〈場所の論理〉の展開があり、さらに「個物と個物の相互限定」が働くとされる「弁証法的一般者としての世界」が、矛盾をはらんだ〈歴史的世界〉として問題とされるに至る。そうした新たな立場から、②の「歴史的世界に於ての個物の立場」では、モナドロジーが批判的に論じられ、その批判に重ねる形で、歴史的世界が「多と一の矛盾的自己同一の世界」として描かれるのである。②に続いて翌一九三九年に出された「絶対矛盾的自己同一」でも、しばしばモナドロジーを手がかりに西田の論理が展開されるが、③の「予定調和を手引きとして宗教哲学へ」になると、モナド論や予定調和論を（もちろん西田の解釈のもとで）自身の考えとして語るという印象がさらに強くなる。しかしまた、②や③の後半で示される宗教哲学では、「唯一の個」が強調されるとともに、モナドロジーを超えた立場が表明されている。その思想は、遺稿の「場所的論理と宗教的世界観」（一九四五年）につながっていく。宗教の場面においても「絶対矛盾の自己同一」の論理が捨てられるわけではない。道徳的・社会的な場面ではいわばヨコの関係で捉えられた「自他の矛盾的関係」が、宗教の場面では、「絶対他者に面する自己」の矛盾的関係として、いわばタテの関係において論じられると言えるだろう。

以上概観したように、時期によってライプニッツの取り上げ方にも変化が見られる、それは西田の思想深化の、一つのメルクマールともなろう。

一　個物の〈一〉と、世界（宇宙）の一[3]

「個体概念」で西田は、ライプニッツにおける個体概念を次のように紹介している。

ライプニッツはすべて真なる命題は主語の中に述語が含まれて居らねばならぬといふ考えから出立して、真の個体概念とはその中に「或者に生じた又生ずるすべての事件」を含んだものでなければならぬと考へた。［…］アダムの個体概念の中に尽未来際に亘りてアダムによって起るすべての事件が含まれるといふことは、アダムに於て起る一々の事件が予定調和によって全世界との関係に於て定められたということを意味する。個体が個体となるといふことは全世界と動かすべからざる関係に入込まねばならぬ。ライプニッツは近世哲学に於てはじめて個体概念の真相に到達した人といふことができる。（二p. 451-2）

以上の紹介を手がかりに、ライプニッツにおける個体概念の射程と問題を見ておこう。「個体は全世界と動かすべからざる関係に入り込む」とは、過去未来に個体に起こる出来事すべて、のみならず全世界に起こる出来事すべてが、互いに関係しつつ、個体の内に含まれ、表現されていることを意味する。しかもライプニッツは、それぞれに異なった性質をもつ個体が無数に存在し、二つとして同じ個体は無いという。そうだとすると、後年西田も問題にするように、個体は「自己矛盾的概念」と言わざるをえないだろう。諸個物は、それぞれがすべての物事を統一する「一」でありつつ、それぞれが「唯一」であるゆえに「多」と言わねばなるまい。その場合、諸個体が併存する世界の統一性はいかにして保証されるのか。個々のモナドが唯一独自な仕方で世界の全体を表現し統一するのだとすれば、世界にはモナドと同じ数だけの中心があることになる。個々のモナドの〈一〉を強調すればするほど、それらの〈多〉が浮上せざるをえないのではないか。——この疑問に対してライプニッツは次のように答える。

同じ町でも異なった側から眺められるとまったく別の町に見え、多様な展望に応じて多くの町が存在するかのようである。同じように、単純実体は無限に多であるために、それらと同じ数だけ異なった世界が存在するかにみえる。しかし実はそれらは、個々のモナドの異なった観点から見られた、唯一の世界への諸展望 les perspectives d'un seul (univers) なのである。(『モ』57)

そうであってこそ、できる限りの多様性とともに、にもかかわらず最大限の秩序を　獲得することができる。すなわち最大限の完全性を獲得することができる。(『モ』58)

至高の作者の完全性からは、さらに次のことが帰結する。[…] 世界全体の秩序が可能な限り最も完全であるだけではなく、自分の視点にしたがって世界を表現する個々の生ける鏡、すなわち個々のモナド、個々の実体中心も、他のすべてと両立する compatible ような、最も統制された知覚と欲求をもつにちがいない。(『原理』12)

すべての実体は、他のすべての実体を、それらと結ぶよう定められた関係に従って、厳密に表出する。そのように図っている普遍的調和 harmonie universelle というものがあるのだ。(『モ』59)

ライプニッツによれば、パースペクティヴの多様に応じて多様な世界が存在するわけではない。諸個物はそれぞれに独自でありながら、全体として秩序を形成するような統制がはたらいているのだ。個々のモナドが世界の鏡だということは、「多における一の表現」であるとともに「一における多の表現」でなければならぬ。「一即多かつ多即一」ということになるが、その支えとなるのが、神の完全性に由来する最善世界の仮説であり、予定調和への確信である。ライプニッツによれば、神は「最善」という基準にもとづいて、現に在るこの世界を創った。最善の世界は完全な世界であり、彼の中心的な規定によれば、「最大限の多様性と最大限の秩序」が実現している世界である。諸モナドによって構成される世界は、同じような個物から成る画一的な世界ではないし、さまざまな個物が散乱するアナーキー状態でもない。モナド相互の「多における多の表現」も、全体としての〈一〉に統制され、調和が保たれている。――神は完全であるゆえに、こうした最善世界を計画して現実世界を産出した。そこにこそ、「何故に他の世界ではなく、このような世界が現実存在するのか」の理由、また「現実世界において、事態がこのように進行し、他のようには進行しないのは何故か」の理由がある。一々の個体は、また世界に起こる一々の事件は、「最善」を目指した神をも表現していることになる。華厳の理事無碍、事事無碍にも通ずる、この壮大で神話的な「合理主義」をどう考えるか。

この小論では、西田は次のようにいう。

全体との関係を或る物の性質の中に入れて見ることによって、個体概念が成立するのである。全体と動かすべからざる関係に於て立てば立つ程、個体的となるのである。（一 p. 454-5）

（個体的知識を目的とする精神科学においては）全体の直観より出立する綜合的見方がなければならぬ。［…］是故に、芸術と同じき創造的想像の力を要する。（二p. 456-7）

ライプニッツと同じく、個体は全体との関係においてはじめて個体だと西田は強調する。ここには、根本的な原理にもとづいて「すべてを説明して見たい」という、西田の一貫した情熱が投影されていよう。しかし「原理からの説明」は独断論とみなされ、超越的な一者からの発出論とも受け取られかねない。田辺元は「西田先生の教えを仰ぐ」（一九三〇年）の中で、「先生の自覚の体系に於ては、最後の一般者が単に求められたものとしてでなく与えられたものとして存するのである。私は此点に於て根本の疑問を懐かざるを得ない」と批判した。[4][5]

この批判が当たっているかどうかは微妙である。この小論でも、西田は「全体からの内面的限定」たる真の個体概念に到達することは、経験的知識によっては不可能であり「予定調和を策した神のみが知る」と言っている（二p.456）。しかしまた、芸術的な創造的想像力を、神のごとき「全体的直観」になぞらえてもいる。

二　予定調和なきモナドロジー

根本原理にもとづいてすべてを説明するという情熱は「現実世界の論理構造」の探求に通ずるであろう。その探求において、西田はライプニッツの壮大な合理主義を受け継いでいるようにみえる。しかし神話的にではなく、あくまで生きた現実の論理としてモナドロジーの発想を生かそうとするのである。しばらく、②

「歴史的世界に於ての個物の立場」（一九三八年）を手がかりに、西田のライプニッツ批判を通じて彼自身の思想に近づいていこう。

神の予定調和といふ如き考を棄てて、かかる立場からライプニッツを見ることによって、彼の考に今日尚生きた意義を見出し得るであろう。（八 p. 317）

世界が単に多でもなく単に一でもなく、多と一との矛盾的合一といふ時、［…］それは単にライプニッツの云ふ如き予定調和の世界、合成物の世界ではなくして、物が生まれ来たり、亡び行く世界である。（八 p. 359）

それ自身によって動き行く真の実在的世界といふのは、多即一一即多として、矛盾的自己同一として動き行く世界でなければならない。（八 p. 318）

神によって産出された予定調和の世界は永遠であり、その成員たるモナドも不死である。しかし西田の考える世界も個物も、そういうものではない。時間性と身体性を備えた生ける現実であり、移ろい、滅び行くものである。「矛盾的同一」というのは、そうした現実の論理である。西田もまた、実在する世界を「多即一一即多」だと言う。しかし予定調和という仮説をぬきにするなら、この論理は、生ける現実の逆説を示すものでなければならない。

もう一度、先の問いに立ち帰ろう。――「個々のモナドが唯一独自な仕方で宇宙の全体を表現し統一するのだとすれば、世界にはモナドと同じ数だけの中心があることになる。個々のモナドの〈一〉を強調すればするほど、それらの〈多〉が浮上せざるをえないのではないか」。――個物による世界の表現が「多における多の表現」とみえるのはみかけ上のことだとライプニッツは言ったが、西田からすれば、それは現実の姿だというべきだろう。世界の「一」は、我々にとって不可知というしかない。矛盾的同一のイメージとして、西田はしばしば「周辺なくして到る所が中心となる無限大の球」という比喩を引く[6]。個物は自己を限定して個物性を示すが、それは無限の一般者の自己限定を映ずるものである。しかし個物が有限である以上、一般者は把握できぬ無限であるから、諸個物は無数の中心（多）として自己を、そして世界を表現するしかない。具体的な行為の世界では、それは個物相互のせめぎ合いとなり、諸個物の矛盾対立を通じてのみ「一」ないし「調和」が展望されるのである。

彼〔ライプニッツ〕は無数のモナドを考へた、個物の多数性を考へた。併し彼は遂に個物は個物に対することによって個物であると云ふに至らなかった。モナドは窓を有たないと考へたのである。〔…〕多の一としてモナドは自己自身を映し自己自身から動いて行くのである。かかる各自独立なる無数のモナドが、結合して一つの世界を組み立てるには予定調和の如きものを考へざるを得なかった。（八 p. 308）

独立的にして自己の内に自己を決定するものが、他に対することによって自己であると云ふことは自己矛盾である。而もかかる意味に於いて自己矛盾的であるほど、それが個物的なのである。多と一の絶対矛盾の自己同一によって真の個物といふものが成立するのである。（八 p. 309）

①の「個体概念」では「全体と動かすべからざる関係に於て立てば立つ程、個体的となる」と言われた。

②ここでは「自己矛盾的であるほど、個物的である」とされている。西田の思想展開として基本的な非連続があるともみえるが、むしろ連続的に「個物は自己矛盾を通じて全体との関係に入る」と考えることもできよう。「自己矛盾」というのは、ここでは「他に対することによって自己である」ことである。多が一となり、個物が全体との関係に入るには、他者が不可欠である。ライプニッツの言葉で言えば「コムポッシブルの世界」が想定されねばならない。しかしその共存は平安な同一性ではなく、相互否定的な関係であり、それを通じてともに歴史を形成していくという意味の共存である。一と多の「即」は、予めの調和として神が定めているのではなく、世界の矛盾を通じ、歴史の中で実現されるべきものなのである。

多と一の絶対矛盾の自己同一によって、個と個が相対立し、個物相互限定の世界が成立するのである。真の実在的世界とは、此の如きものでなければならない。（八 p. 310）

個物と個物と相反し相争ふといふ所に矛盾的自己同一として種的形成といふものがあるのである。個物の相互限定なき所に種の形成といふものなく、種の形成といふものなき所に個物の相互限定といふものはない。（八 p. 331）

多と一との絶対矛盾的自己同一の世界は、作られたものから作るものへとして無限なる労苦の世界である。（八 p. 349）

ここで「種」というのは、複数の個物をともに方向づける「形」であり、行動パターンとされる。個物は、すでに作られた形に方向づけられつつ、相互に交流し合う中で新たな形を作っていく。大きくは、ライプニッツも西田も取り上げる、物質、生命、人間といった種別ができるが、民族とか文化、あるいは小さなグループのもつ基本的発想も含め、幅広く考えることができよう。モナドロジーにおいては「小宇宙としての個物」と「大宇宙としての世界」のみが考えられたが、西田は歴史的世界を、重層的な種的形成として考えているように思われる。それは常に「不調和の調和」（八 p. 331）という形でしか現実化しない。実際に現実を生きている者にとっては、現在の世界は自己同一的世界とみえるかも知れないが、それは「絶対矛盾の自己同一の世界の、内に映されたる自己同一の影像」（八 p. 323）として、「作られた世界」なのである。

三　モナドの身体性

西田はモナドロジーを批判しつつ、生ける現実の論理として「矛盾的同一」を示した。そこでは個物も永遠ではなく、生れ死ぬものとして、かつ相互に関係し合うものとして、つまり身体を備えたものとして捉えられた。

ライプニッツはモナドを形而上学的点と云ふが、私は我々の自己の一々を歴史的世界の創造点と考へるのである。それは作られて作るもの、歴史的身体的なるものである。単なる物体でもなければ、単なる精神でもない。（「予定調和を手引として宗教哲学へ」、十 p. 107）

こうした西田の意見を参考に、「モナドの身体性」という見地からモナドロジーを見直してみよう。ライプニッツが語る「単純実体」substance simple と「生ける実体」substance vivante について考えると、両者もまた「矛盾的同一」としか言えないのではないかと思えてくるのである。まず単純実体について、『モナドロジー』および『原理』の冒頭部分を引用しよう。

モナドとは、複合体をつくっている、単一な実体のことである。単一とは部分がないということである。（『モ』1）

部分のないところには、広がりもなく、形もなく、分割されることもできない。そのようなモナドが、自然の真実のアトムであり、一言で言えば諸事物の諸要素である。（『モ』3）

モナドが、いかにして他の被造物によってその内部まで変質・変化させられ得るか、それを説明する手段は存在しない。［…］諸モナドには、そこを通って何ものかが出入りするような窓はない。（『モ』7）

実体とは作用できるものであり、単純であるか複合的であるかのどちらかである。単純実体は部分を持たぬ実体であり、複合体は、諸単純実体すなわち諸モナドの集まり l'assemblage である。［…］諸複合体すなわち諸物体は〈多〉des Multitudes であり、諸単純実体（生命・魂・精神）は、諸々の〈一〉des Unités である。単純実体は至る所になければならない。それらなくしては複合体も存在しないだろうから。かくして全自然は生命に満ちている。（『原理』1）

単純実体とされるモナドは、分割されない〈一〉であり、形も広がりも持たないとされる。そんな形無きモナドが、形有る物体の要素であるというのはわかりにくい。形のないものがいくら集まっても、現実に存在する複合体を形成することにはならないのではないか。〈一〉が集まって〈多〉となるわけではない。ここでの一と多は同列平面に置かれるものではない。

形も広がりもないモナドは、一般にはエンテレケイア（エネルギーの発現）として、あるいはより高級な精神作用として、物体の〈多〉をとりまとめ、一つの方向へと向かわせる。だから魂と物体（身体）とでは作用の法則は異なるのであり、一方には目的論、他方には機械論が適合するとされる（『モ』78、79）。

しかし西田も指摘することだが、人間世界を含む生命世界においては、両者は一緒に存在する。ライプニッツも両者が結合したものとして「生ける実体」を語るのである。

個々のモナドは特定の物体と一緒になって、生きた実体を成す。（『原理』4）

モナドに属し、そのモナドを自分のエンテレケイアや魂としている物体は、エンテレケイアと一緒になって〈生物〉と呼ばれ、また魂と一緒になって〈動物〉と呼ばれうるものを構成する。（『モ』63）

モナドは、特有の物体と一緒になって「生ける実体」を成すとされる。「物体から完全に離された魂とか、物体なき精霊など存在しない。物体から完全に切り離されているのは神のみである」（『モ』72）。〈多〉とされる複合体（事物 chose、物体 corps、物塊 masse などと呼ばれる）の方から言えば、〈一〉であるモナドと一緒になって〈一性〉を与えられ、「生ける実体」としての身体となる。モナドと一緒になる以前の「多」があるとすれば、混然とした無差別の塊であろうが、ライプニッツにとってそんなものは現実に存在しない。それゆえ現実に存在するもの（神によって創造されたもの）は、いわば「一即多、多即一」である「生ける実体」と考えられる。「全自然は生命に満ちている」と言われるのも、モナドと身体が一緒になった生命体の充満を示しているのであろう。この実体の場合は身体性をそなえ、他の実体との影響関係に入るのだから、「窓がない」ということはできない。

ライプニッツは二元論と一元論のあいだを動揺しているようにみえるが、魂と身体の関係、ないし個物の独自性と交流を論じ、生命に充ちた自然を語ろうとすれば、そうした「あいだ」に立つしかないのかもしれない。西田の言葉として言えば「矛盾的同一」ということになる。その現実を踏まえて西田は「生ける実体」の立場から歴史的世界を論じた。そこから見ると、モナドロジーとは何だったのか、なぜ「形も、広りも、窓もない」単純実体を真実のアトムとしたのかという疑問も湧いてくる。その疑問も含め、「表現」について考えよう。

四 「表現」について

まずモナドロジーにおける「表現」を問題にしよう。

〈一〉の内に〈多〉を包み、表現している envelope et represente une multitude dans l'unité 推移的な状態が、知覚と呼ばれているものにほかならない。(『モ』14)

我々は自身のこととして単純実体の内に〈多〉を経験する。魂が単純実体であることを認める限り、〈モナドの内の多〉を認めないわけにはいかない。(『モ』16)

個々のモナドは、自分に固有な物体（＝身体）が感じる諸影響 les affections に従い、自分の外にある諸事物を、中心（たる自分）の内にあるかのごとくに表現する。……世界の充満性ゆえに、すべては結びついており、各物体は距離に応じて他の各物体に作用し、また反作用による影響を受けるから、個々のモナドは内的作用を具えた生きた鏡であり、自分の視点に従って世界を表現し、世界そのものと同様に統制されている。（『原理』3）

それぞれのモナドはみずからの内で、多様な外部を知覚（表象）するのだが、個々のモナドによる表現は、全宇宙にまでおよぶ。「モナドの本性は表現的ということであり、表現が事物の一部分に制約されるようなことはありえない」（『モ』60）。なぜなら「世界は充満している」からであり、すべての物体が、遠近強弱の差はあれ影響し合っているからである。ある物体に一性を与えて自分の身体としているモナドは、判明な知覚から微小な知覚に至るまで程度はあるが、他の物体すべてを知覚し表現していることになる。明暗の襞を備えて、それぞれのモナドは独自な仕方で世界全体を統一しているといえよう。先にも問題にしたように、モナドの〈一〉は、「唯一」であるとともに「統一」である。「〈一〉の内に〈多〉を表現する」とき、ここでの「多」は「一切」でなければならぬ。

部分のないモナドは「体」など持たないのだから、モナドの「内」はそのまま「外」だとも言えるわけであって、両者をつなぐ「表現」を「即」というのも無理な言い方ではない。そう考えると、モナドの〈一〉は〈無〉に近いのではないかと言いたくなる。(7)

モナドにおいて「内が外へ」と転化するように、その「一が多へ」と転化するのである。個々のモナドは他のモナドすべてを表現するとともに、他のすべてのモナドによって表現されることになる。こうした転化が妨げることなく行われる有様が、華厳でいう「事事無礙」ということになるのだろう。

しかし、そうはいかない。仮にモナドが「無」となって「一切をあるがままに表現する」ことができるとしても、そのモナド自身は「他のすべてのモナドによって表現される」ことはできないだろう。形なき無であれば、世界を充満させる部分とはなりえないはずだ。「他のモナドすべてを表現するとともに、他のすべてのモナドによって表現される」ためには、モナドは身体性を備えた、生ける実体でなければならぬ。そこでの表現のあり方はどのようなものであるべきか。——西田の表現論に移ろう。

> 個物の相互関係、個物と世界の関係を明にするため、私はライプニッツのモナドロジーを利用した。個物を表象的と考へるならば、モナドロジーの考は、それ以上に考へられないと思ふ程、巧緻を究めたものと云ひ得るであらう。併し私はライプニッツと立場を同じうするのではない。私の個物と個物といふのは相働くものである。相否定するものである。自己自身を否定することによって肯定するものである。[…]私の個物といふのは多即一一即多として自己自身を形成し行く世界の自己否定的契機といふべきものである。此故に私の考はモナドロジーではない。私の考の要所は、個物と個物との予定調和にあるのではなくて、作られたものから作るものへと自己自身を形成し行く世界にあるのである。[…]強ひて私の考をモナドロジー的といふならば、ライプニッツのそれの如く表象的でなく創造的といふべきであらう　弁証法的モナドロジーである。(八 p. 328-329)

西田はライプニッツのモナドロジーを「表象的」だと言い、それに対して自分の立場を「創造的」「弁証法的」、またしばしば「表現作用的」と称する。「表現と云ふことは、他が自己に、自己が他にと云ふことである」(十 p. 300)。——それも実践的行為として、「個物と個物が相働く」ことである。ただし西田の重点は歴史的世界における形成作用にあり、そのためにこそ諸個物は、相互否定の活動を通じてその形成に参与する。

そこから考えると、先ほどとは違った意味で、モナドの表現作用を積極的に「無」と名づけうるかもしれない。個物は、自己否定の活動を通じて他の個物との相互関係に身を置き、その関係において世界を表現する。その場合、表現は自己から発するものであると同時に、世界の側からの自己表現ともなる。「個物が世界を表現」することが同時に「世界による自己表現」であるということは、我々にはわかりにくい。無我の境に立つ西田の文体という感じもする。「絶対矛盾的自己同一」では、時間の逆説に重ねてその趣旨が繰り返されており、そこが絶対矛盾の自己同一なる論理のポイントの一つという印象を受ける。たとえば「現在が形を有ち、過去未来を包むと云ふこと、そのことが自己自身を否定し、自己自身を越え行くことでなければならない。而してかかる世界は、個物がモナド的に世界を映すと共にペルスペクティーフの一観点であると云ふ如き、表現的に自己自身を形成する世界でなければならない」（八 p. 381）と言われている。

五　道徳的秩序

西田において「表現」は実践的な共同行為であり、相互の自己否定を通じて歴史的世界の形成作用に参与することであった。そうなると表現作用そのものが、道徳的色彩をもってくる。

ライプニッツのモナドは他を映すと云ふ、世界を映すと云ふ。一つのものが他を映すといふことは、何処までも他を否定することであると共に、何処までも他から否定せられることである。[…] 自己が他を映すと云ふことは、自己が自己の直線的連続の外に出ると云ふことでなければならない。自己が多の中の一になると云ふことでなければならない、而してその立場から自己自身を見ると云ふことでなければならない。かかる意味に於て表現することが知覚であるのである。(八 p. 312)

ライプニッツのいう知覚(表象)は、一の内に多を包み、表現することであった。西田はこの働きを、「他を映す」―「他から否定される」―「自己の過去を振り捨て、連続の中に非連続をもたらす」―「多(他)との共存において自己を見る」という筋で論じていく。モナドロジーとは相当な隔たりを感ずるのだが、西田としては、モナドロジーから予定調和という仮説を取り払い、モナド相互の「多における多の表現」――諸個物の矛盾対立――こそが現実だとみなした以上、それを出発点として、改めて全体の調和が生ずる可能性を示そうとしたとも言えるだろう。諸個物の矛盾対立は、各自が他に対して自己自身を否定し合っているような、個物相互限定の世界とならねばならない。そうであってこそ自己否定が自己肯定になり、「他に対することによって自己である」と言えるのである。「多即一一即多として、矛盾的自己同一として動き行く世界」こそが真の実在的世界であるべきと言われたが、そうした世界をあらしめる原動力は、個物相互の自己否定的活動である。また逆に、「矛盾的自己同一として動き行く世界」においてこそ、個物は真に個物に対することができるのである。遺稿の「場所的論理と宗教的世界観」では、モナドロジーは明確に当為の世界として、道徳的秩序として語られている。

絶対矛盾的自己同一的世界に於ては、個物的多の一々が焦点として、それ自身に一つの世界の性質を有つのである。モナドロジーに於ての様に、一々のモナドが世界を表現すると共に、世界の自己表現の一立脚地となるのである。故にかかる世界に於ては、個と個とは、恰もカントの目的の王国に於てのごとく、互に表現作用的に相働くのである。［…］我々の自己は、かかる世界の個物的多として、その一々が世界の一焦点として、自己に世界を表現すると共に愛の自己形成的焦点の方向に於て自己の方向を有つ。此に世界の道徳的秩序と云ふものがあるのである。（十 p. 300-301）

その上で西田は、こうした道徳的秩序を破るものとして宗教性を打ち出す。③の「予定調和を手引きとして宗教哲学へ」では「ライプニッツに於ては、全と個とが、真に矛盾的自己同一ではなく、何処までも全体的一が基底的であるのである。キリスト教的に神が絶対的主体である」（十 p. 103）とされている。では矛盾的自己同一の論理で示される宗教とはどういうものか、これについて論ずるのは他日のこととしたい。

本章で目指したのは、西田のいう矛盾的自己同一の論理を、彼が手がかりとしたモナドロジーとの関係において理解することであった。そこで改めて問題にする必要を感じたのは、「身体」と「表現」の問題である。これについては、別の視点から（とくにメルロ＝ポンティと西田を）取り上げて論じてみたい。

注

（1）西田は「自覚」「絶対無」の思想とも関連して、「矛盾的自己同一」「絶対矛盾の自己同一」などというが、本稿ではこうした思索にまで深く立ち入れないし、ライプニッツとの対話の場に置くという観点から、より一般的な「矛盾的同一」という言葉を使った。

（2）本章では、論文名も書名と同様に二重カギ（『　』）で示す。西田の著書、論文からの引用は、二〇〇二―二〇〇九年発行の『西田幾多郎全集』（岩波書店）の巻数と頁を示す。原則として本文に組み込んだが、注に回したところもある。書簡からの引用は、宛先と日付を示した。ライプニッツのテキストからの引用は、最晩年（一七一四年）の『理性にもとづく自然と恩寵の原理』（『原理』と略記）および『モナドロジー』（『モ』と略記）に限った。それ以外の引用は注に示す。

（3）ライプニッツは「世界」monde と「宇宙」univers という別の言葉を使うが、とくに意味の違いがあるとは思われないので、いずれにも「世界」という訳語を使うことにした。

（4）基本的な原理にもとづいて「すべてを説明して見たい」という西田の情熱は、初期のテキストの序論には表立った形で表明されているように思われる。

「純粋経験を唯一の実在としてすべてを説明してみたいというのは、余が大分前から有っていた考であった」（一 p. 6）（『善の研究』序、一九一一年）。

「余が此論文の稿を起こした目的は、余の所謂自覚的体系の形式に依ってすべての実在を考へ［…］」（二 p. 5）（『自覚に於ける直観と反省』序、一九一七年）。

「私の直観といふのは［…］有るもの働くものすべてを、自ら無にして自己の中に自らを映すものの影と見るものである」（三 p. 253）（『働くものから見るものへ』序、一九二七年）。

（5）『田辺元全集』（筑摩書房）第四巻、三〇七頁。

（6）『私と世界』（六 p. 108）、『弁証法的一般者としての世界』（六 p. 251）では、パスカルの言葉として引用されている。『場所的論理と宗教的世界観』でも、この比喩は各所に見出されるのだが、『予定調和を手引として宗教哲学へ』では、「中世の神秘哲学に於て、神は周辺なくして中心が到る所にある無限球（sphaera infinita）と考へられた」（八 p.103）と書かれている。晩年の西田には、あるいはニコラウス・クザーヌスが念頭にあったのかも知れない。

（7）『華厳五教章』でも、「言ふ所の一とは、自性の一に非ず。［…］ただ無性なるに由りて一多の縁起を成ずることを得。」また「言ふ所の一とは、是れ所謂の一に非ず、縁成無性の一なり。此に為りて一即多なる者を、是を一と名づく。若し爾らざれば一と名づけず」（「十玄縁起無礙法門義」）と言われている。

第17章　西田哲学とフッサールの現象学

嶺　秀樹

「自覚」から「場所」へと至る西田の思想形成にとって、フッサール現象学との出会いは大きな意味をもっている。それは、『一般者の自覚的体系』や『無の自覚的限定』の主要概念「ノエシス」「ノエマ」が彼の現象学に由来するだけではなく、判断的一般者から自覚的一般者、さらに叡智的一般者へと掘り下げつつ意識の重層的構造を顕わにしていく西田の手法が、現象学的反省の方法とある種の親近性をもっているからでもある。西田は両書においてしばしばカントと並んでフッサールに触れ、批判的なコメントを加えつつ彼の現象学を自らの一般者の自覚的体系に位置づけることを試みている。フッサールに対する批判的言辞は、他の哲学者に対するのと同様に常に断片的であり、その真意を測りかねる場合も多いが、この時期の西田の思想展開を理解するための重要な手がかりとなっている。とりわけ、彼の「場所」の思想の中核とも言うべき意識の構造論の意義を評価するために、あらかじめフッサール批判のポイントを理解しておくことは必須であろう(1)。

もっとも、西田哲学におけるフッサール現象学の意味は、場所の思想に限定されない。西田がフッサールに最初に言及したのは、『善の研究』の出版年である一九一一年の論文「認識論に於ける純論理派の主張について」である。この論文で西田は、いわゆる心理主義に反対する純論理派の哲学者としてリッケルトと共にフッサールを紹介している。[2] 純粋経験の立場を確立した後、西田は、価値と存在、意味と事実の問題をめぐって、リッケルトやコーヘンなどの新カント派との関わりを深くしていくが、その連関でフッサールの重要性を発見したらしい。「場所」の概念と共に西田哲学の根幹をなす「自覚」の思想が最初に展開された悪戦苦闘のドキュメント『自覚に於ける直観と反省』に、彼の名が何度も登場する。また、フッサールの主著『イデーン第一巻』（正確には『純粋現象学と現象学的哲学のための諸考案』）の出版年である一九一三年十月一六日の日記に、「夜フッサールの現象学を読む」という西田の記述があり、さらには一九一四年以降の数年間に田辺元に宛てた書簡にフッサールへの言及が多くあることから、[3] この頃西田がフッサールを熱心に読んでいたことはたしかである。『哲学研究』第一号に公表した論文「現代の哲学」（一九一六年四月）では、数頁を割いてフッサールの現象学をかなり詳しく紹介している。フッサールの現象学の重要性を日本ではじめて理解したのは、おそらく西田であっただろう。その後、田辺をはじめ山内得立や務台理作などの多くの弟子がフッサールのもとに留学している。

フッサールと西田の共通点として重要なことは、両者とも知識の根柢にもっとも直接的な直観を置き、意識の構造分析を通した認識批判、超越論的な理性批判を遂行したことである。両者とも、人間存在の世界に対する様々な関わりの基底を解明することによって、すべての学問の基礎づけを行おうとしており、その意味で第一哲学としての哲学の理念に忠実であった。ただし、両者の相違も大きい。両者共に、事象をありのままに見ることを標榜していても、純粋経験から出発し、具体的実在としての人格の自己実現を追求していた西田と、数学や論理学から出発し、主知主義的傾向の強かったフッサールでは、同じく「直観」といってもその趣を相当異にする。西田は、先に言及した田辺宛の一つの手紙（一九一五年九月四日付）の中で、フッサールの「純粋意識」の立場に触れ、彼の現象学の「直観し、記述する立場」が「十分に直接的ではなく、徹底していない」という田辺の批評に賛意を示している。西田がフッサールの現象学のいったいどこに批判の目を向けていたのか、これから詳しく検討していくが、さしあたり論点を次の二つに絞ることとする。

西田によると、①現象学的自己は、「意識面が自己の内容を映すという方向を超越的立場にまで進めたもの」(N4-173)であり、その意味で現象学の立場は、「表象的自己の立場を叡智的自己の立場まで推し進めたもの」(N4-169)である。②こうした立場において見られる「本質」は、単に記述されるべきものであり、「構成的意義を欠くが故に、客観的知識とはならない」(同)。

まず第一の論点は、フッサールが終生の課題としていた現象学の方法としての「現象学的還元」の問題に関わる。西田から見ると、現象学的還元は、「ノエシス的方向に意志的自覚を越えて自己自身を見る知的叡智的自己の立場に立つこと」(N4-119)と規定できる。西田の「自己を無にして見る」自覚的限定の立場とフッサールの「還元」思想との比較を通して、西田のいう「叡智的ノエシス」の意味を考えてみたい。次に第二の論点は、フッサールの範疇的直観や本質直観の問題に関わる。周知のごとく、フッサールの超越論的現象学は事実学ではなく本質学として基礎づけられている。現象学的還元によって開かれた「純粋意識」を個別態として捉えるのではなく、「本質」において研究し、意識の志向性の概念を軸に、「超越論的に純化された意識とその意識の本質的な相関者を見えるようにする」ことが、『イデーンI』の最初の課題であった。西田は、フッサールのいう「本質」に「叡智的自己の内容」という意味を認めるものの、彼の「本質」が「自己の構成的方面を含まないが故に、未だ真に自己自身を見るものの内容としてイデヤとは云はれない、何処までも主観性を脱することはできない」(N4-175)と批判している。フッサールの現象学が「超越論的意識における事物領域の対象性の普遍的構成という問題」[4]を解明しようとしていたことを知っている者にとっては、西田のこうした批判は、簡単には承知しがたいだろう。一般者の自覚的体系における「叡智的なるもの」からフッサールの本質論を見直すことで、西田のフッサール批判の真意を問い質したい。

一　現象学的還元と「自己を無にして見る」こと

（イ）フッサールの現象学的還元

フッサールの現象学は、西田も見ていたように、「単なる直接的な直観の埒内における学、すなわち純粋に記述的な本質学」[5]である。フッサールは、第一哲学であるという要求に従い、すべての理性批判に手段を提供するために、現象学を「完璧な無前提」の立場に置こうとする。そのために考案されたのが、「自分自身に対して絶対的な反省的洞察」を可能にする「現象学的還元」の方法であった。

さて、現象学的還元の最初の一歩は、自然的態度のなす「一般定立」を遮断することによって自然的態度に変更を及ぼし、我々を現象学的態度へと導くことにある。「自然的態度」というのは、見たり聞いたり、喜んだり悲しんだり、何かを意欲したり、判断したり評価したりする日常生活のみならず、自然科学や精神科学を営んでいる場合にも我々を支配している「世界に対する我々の関わり方」のことである。こうした自然的態度の基本的特徴は、感性的知覚において現れる様々な事物のみならず、総じて世界というものが私にとって端的にいつもそこに現にあると信じて疑わないところにある。これは事物世界に限られることではなく、価値世界や実践的世界にも妥当する。フッサールは、自然的態度のこうした所与性を「自然的態度のなす一般定立」と呼び、この一般定立をいわば括弧に入れ、「作用の外に置く」ことを、「現象学的エポケー（判断停止）」と名づけるのである。フッサールによると、我々はどのような定立作用に対しても自由にエポケーを行うことができる。定立作用のスイッチを切ってその流れを止め、定立を遮断することができる。しかし、こうしたエポケーによってすべてが失われるわけではない。客観的世界の存在妥当が働きの外に置かれたとはいえ、残り続けるものがある。それが「現象学的残余」としての「純粋意識」の圏域である。今やフッサールは、「超越論的主観性の絶対的な存在領域」(6)としての「純粋意識」を現象学的研究の主要な領野となすのである。

要するに、フッサールが現象学的エポケーを考案し、「現象学的還元」を遂行しようとしたのは、自然的態度を現象学的態度に向け換えることによって新たな研究の領野を開くためであった。自然的態度の「定立」そのものを、「それがそれである絶対的存在の有様で把握する」(7)ために、純粋意識に反省の眼差しを向けようとしたのである。フッサールは、還元を通して純粋意識をそれ自身で存在する「一つの自立的な存在領域」として確保したのち、志向的意識のノエシス・ノエマ的構造を丹念な分析によって証示し、純粋意識が実在的世界を自らのうちに担い構成しているあり様を明らかにしていくことになる。

ここでまず注意したいのは、現象学的エポケーや還元に含まれる一種の否定性の意味である。一般定立の遮断によって成立した現象学的態度は、西田の言う「自己を無にして見る」ことと同様に、日常的な意識のあり方を転換することによってしか可能でない。その意味で両者に親近性があることは、容易に見て取れよう。このことは西田自身も気づいていたに違いない。そうだとすると、どうしてフッサールの現象学の立場を批判し、「表象的意識の立場」を「超越的自己」にまで推し進めたものに過ぎないと言ったのか。西田は、フッサールの現象学の立場では「意志の対象」のみならず、おそらく「思惟の対象」すらも真に意識されないと述べているが、それはどうしてなのか。西田の無の自覚的限定の立場から見れば、現象学的エポケーは、「作用する自己の奥底に超越する」ことによって、「意識的有としての作用の意義」を脱することであり、ノエシスとノエマが対立する対象認識の立場を「除去」することだと特徴づけることができようが、こうした意味でのエポケーのどこに不十分な点があると思われたのか。「叡智的ノエシスの立場」に深まり、「ノエシスとノエマの対立」を見るだけではどうしてだめなのか。西田から見て、フッサールの「ノエシスのノエシスの立場」（N4-120）は、本来どうあるべきだったのか。こうした問いに答えるためにも、まずは西田が展開した意識論を振り返り、彼の見た意識の本質構造から現象学的還元の意味を見直してみよう。

（ロ）無の自覚的限定の立場から見た意識の本質構造

さて、西田によると、意識の基本構造は表象的意識面と自覚的意識面の対立にある。[8] まず表象的意識面とは、「自己が自己に於て自己を見る」という自覚的形式でいえば、「自己が」が隠されて、「自己に於て」が「自己を」の面と考えられたものである。「自己が」が隠されるとは、「自己自身の内容を映す意識面が自己自身の限定を失う」ことである。そのことによって、意識面（「自己に於て」）はそのまま「自己を」の面となり、自己の働きを映さずに「単に他の内容」を映すようになる（N4-344）。しかし、本来「自己が」がなくして「自己に於て」はない。その意味では、表象的意識面が自己の内容を映す面であることには変わりがない。ただ、表象的意識面においては、「自己が自己に於て自己を映す」際に、自己の見る働きが隠されているために、自己の内容が自己の外にあるもの（つまり対象）の内容として表象されるのである。対象的に物を見る見方は、まさにこうした表象的意識面を軸にして物を見ていることを意味する。ちなみに表象作用とは、「自己が」が「自己に於て」に合一し、「自己に於て」がただちに「自己が」と考えられる時、自己の内容を映す作用のことである（同）。

このように、表象的意識面はいわゆる「対象意識」が成立する場所であるが、これに対していわゆる「自己意識」の成立する場所が自覚的意識面である。自覚的意識面は、西田によれば、「自己に於て」が「自己を」に合一した時、すなわち「自己が」の面となった時に、ただちに自己自身の内容を映す意識面のことである。こうした自覚的意識面は、自己の働きを直接に映す面となっているので、「之に於てあるものは他の内容を映すものではなくして、自己自身を意識するもの」、すなわち「自己自身を自覚するもの」となるのである。ちなみに、ここで成り立つ「自己意識的自我」は反省され映された自己であり、「本来の自己」ではなく「過程的自己」に過ぎない（同）。

以上のような意識の基本構造に関して重要なのは、「自己に於て」がそのまま「自己が」になり、「自己を無にして見る」ところの「本来の自覚的意識面」になったときのことである。「自己を無にして見る」こととは、「見られた自己」がなくなることを意味する。この時に成り立つ意識面が「直覚的意識面」である。直覚的意識面は、表象的意識面と自覚的意識面が分離する以前の根源的意識面ともいうべきものであり、純粋経験の成り立つ場所であると言える。ここにおいては、物は主観に対する対象としてではなく、物としてありのままに直覚されることになる。それゆえ、自覚的意識面が直覚的意識面と一つになるということは、意識の根源的状態に還ることだとも言えるだろう。ここでは「物を見ること」と「自己を見ること」とは一つになっている。「自己を無にして見ること」がそのまま「自己自身を見ること」になり、さらに「物を物としてありのままに見ること」になっているのである。西田はしばしば「物となって見、物となって考える」と述べるが、これも別のことではない。いまや叡智的自己の自覚、つまり叡智的一般者の成立が、無の自覚と一つのこととして考えられていることは明らかであろう。

もう一つ重要なことがある。それは、表象的意識の立場に立つと、「自己に於て」が対象を映す面になるために、意識の根源としての直覚的意識面がおのずから隠されてしまうことである。表象的意識の背後に「直覚的なるもの」が考えられているはずなのに、それが忘れ去られてしまうのである。「直覚的意識面に於てあるものが表象的意識面に映されること」によって、「自己が自己に於て自己を見る」自覚的限定が、まさに無自覚に陥ってしまうこと、それが表象的意識面の通常の状態である。認識の問題が主観と客観の分離を前提とした上でふつう表象作用から考えられるのも、同じ理由に基づく。作用が成り立つ「場所」が隠されてしまうために、ノエシス的限定は、自覚的限定の本来のあり方である「場所の自己限定」としてではなく、単なる「作用」としてしか考えられなくなるのである。我々の知覚的表象は、ふつう「事物的なるもの」と見なされているが、これも同じ無自覚のなせるわざである。表象的意識面に映された対象が直覚的意識面の自己限定の内容であり、直覚的なるものが自己自身を映した影でしかないこと、このことが自覚されるのは、叡智的自己の立場に立ったときでしかない。西田から見れば、純粋意識に還ることを目指す現象学的還元の真意も、自覚的限定の立場から初めて理解されることになる。

（八）西田の自覚的形式から見た現象学的還元

西田の立場から現象学的還元の真意を問い質すに先立って、まず、フッサールのいう自然的態度の一般的定立が西田の自覚的形式においてどのように位置づけられるかを見てみよう。自然的態度において事物や総じて世界が現出するのは、表象的意識面であるとして、こうした表象面に映されたもの（事物や世界）が「私にとって端的にいつもそこに現にある」と信じて疑わないのはなぜなのだろうか。

表象的意識面とは、「自己が」という「自己の限定の働き」が隠されることによって、「自己に於て」がそのまま「自己を」の面となり、自己の内容を「自己の外にある他のもの」の内容として映す面となることであった。そうだとすると、自然的態度において事物や世界の現存在の信憑性は、「自己限定の働き」が隠されていることに由来していることになる。一見奇妙だが、しかし、対象や世界のリアリティが、我々の内的生命を貫き外界へ向かう衝動的意志なしには感じられないことを考えると、それほど不思議ではない。

ディルタイやシェーラーのように、外の世界のリアリティを衝動に対する抵抗として捉える考えかたを引き合いに出してみよう。自覚的意識の背後には衝動的意志が控えている。けれども、外の世界を表象的意識面に写し、「私にとって現にそこにあるもの」として、つまりリアリティをもった対象として見ることができるためには、まさしく自らの衝動的意志の限定の働きも、それが外的世界にぶつかることによって引き起こされる抵抗も、むしろ表象的意識から隠されなければならない。表象面において外界のリアリティがそのまま見られるためには、衝動的意志は目立たないように一定の仕方で抑制されなければならないのである。さもないと表象的意識面は外を映す鏡の役割を果たさず、外の世界を歪めることになる。その結果、内と外との区別は曖昧になり、生命そのものの存続さえ危うくなりかねない。表象的意識面が直覚的意識面から分離独立し、表象面と自覚面との対立において「自己が」が隠されることは、人間存在にとってまさしく外のリアリティを認めるための不可欠の契機であり、フロイトの言葉を借りれば、「現実原則」に則った事態なのである。衝動的意志の抑制や「自己が」の自己隠蔽によって、意識の作用が外を映す働きに限定されることは、衝動的意志そのものに始めから組み込まれていることと言ってよい。

以上のことが正しいとすると、自然的態度の一般定立とは、「自己が」という「自己を限定する働き」（衝動的意志）が表象的意識面において隠され、外のものを映す作用に変様されることだと理解できる。そしてさらに現象学的エポケーとは、衝動的意志の限定作用をいったん遮断し、一般定立の働きを括弧に入れることによって、隠されていた「自己が」をむしろ顕わにすることだと理解できる。これは逆説的に響くかも知れないが、「自己が」が表象面において隠されていること自体が衝動的意志の必然的契機であるのだから、この衝動的意志を遮断（その意味で自己否定）すれば、隠されていた「自己が」が逆に顕わになるのは、けだし当然のことであろう。[9] 要するに、現象学的還元とは、「表象的意識面」から、表象的意識面を支えている「直覚的意識面」に立ち返り、そこから「自覚的意識面」（「自己が」の面）を顕わにすることによって、表象的意識面とそれを限定している自覚的意識面の関係をノエシスとノエマの関係として見ようとすることなのである。

しかし、フッサール現象学のこうした方法は、西田から見れば、不徹底に思えた。フッサールはたしかに現象学的エポケーによって「自己が」の働きを遮断し、ある意味で「自己自身を見る」叡智的自己の立場に至り、一定の仕方で「自覚的意識面」ないし自覚的一般者を照らし出したと言えるのであるが、彼の現象学的立場はまだ真の「直覚的意識面」に立つものとは思えなかったからである。彼が記述する自覚的意識面、すなわち「純粋意識」は、「直覚的意識面」と一つになった「自覚的意識面」ではない。たしかにフッサールは、反省をノエシスの方向にさらに深め、「ノエシスがノエマを含み行くといふ方向を進む」(N4-113) ことによって、知的叡智的自己の立場に立つことができた。しかし、西田から見れば、それはまだ叡智的自己の一面に過ぎず、真の叡智的自己ではなかった。フッサールの立場は、「表象的自己の立場を何処までも深めたもの」ではあるが、いわゆる「自己を無にして見るもの」としての本来の自覚的意識面ではなく、まだ「見られたもの」、「見られた自覚的意識面」に過ぎないのである。その証拠として、フッサールが直観の働きを知覚作用とみなしたこと、意識の働きを総じて表象作用をもとにして捉えようとしたことが挙げられる。彼は、直覚的意識面における自覚的限定の働き、すなわち意識的自己を超えて成立するところの「自己を無にして見る」直覚的意識の自己限定の働きを見ていないために、「ノエシス的限定の原理」を明らかにすることができなかったのである。西田によると、意識的自己を超えて直覚的意識の自己限定の立場、すなわち無の場所が場所自身を限定する真の叡智的自己の立場に立ちうるためには、行為的自己の立場に立つほかはない。しかるにフッサールはそうせずに、表象的意識の立場を離れなかったのである。

　それでは、行為的自己の立場とはそもそもどのような立場であろうか。西田によると、「私が行為する」とは、正確に言えば、「自己の意識を越えた外界を自己の中に取り入れること」、「外界の出来事を自己の意志実現として、自己の内容を表現するものと為す」ことである (N4-126)。知的表象的立場においては、対象を自分の前に立て、主観から客観を眺めているかぎり、「客観的実在は何処までも客観的実在」でしかない。自己の中に取り入れることも、自己の表現内容とすることもできない。知覚表象においては、志向意識が働き、自己の外なるものに向かっていくのだが、こうした意味での志向性では、物は単に映されたもの（表象）にとどまり、自己を見ることがそのまま物を見ることには決してなりえない。それに対して、行為するとき、我々の意識はすでに外に出ており、主客の壁はぶち破られている。行為によって「自己は自己自身の意識を超越」し、「外界を包む」のである。[10] 西田は、「行為することによつて我々は却って深く自己を意識する」とか、「自己を客観化することによつて、自己を深くする」とも述べている（同）。

「ノエシス的超越」（場所の自己限定としての無の自覚的限定）は、本来、行為を通してしか生じない。ノエシス的自覚は、「私は私の行為することを知る」ということ、すなわち行為的自己の自覚によってしか成り立たない。これが西田の自覚の思想の核心であり、フッサール批判のもとにもなっている。フッサールの立場は「意識せられた自己の立場に過ぎず」、こうした立場では「ノエシスは意識せられないはずである」とか、「意志の対象の如きは云ふまでもなく、恐らく思惟の対象も意識せられない」（N4-120）と極論するゆえんでもある。フッサールの現象学的還元の思想に対する西田の批判は、要するに彼の立場が知的自覚に留まり、行為的自覚の立場に至っていないということに尽きるだろう。

以上のような西田の批判に対して、フッサールであればどのように応答するであろうか。彼は、「表象的意識をどこまでも深めたもの」というような自らの立場の特徴づけに対して反論し、現象学は「我々に対し直観の内で原的に originär（いわばその生身のありありとした leibhaft 現実性において）呈示されてくるすべてのものを「それが与えられるがままに端的に受け取ろう」[11] とする無限の努力であり、決して「何々の立場」といったものに固定されるものではない、と言うのではないか。問題は、原的所与性にあくまで忠実に事象を記述することであり、どんな理論もそこから出発するほかはない。現象学的還元といっても、何か一挙に我々を根源的な立場に導くということではなく、一切の先入観なしに事象を自らに現出するがままに見ようとする批判的で開かれた態度の表明にすぎない。西田の「無にして見る」行為的自己の自覚の立場といえども、結局同じことを目指しているのではないか、と。フッサールから見れば、西田こそ自覚の立場の基底を深めようとするばかりで、そこで事象がどのように見えるかという事象分析にあまりにも乏しいと思われたことであろう。たとえば、西田の言う直覚的意識や行為的直観において、我々の表意的作用と直観作用の関係、感性と悟性の関係をどのように見ることができるか、あまりにも断片的でよくわからないのである。

こうした批判に答えるためにも、西田の叡智的自己の立場から思考作用やイデア的本質がどのようなものとして見られるのかを問い質し、西田の「知的直観（自己自身を見ること）」とフッサールの本質直観やイデア視とを比較しつつ、西田の「叡智的なるもの」の真意をさらに追求してみたい。西田の「自己を無にして見る」叡智的自己の立場の現象学的可能性を追求する意味でも、本質直観やイデア視を無の自覚的限定の立場にどのように位置づけるかは、非常に重要である。

二　西田における「叡智的なるもの」とフッサールの現象学的本質論

さて、感性的直観と思惟作用の関係を問うにあたって、西田とフッサールが取ったアプローチは共に「直観」であった。両者とも感性と悟性を、カントのようにまったく別な認識の源泉とは考えずに、直観を軸に考えている。ただフッサールの場合、意味志向や表意作用が直観によっていかに充実されるかという問題から出発しているのに対し、西田の場合、行為的自己の自覚的限定によって直覚的意識から表象的意識と自覚的意識の対立が生まれるという自覚的経験の事実から発想している。西田はフッサールからノエシスとノエマの術語を借り、それを自覚的限定の契機として用いているが、その意味は相当変化している。「自己が自己に於て自己を見る」という自覚的形式によく現れているように、西田にとってノエシスとノエマの関係は場所の自己限定から捉え直され、もはや単なる志向作用とその対象の関係ではなかった。「ノエシスはノエマと対立しつつどこまでもそれを包む」というノエシスの捉え方は決してフッサールのものではない。

以上のように、同じ直観といっても両者の考え方には大きなずれがある。フッサールの直観の基本はなんと言っても「事物知覚」をモデルとした直接的体験であり、感性的直観である。彼は感性的作用のほかに範疇的作用を考え、感性的直観のほかに範疇的直観を認めるのだが、範疇的直観はあくまで感性的直観に基づけられたいわば高次の直観である。そしてこの範疇的直観との関係から表意作用の構造を分析し、思惟作用（範疇や概念）を基礎づける方途を取っている。それに対して西田の直観は、先に触れたように、原初的には行為的直観であり、知覚表象を受け入れる単なる感性的直観ではない。西田は思惟をヘーゲルのように「具体的一般者」の自己限定から考え、それを場所の自覚的限定の立場から裏づけようとするのだが、その際の出発点となるのが直覚的意識であった。いずれにせよ直観と思惟の関係が両者の争点となる。まずフッサールから始めよう。

（イ）フッサールの範疇的直観と本質直観

範疇的直観はフッサールの現象学の出発点としても極めて重要である。範疇的直観とは何か、具体例を挙げて考えてみよう。バラを見て、「この花は赤い」と判断するとき、フッサールによれば、知覚の中で「赤色」だけが現出しているのではなく、「花の赤いこと」（Rot-sein der Blume）が現出しているのである。こうした知覚表象から「この花は赤い」（Diese Blume ist rot）というような判断が成立するためには、「花の赤いこと」が直観的に見られていなければならない。しかし、この「花の赤いこと」は感性的に知覚されることなのであろうか。フッサールによれば、「この花が赤い」と判断される際に、この判断は直観的に「充実」

（Erfüllen）されていなければならないのだが、「赤色」は感性的に充実されても、「この花の赤いこと」は感性的に充実されることはない。一般に「SはPである」（S ist P）の判断において「SのPで有ること」（P-sein des S）という「事態」（Sachverhalt）は感性的直観の対象となることはないのである。

同じことは他の範疇形式についても言える。リンゴとミカンを見て、「私は一個のリンゴと一個のレモンを見る」（Ich sehe einen Apfel und eine Zitorone）と言表するとき、この「と」（und）とか冠詞「一つの」（ein とか eine）は感覚できないが、何らかの仕方で見えていなければならない。フッサールは言う。

> 色は見えるが、有色であること（Farbig-sein）は見えない。滑らかさは感じ取れるが、滑らかであることは感じられない。音は聞きうるが、音が鳴っていること（Tönend-sein）は聞こえない。この存在（Sein）は対象の中にはなく、対象の部分でも、それに内在する契機でもない。［…］要するに普通に把捉される構成的徴表ではないのである。しかしまた存在は対象に付帯しているのでもない。それは実在的な内的あるいは外的徴表でもなく、したがって実在的な意味でのいかなる徴表でもない。[12]

フッサールはこうした洞察にもとづいて、感性的直観（低次の直観形式）に加えて高次の直観形式を認め、それを「範疇的直観」と呼んだのであった。範疇的直観は感性的直観から独立に成り立つことではなく、個々の対象の感性的知覚に基づけられていなければならないが、判断の対象や事態を直観的に充実するものとして欠かすことのできない新しい作用なのである。

「直観」概念の以上のような拡張は、「本質」概念にまで及ばされる。フッサールは、個的対象についての意識であり対象を我々に与えるところの感性的経験的直観に加えて、「本質」（すなわち、この個的対象が何であるかとして見出されるもの）についての直観を認めている。経験的直観によって個的対象が「原的にその生身のありありとした自己性において把握する意識」へともたらされるように、本質も「その生身のありありとした自己性において把握される」のである。[13]「本質直観」(Wesensschauung) は、また「イデア視（理念を見て取る働き）(Ideation)」とも呼ばれ、個的対象の感性的直観に基づけられた高次の直観である。フッサールによれば、我々は、「個的直観が可能となっているときに理念を見て取る働きを遂行」して、個的に顕現しているものの内で例示される本質の方に自由に眼差しを向け換えることができる。同じように、本質に対応する個物へ眼差しを向け換える可能性がいつでも開かれており、そのときは「範例的意識」が形成されることとなるのである。

（ロ）西田における直観と思惟の関係

それでは、西田は直観と思惟の関係についてどのように考えているのであろうか。西田は、次のように述べている。「表象的意識の背後にすぐ直覚面といふものが考へられ、直覚面に於てあるものが表象面に於てあるものを限定すると考へられたものが思惟的意識である」(N4-360) と。容易に理解しがたい言葉であるが、すこし具体的に考えてみよう。何かを見たり聞いたり、あるいは何かを思い浮かべたり想像したりしているとする。このとき我々は「何か」を表象的意識面に映している。そこに留まれば、表象面に映された「何か」は知覚的表象や想像的表象のままである。しかし、表象的意識面に於てあるものが映された内容のままにとどまらずに、これを越えた直覚的意識面に於てあるもの、つまり直覚面の内容によって限定されたものとしてことさらに見られ反省されるときに、我々は思惟しているとされるのである。ちなみに直覚面の内容とは、叡智的一般者において見られた「自己自身を見るもののノエマ」(N4-111) のことであり、まさに西田がイデアと名づけるものを指している。思惟作用はふつう自覚的自己（自己意識）と結びついたものとして理解されているが、西田はこうした思惟作用の根底に叡智的自己の自覚的限定としての知的直観を認め、その内容をイデアと規定するのである。イデアは判断的一般者に映されると、特殊化の原理を含んだヘーゲルのいわゆる「具体的概念」になる。

すこし西田から離れるかもしれないが、我々は自覚的限定における思惟作用を次のように定義することができよう。すなわち、思惟作用とは、直覚面と結びついた自覚的意識面において見て取られたイデア的なるものがまず言語的に概念化され、この概念のもとに表象的意識面に於てあるものを包摂し、判断を形成することであると。たとえば、純粋経験における分節以前の直覚的事実をX（直覚的意識の自己限定）とする。このXを表象面に映すと、そこにたとえば「丸い皿」というような知覚的表象意識が生じる。表象面のこの内容を直覚面のノエマ的内容（すなわち「丸」のイデア）に関係づけ、判断的一般者において主語と述語に分節しつつ、「この皿は丸い」と判断するのが思惟の働きである。こうした思惟的意識は表象的意識面から見れば、反省を媒介として成立するものとしてつねに過程的であるので、この過程を統制し統一する自覚的自己と結びついたものとして把握されることになる。ともあれ思惟作用は、直覚面と合一した自覚的意識をもとにした一つの反省作用であり、表象的意識の内容を直覚的意識と自覚的に関係づけることである。

（八）西田の場所的自覚から見たフッサールの「本質」

西田にとって重要なことは、知覚的表象であれ想像的表象であれ、あるいは単なる記号のようなものであれ、様々な表象がそれぞれ異なった意味をもつ表象的意識面に於てあるように、こうした表象的意識面を裏づける直覚的意識面も、思惟的直覚、情意的直覚、意志的直覚などの種々の直覚面が考えられることである。表象面も直覚面も共に重層的構造をなしており、すべて「自己が自己に於て自己を映す」無限の自覚過程として、絶対無の場所の同じ自覚的限定の中に位置づけることができるのである。

意識の知情意の働きが重層的に重なっていることは、フッサールもよく承知していた。それは高次の意識圏域のノエシス・ノエマ的構造を分析する際に、評価作用、願望、決意、行為などの体験が幾重もの層を含む体験として見ていたことからもよくわかる。具体的な体験はすべて新しい層の全体を受容することができる。知覚されたものの上に評価作用が加わり、「このリンゴはおいしそうだ」という判断がなされる。そこから「このリンゴを食べたい」とか、「このリンゴを取るために木に登ろう」という意欲や行動が生まれる。しかしフッサールの場合、具体的ノエシスの根底にあるのは知覚作用や表象作用であり、対象のノエマ的成素の中心核は、「志向されている客観性」そのものである。それではやはり西田から「表象的意識の立場を離れていない」と非難されても仕方がないだろう。ハイデガーやシェーラーも同じ批判をフッサールに対して向けていた。

フッサールがこうした批判を受ける原因となったのは、知覚や想起などの個別的体験はもとより、本質直観やイデア視によって生み出された「本質」やイデア的なるものを、ノエシス的なものの自覚、すなわちノエシスの自己限定から考えなかったことに存する。フッサールは個々の知覚表象やイデア的本質を、あくまでこれらの「意識されたもの」がどのようにして意識におのれを与えてくるかという点から見ようとしていた。彼が、意識の体験流に「実的」(reell)に含まれているものを、「感覚的ヒュレー」(感覚与件)と「志向的モルフェー」(意味付与的統握作用)に限り、志向的体験のノエマの方は、実的には含まれていない志向的構成要素としたことも同じ見方に基づく。もともとこうした見方は、イデア的なるものを個別的主観の働きに解消する心理主義に対する批判に由来するのだが、対象が意識にどのように与えられ現れてくるかというように問題を設定していたからこそ、ノエマを意識の実的要素として体験流に組み入れることができなかったのである。

しかし、こうした問題設定は、実的内在と志向的内在に関する新たな困難を生み出すことにもなった。実在的なるものとの関係をいったん切り、体験的意識の内在(すなわち純粋意識)に徹しようとしても、体験の実的内在と志向的内在を区別すれば、この二つの内在がいったいどのように関係しているかを問わなければならなくなる。しかもノエマ的対象が意識に内在しているのであれば、意識を超越している実在との関係も問題となる。実在との関わりを排除して、明証的直観の充実ということだけで、「超越論的意識における様々な対象領域の普遍的構成」という問題を解くことがはたしてできるだろうか。現象学的還元によって純粋意識に内在的にノエシス・ノエマの関係を見て取り、そこから様々な対象性を構成しようとするフッサールの現象学は、やはり構造的に観念論の疑惑にたえずつきまとわれるのである。

西田がフッサールに対してもっていた疑問もこの点に関わっている。対象性の超越論的構成を主たる課題とするフッサールに対して、認識主観の「直観の意義のみを取る」と「対象界構成の意義が失われる」(N4-168)とか、「現象学的自己の立場からしては、何処までも真の超越的対象に達することはできない」(N4-175)などと一見奇妙な批判を行ったのも、フッサールが意識の映す働きに一面的に偏り、「見ることが構成すること、真に意識すること」であるという真の叡智的自己の立場に立とうとはしなかったからである。西田にとってイデアや本質などの超越的対象は、単純に見られるものではなく、「自己自身を見たもの」、「構成したもの」であった。「自己を無にして見る」叡智的自己の創造的働きに、真善美を貫くイデア的本質の真の在処が存するのである。意識の根底を絶対無の自覚に置き、叡智的自己のノエシス的限定の立場に立てば、自己自身の内容がそのままイデア的内容となる。ここから見れば、フッサールの「本質」は真のイデア的内容ではなく、「単に映されたイデアの影に過ぎない」のである。

注

(1) 本論は二〇一三年九月に西田哲学会において行われた講演「西田の場所の思想における叡智的なるもの」を補

足する意味で執筆された。『西田哲学会年報第一一号』一―二一頁参照。

（2）当時、西田は心理主義に反対するフッサールの立場の真意を理解していたわけではない。フッサールの心理主義に対する批判は、論理学的法則や数学的概念を心理主義のように心の働きという経験的事実に基づけて理解しようとすると、それらの個人的主観を超越したイデア的普遍妥当性は失われてしまうという点に向けられていた。西田はこうした主張に対して一定の理解を示し、心理派と論理派を調停しようとしているが、論理派に対して「実在といふことから全く離れて真理の基礎をたてようとする」立場と呼んだり、「心理派」を「純粋経験派」と名づけたりしていることから察するに（西田新版全集N1-169ff. 参照）、どちらかというと心理派に共感していた。ただ、新カント派やフッサールの認識批判の意義を真剣に受け止め、従来の純粋経験の立場に反省の目を向けるようになったという点で、「論理派」の主張は、西田のその後の思想展開に重要な意味をもつものとなる。

（3）たとえば一九一四年一月一日付けの手紙では、『イデーン』が発表された『哲学および現象学研究年報』や『論理学研究』の新版に触れ、フッサールの思索が「面白く」、フッサールのような厳密な学者が学会に知られず、オイケン（一九〇八年にノーベル賞を受賞）のような人が唱導されていることを概嘆している。また同年八月五日付けの手紙では、直接経験と知識との関係を明らかにする際にフッサールの考えから益を得ていることを報告している。さらに一九一五年七月一二日付けの手紙では、フッサールの『論理学研究』はとても価値があり、「実に精密なる研究は非常に有益と存じられ候」と、この書を研究することを田辺に勧めている。続いて同年九月四日付けの手紙では、フッサールが「非常に委しく」考え、「その緻密な分析は我々を益すること」も多いので、手紙ではなく別に厳密に批評してみたい旨を伝えている。

（4）フッサール『イデーンI』第一四九節（I－2、三二一頁）参照。『イデーンI』からの引用は、みすず書房の渡辺二郎訳を使用させていただいているが、適宜訳文を変えているところがある。

（5）同第六五節（I－2、一二頁）参照。

（6）同第三三節（I－1、一四九頁）参照。

（7）同第五〇節（I－1、二一六頁）参照。

（8）このあたりの叙述は、拙著『西田哲学と田辺哲学の対決』第四章第一節と少し重複するところがある。

（9）フッサール自身は現象学的還元の思想に関して「自己否定」ということをほとんど言わない。現象学的エポケーは、「定立作用のスイッチを切る」という一見無害な表現からして、「自己否定」と何の関係もないように思われるかもしれない。しかし、自然的態度の一般定立が生命の根源的衝動の支えなくして遂行されるはずがない。精神の様々なコギタチオの意味志向そのものも無意識的衝動の支配下にあることを思えば、一般定立のエポケーが自己の意志や衝動に対して「自己否定」の意味をもつことは明らかであろう。ユクスキュルが示したように、生物の環境世界はその生物が生きるに必要不可欠な仕方で意味分節が行われ、その意味で世界の意味分節は衝動的意志の支配下にある。その点では人間的世界も変わりがない。シェーラーがその哲学的人間学において精神と衝動を対峙させ、精神の固有性を「衝動に対する否」に求めたこと、そして現象学的還元を精神の否定性の一つの卓越したあり方と見なしたことは、十分注意されてよい。

(10) ここでハイデガーのフッサール批判を思い出すかもしれない。ハイデガーによると、我々人間の「現存在」は世界内存在であり、フッサールの純粋意識のように、カプセルのように他から切り離された絶対的存在ではない。我々ははじめから世界の内に出ているのである。この点では西田はハイデガーに賛意を表明するだろう。ただし西田はハイデガーに対しても、やはり行為的自己の立場に立たず、解釈学的了解の立場に立っていることを非難している。西田は言う。「主客対立以前のものから出立する意味に於てハイデッゲルの存在と相類するかも知れないが、ハイデッゲルの存在は事実的に自己自身を見るものではない、了解とは不完全なる自覚であり、所謂言表とは自己を失つたものの働きである。真の自己は単に自己を了解するものでなく、働きによつて自己自身を事実的に知るものでなければならぬ。」(N5-132)

(11) フッサールのいわゆる「一切の諸原理の原理」。『イデーンⅠ』第二四節(Ⅰ-1、一一七頁)参照。

(12) フッサール『論理学研究4』(立松訳、みすず書房)一六一頁以下参照。訳文は少し変えさせていただいた。

(13) フッサール『イデーンⅠ』第三節(Ⅰ-1、六六頁)参照。

第18章　西田における知と絶対無

美濃部仁

　西田は、我々の知は「絶対の無」の場所に於てあると言う。[1] この見方は、哲学の歴史の中で大きな役割を果たしてきた、実体としての存在を知の根底に置く見方とは大きく異なる。存在を知の根底と見る立場からすれば、西田の立場はニヒリズムであると思われるかもしれない。しかし、西田の立場は、一切は空虚であるとする所謂ニヒリズムではない。絶対無の立場は、むしろニヒリズムの超克を可能にする立場である。そのことは、西田の教え子の一人である西谷啓治の哲学の展開からも見て取ることができる。西田の絶対無の立場は、ニヒリズムの問題に取り組んでいた西谷にとって、[2] ニヒリズム超克への展望を示すものであったと考えられるからである。[3] 以下では、西田が知をどのようなものと理解しているかを考察することを通して、西田における無の意味を解明することを試みる。

一

西田における知を問題にするにあたって、まず具体的に、赤の知を取り上げてみたい。——ここでは、赤の知を考察する際に基礎的であると考えられる「赤が知られている」という事態を考察の出発点とする(「赤が知られている」は、たとえば「私が赤を知っている」よりも基礎的であると考えられる)。「赤が知られている」とはどういうことか。それは「赤が存在している」ということと同じではない。赤は、そこでは、単に存在しているのではなく、「知られて」存在しているからである。それでは、「知られて」存在しているとはどういうことか。それは、赤が「赤として」存在していることである、と言えるであろう。それでは、赤が「赤として」存在しているとはどういうことか。

赤が「赤として」存在しているとは、赤が青ではなく、また黄でもなく、赤として存在しているということである。それゆえ、赤が「赤として」存在しているとき、そこには赤のみが存在しているのではなく、赤以外の色も存在している。そこには、赤とともに、「色の体系」と言うべきものが存在していると考えられる。色の体系において赤とは何かということが規定されることによって初めて、赤は赤として存在することができるからである。

赤は、このように、それが知られているときには、色の体系と切り離すことができない。西田はこれを、赤は色の体系に「於てある」と表現している。また、「場所」という独自の概念を用いて、赤は色の体系という「場所」に於てあると言う。それゆえ、西田の表現を用いるならば、赤は、色の場所に於てあるという仕方で、赤として知られている。(4)

さて、赤が色の場所に於てある、と言うとき、赤は色という場所に於てある物、色は赤という物の於てある場所である。しかし、赤の於てある場所である色も、それ自身、色を包む場所に於てある。色は、たとえば感覚的性質という場所に於てある。音や匂いといった他の感覚的性質ではないという仕方で、色として存在しているからである。この場合は、色は場所ではなく、感覚的性質という場所に於てある物である。場所に於てある物と、物の於てある場所は、相対的概念である。赤は色の場所に於てあり、色は感覚的性質の場所に於てあり、感覚的性質は、それを包むさらに大きな場所に於てある。場所は無限に重なり合って存在している。今、一切をそこに於てある物として包む無限大の場所を「宇宙」(5)と名づけるならば、赤は、色の場所に於てあるのみならず、感覚的性質の場所等々に於てあり、最終的には宇宙という場所に於てあると言うことができる。宇宙においては、諸々の場所は重なり合って系列をなすという仕方で相互限定の関係にある。また、それらの場所それぞれに於てある諸々の物も、すべて相互限定の関係にある。色の場所に於て、赤は青や黄ではないものとして、青は赤や黄ではないものとして存在しているということを見たが、それと同様に、すべての場所は、そこに於てある物の相互限定によって成り立っているからである。このように見るならば、赤の知は、決して赤のみから成り立つのではなく、宇宙をその中に含むものであることがわかる。赤が知られるとは、赤い物が知られるのではなく、一切の物が互いに有機的に関係するという仕方でそこに於てある宇宙が知られるということである。この事態は、宇宙の側からは、赤の知においては、赤は宇宙の一限定として存在している、と表現することができる。諸々の知は、一切の物の於てある場所である宇宙の諸々の限定として成り立つと考えられる。

さて、それでは、そのようなものとしての知において、物と場所はどのように関係しているのか。ここまでは、物が場所に「於てある」、あるいは場所が物を「限定する」というふうに言ってきたが、それは、より詳しく見るならば、どのような事態であるのか。

二

(a) 無

物の於てある場所と場所に於てある物との関係に見出される決定的な特徴は、物の於てある場所は知の対象にならないということである。知における物と場所の関係は、たとえば同一平面上、あるいは同一空間内に見出される物と物の関係とは本質的に異なっている(それゆえ、前節で「宇宙」と名づけたものも、単に空間的に理解されてはならない)。赤が赤として知られているとき、赤は青や黄でないものとして知られているがゆえに、その知には青や黄も含まれているが、しかし、そのとき青や黄は、それとして知られているわけではなく、赤の背後に退いている。このように、色という場所を構成する諸要素は、赤の知においては、赤を除いて知の対象とはならない。また、色が色として知の対象となることもない。さきに見たように、もし色が色として知られるならば、その場合、色はもはや場所ではなく、知られている物であり、その知を成り立たせている場所は、色を包むより大きな場所、たとえば感覚的性質の場所である。

西田はこのような場所のあり方を「無」という言葉で表現している。「無」は西田の根本概念であるが、それは、基本的には、知の対象になることのない場所を特徴づけるものである。それゆえ、西田の「無」は、たとえば物の不在としての無とは区別されなければならない。物の不在としての無は、知られたもの、つまり、広い意味では知の対象であると言えるからである。また、西田の「無」は、実在性一般の欠如としての無からも区別されなければならない。上に見たように、場所の無は、知の成立に欠くことのできない知の構成要素であり、むしろ実在性の源であると考えられるからである。(6)

（b）「映す」

さて、それでは、知の対象になることのない無の場所は、そこに於てある物とどのように関係しているのか。前項で見たところから、まず、場所は、そこに於てある物の背景として存在していると言えるであろう。そして、その背景としての場所は、そこに於てある物の意味を限定している脈絡という役割を果たしていると考えられる。ある物が赤として知られているのは、色という場所においてそれが知られているからであって、もし、それとは異なる場所、たとえば形という場所においてそれが知られるならば、それは丸として知られているかもしれないからである。それでは、背景としての無の場所と、そこに於てある物との関係はどのようなものであるのか。

西田は、無の場所とそこに於てある物との関係を「映す」という言葉で表現し、それを手がかりに考察をすすめている。すなわち、知の場所とは物を映す場所であり、知られている物とは場所に映された物である、と西田は考える。映された物は、「影像」「像」等々の言葉で表現されている。「映す」ということを、たとえば「働く」ということとは異なる独自の事態であると見てそれに注目した点に――それは、すなわち「像」という物のあり方に注目したということでもあるが――西田の大きな功績があると思われる。(7)

ある物がある場所に映されているというのは、物がある脈絡の中に置かれて、そこにおいて意味をもつように形作られている――そのようにして形作られたものが「像」である――ということであり、さらに、その場合、像の映されている場所は像の背後に退いているということが認められるから、西田が「映す」という言葉をここで用いているのは適切であると思われる。たとえば、画用紙に林檎の絵を描くとする。林檎は二次元の平面に「映される」。このとき、林檎の像の於てある場所は二次元の平面であるが、平面の二次元性は像としてはそこに描かれていない。そういう意味で、無である。しかし、そこに描かれている林檎の像が二次元の像であり、二次元性なしに存在しえないことは、言うまでもない。このように、知における場所と、そこに於てある物は、映す場所と映された像というあり方をしている。

（c）自覚

しかし、「映す」という事態を成立させる場所について今述べたことには、矛盾が含まれている。一方では、場所は物を映すためには無でなければならないということが言われ、他方では、場所はそこに映された物に意味を与えるためには、無ではなく限定された脈絡でなければならないということが言われたからである。この矛盾は、「映す」というあり方をする知に本質的な動性を示すものであると考えられる。知は本来動的なものであるから、於てある物と於てある場所という二項の静的関係によってそれを表現しようとすると、どうしてもそこに矛盾が生じる、と考えられる。知を明らかにするためには、この矛盾をよく見ておく必要がある。この矛盾は、知に本質的に属する「自覚」というあり方に由来するものとして説明することができるように筆者には思われる[8]。

通常の知においては、すなわち、知において場所に映された物の意味が問題となっている時には、場所は場所自身のあり方には注意を向けていない。そのかぎりにおいて、場所は単なる無である。しかし、知において場所のあり方が問題となる時、つまり、場所にとって場所自身が、すなわち「自己」が問題となる時、場所は自己に注意を向ける。そこに「自覚」が生じる。場所に注意が向けられ、自覚が生じる時、場所は無であるとともに限定されたものであるということが知られる。それによって、場所は上述の矛盾した性格をもつものとなる。

場所に注意が向けられるのは、知において物の意味ではなく、物の存在が問題になる時である。あるいは逆に、物の存在が問題になっているとは、場所に注意が向けられているということである、と言ってもよいであろう。さきに述べたように、物は、場所の与える脈絡の中で一つの意味を担って存在しているが、そのようなものとしての物の存在は、時として不安定なものとなる。たとえば、そこに見えている物は本当は存在しないのではないかといった疑いが（具体的には、自分は夢を見ているような気がする、あるいは、一切は空しい、といった感じとともに）生じる時、そこでは物の意味ではなく物の存在が問題になる。つまり、そこでは場所が与える脈絡の中での物のあり方ではなく、脈絡そのもの、すなわち場所そのもののあり方が問題になる。そして、場所に注意が向けられる。このような仕方で、物の存在が問題になることと、場所が問題になることとは一つである。そしてそれは「自己」が問題になるということにほかならない。それゆえ自覚は、物の存在が問題化し、それと一つに自己が問題化するところに生じるものである、と言えるであろう。

さて、自覚において場所は限定されたものとして知られる。しかし、それによって場所はもはや場所であることができなくなる（自己という言葉を用いるならば、自覚の中でそれまでの自己はもはや自己ではないと考えられるようになる）。知は、それゆえ、そこにおいて新しい知となることを求められる。つまり、自覚は知に「自覚の深まり」という動性を与える。

因みに第一節で、赤の於てある色の場所は、それ自身、それを包む感覚的性質の場所に於てある云々、ということを述べたとき、我々は実はこの自覚に基づいてそれをおこなっていたのである。そこでは我々は、知を外から見るような仕方で場所の重層性について述べたが、知の内に身を置くならば、場所の重層性は、自覚の深まりにおいて漸次知られるものである、と言わなければならない。

（d）自覚の深まり

自覚においてまず明らかになるのは、知には誤解が含まれているということである。自己の場所は本当は無でないにもかかわらず無であると誤解されていること、それに対応して、その場所に映されている像はそれ自体としては存在しないのにそれ自体として存在すると誤解されていることを、知は認識する。

自覚におけるこの知の不完全さの認識は、知に完全さを要求する。すなわち、知が真の無の場所を場所とすること、それによって、それ自体として存在するものを映すことを要求する（ここでの理想のイメージは、鏡像である。鏡像の場合は、それを映す場所が限りなく無に近いからである。くもりのない鏡に映されたものは、像であることを忘れさせるような実在性をもつ）[9]。そして、その要求に基づいて知の中に運動を引き起こす。西田がくり返し用いる「自覚の深まり」という言葉は、この運動を言い表わしたものであると理解できる。自覚は、自覚の深まりを要求する[10]。この要求は、知の場所が真の無の場所すなわち絶対無の場所となるまで、知を駆り立て続ける。逆に言うと、知は自覚において、絶対無の場所へと導かれる。

ところで、自覚が深まるとは、日常的な意味で「ものの見方が変わる」ということではない。日常的な意味では、それは、見られる物は変わらないままで、見方だけが変わる、という事態を表現する言葉である。しかし、ここで問題になっている自覚の深まりとは、これまで見てきたことから明らかであるように、見るものと見られるもの双方のあり方に変更を迫るような出来事である。それはいわゆる主体のあり方のみならず、認識と行為を通しての世界のあり方の変更にも関わるものである。

＊

以上、知の場所とそこに於てある物について、知においては場所が無にして映す場所であること、そこに映される物は像という性格をもつこと、また、そのようなものとしての知は自覚的であり、自覚の中で知は、真に物を映す場所としての絶対無の場所へと導かれることを述べた。

三

（a）「ありのまま」

それでは、絶対無の場所に到りえたとき、知はどのようなあり方をするのであろうか。絶対無の場所を自己の場所とするということは、第一節で用いた言葉でいえば、「宇宙」を自己の場所とするということである。宇宙とは、それ自身は何かによって限定されることなく一切の限定されたものを内に包む無限大の場所である。そのような場所を自己の場所とするとき、そこに物は「ありのまま」に映されると言われる(11)。

物の於てある場所が限定された場所であるとき、その場所は一面的であることを免れない。つまり、何らかの偏見を含む場所であらざるをえない。そして、そこに映された像は、その限定された場所の提供する脈絡の中で意味をもつものとして、やはり、一面性あるいは偏見から自由になることができない。それに対して、一切の可能的限定を自己の内にもち、それによって一切の一面性と偏見から自由になった絶対無の場所に於てあるとき、物は、ありのままに知られる。

ただし、そこに於ては、物はもはや像というあり方をしない。つまり、知の対象とはならない。なぜなら、一切の限定を自己の内にもつ場所とは、いかなる特定の限定ももたない場所のことであり、そのような場所はいかなる意味ある脈絡も提供しないからである。絶対無の場所に於てある物は像を結ばない。それゆえ、物がありのままに知られるとは、ありのままという理想的なあり方をする物が知の対象となるということではない。ありのままというあり方をする物だけからなる理想郷のようなものがそこに出現するのではない。

物がありのままに知られるとは、ありのままではない像とは別に、ありのままの物が知られるということではなくて、像がそのまま、ありのままに是認される、すなわち大肯定されるということであると考えられる。

さきほど自覚の深まりということを取り上げた際に、自覚において知は自己の不完全さを認識し、漸進的に、絶対無の場所へと接近して行くということを述べた。そしてそれは、物のあり方が、自覚の深まりに対応して、漸進的に、真のあり方に接近して行くということでもあった。ここで、像がそのまま、ありのままに大肯定されると言うと、それは、さきほど言われていたことと矛盾するという印象を与えるかもしれない。しかし、二つの事柄は矛盾するわけではない。像がそのまま肯定されるとは、さまざまな像を介しての自覚の漸進的深まりが、そのまま肯定されるということだからである。不完全な知のあり方は、不完全なままで肯定される。それは、その知が不完全でなくなるということではない。不完全なままで、いわばそこにところを得たものとして存在するということである。具体的な人間のあり方に引き付けていえば、時間の中で、迷いながら少しずつ成長する人間のあり方が、そのまま肯定されるということである（迷いながらどんどん堕落して行く人間のあり方はどうか、ということも、もちろん考えなければならない。本稿ではそれについて立ち入った議論をおこなうことはできないが、次の項で問題にする他者との関わりで成長と堕落は見極められなければならない、と言えるであろう）。

（b）他者

これまでの考察において、絶対無の場所を自己の場所とする知が、知における最後のものであるということを見た。しかし、そこにおいて、あらためて絶対無とは何かということが問題になる。[12]

知が絶対無の場所を自己の場所とするということは、知が限定された一面的な脈絡に囚われることなく、真に宇宙に開かれて、その都度現われる物を、そのまま肯定するということである。この事態は、「私」という言葉を用いて、次のように言い換えることもできる。知が絶対無の場所を自己の場所とするということは、私が小さな「我」に囚われることなく、真に宇宙に開かれて、その都度の経験を、そのまま肯定するということである、と。このように言い換えることができるのは、これまで考察してきた知の問題が、基本的には「私」の問題であるからである。知の根底である絶対無が自覚の中に見出されるものであるということが、それを端的に示している。それは、もちろん、知の問題が、日常的な意味での「個人」の問題であるということではない。そのような「個人」への囚われは、上述の「小さな「我」」への囚われである。絶対無の場所を自己の場所とする私は、そのような囚われをはるかに超えている。しかし、絶対無の場所が「私」の場所であるかぎり、それが真に絶対無の場所であるかどうかということは、どこまでも問題として残ると言わなければならない。私は私であるかぎりにおいて、私の外に出ることはできないからである。私は私の外に出ることはできないということから導き出されるのは、私は絶対無の場所に到ることはできない、ということではない。私の外に出ることのできない私は、そのように絶対無について判断を下すことはできないからである(肯定的判断が不可能であるのと同様に、否定的判断も不可能である)。私の外に出ることができない私にとって、絶対無は、一瞬一瞬問題である。私の経験に対する私の大肯定は、私にとって一瞬一瞬問題である。私が力を尽くして囚われを捨て去ったとき、絶対無は問題として私に現われる。しかも、その問題は、私の解決することのできない問題である。そこにおいて、私に真の意味で他者が、その問題と一つに現われることになるであろう。[13]

注

(1)「無」が西田の哲学の中心に置かれるのは、一九二六年の論文「場所」(『働くものから見るものへ』所収)の頃からである。「無」は最後まで彼の哲学の中心概念であったが、本稿では、この概念の形成期に書かれた『働くものから見るものへ』(一九二七年刊)と『一般者の自覚的体系』(一九三〇年刊)を主な手がかりとして考察をおこなった。この時期の「無」の思想は「場所」の思想と密接に関係している。

（2）西谷の哲学にとってニヒリズムが中心の問題であったということ、また「ニヒリズム」という言葉で西谷が何を言おうとしているのかについては、随想「私の哲学的発足点」（一九六三年）参照。そこで西谷は、自分の哲学的発足点について、「今それを言い表わそうとすれば、結局「ニヒリズム」という外はない」と書いている。『西谷啓治著作集』（創文社、一九八六—九五年）第二〇巻、一八六頁。引用に際しては、表記を現代通行のものに変更した（以下同様）。

（3）西谷は自らの立場を「空の立場」と呼び、その立場に立つことによってニヒリズムの超克が可能になると述べている（『西谷啓治著作集』第二〇巻、一九五頁、また第一〇巻『宗教とは何か』（一九六一年）参照）。西谷の空の立場は、もちろん、西田の絶対無の立場と完全に重なるものではない。また、西谷の空の立場の成立に、西田の絶対無の立場が直接影響を与えたという確証はない。しかし、両者が根本において一致しているということは言えると筆者は考える。

空の立場に立つ西谷の著作『宗教とは何か』において、「絶対の無」という言葉は頻繁に用いられている。また、「絶対の無の立場」を「「空」の立場」と言い換えている箇所もある（第一〇巻、一〇七頁）。ただ、「絶対の無の立場」という言葉が西田の立場を指しているということを証明できる箇所はない。西谷は、「絶対の無」という言葉を用いている思想家としてエックハルトの名は挙げているが（たとえば第一〇巻七〇頁）、西田の名は挙げていないからである。とはいえ、たとえば、西谷は「西田先生の人格と思想」（一九四九年）という文章の中で、「西田先生の哲学も絶対の無というような立場が根本となっている」（第九巻、六三頁）と述べ、その西田の立場について次のように書いている。「西田先生の本には「意識的な自己」という言葉が時々出て来ますが、意識的な自己の立場というのは、自己というものがあり、その自己の外に諸物が存在していて物と自己とが対立していると考える立場です。[…]そういう意識的自己の立場を越えなければいけないと言われるのです」（同六四頁）。このような言い方からは、西谷の「空の場」——それは「自己と事物との根本的な離隔の場」である「意識の場」を超えるところに本質をもつ（たとえば第一〇巻、一三頁以下参照）と言われている——が西田の絶対の無と共通するものをもっていると西谷自身が考えていたということがうかがえる。また、「西田哲学と田辺哲学」（一九五一年）という論考では、「西田哲学は我々が通常「自己」と考えている意識的自己（或いは反省的自己）の立場を破った行為的直観の立場において、物となって考え、物となって行なうという徹底現実主義に立っている」（第九巻、二四七頁）と述べた上で、「それは哲学に全く新しい一生面を開いたものであり、それによって、従来の哲学を陰に陽に支配して来た意識的自己の立場は全く超えられた」（同）と書き、西田の立場が画期的意義をもつことを述べている。この叙述は、意識的自己が西田において徹底的に破られたと西谷が考えていること、さらに、そのことが西谷自身にとって画期的という意味をもっていることを示している。

筆者が、西田の絶対無の立場が西谷にとってニヒリズム超克への展望を示すものであったと考えるのは、以上のような西谷の見解の表明に基づいてである。

（4）以上の「赤」に関する叙述については、『善の研究』（一九一一年刊）第二編、第五章（『西田幾多郎全集』一九六五―六六年、岩波書店刊＝『西田全集』第一巻、六八頁以下／『西田幾多郎全集』二〇〇二―〇九年、岩波書店刊＝『西田新全集』第一巻、五五頁以下）、論文「場所」第一節と第二節（とりわけ『西田全集』第四巻、二一八頁、二二五頁／『西田新全集』第三巻、四二二頁、四二八頁）等を参照。『善の研究』では「場所」という概念はまだ用いられていないが、そこにおける統一と対立および主観と客観についての考察の中には、後の場所の論理に連なる思想が含まれていると考えられる。

（5）「宇宙」という語は『善の研究』にしばしば現れるが、ここでは筆者はこの語を、比較的自由に用いている。

（6）西田は「無」について、たとえば次のように書いている。「我々が有るというものを認めるには、無いというものに対して認めるのである。しかし有るというものに対して認められた無いというものは、なお対立的有である。真の無はかかる有と無とを包むものでなければならぬ、かかる有無の成立する場所でなければならぬ。有を否定し有に対立する無が真の無ではなく、真の無は有の背景を成すものでなければならぬ」（論文「場所」第一節。『西田全集』第四巻二一七頁以下／『西田新全集』第三巻、四二二頁）。

（7）たとえば西田は次のように書いている。「映すといえば我々は直に一つの働きを考えるのであるが、働くということから映すということは出て来ない。かえって無限に自己の中に自己を映すということから、働くものを導き出すことができるのである」（論文「場所」第二節。『西田全集』第四巻、二二八頁／『西田新全集』第三巻、四三〇頁）。

（8）西田は「映す」という事態を考えるにあたって、それを初めから「自己の中に自己を映す」ことであると考えている。つまり、「映す」ということを、初めから自覚と切り離せないことと考えている。たとえば論文「場所」第一節には「従来の認識論が主客対立の考から出立し、知るとは形式によって質料を構成することであると考える代りに、私は自己の中に自己を映すという自覚の考から出立して見たいと思う」（『西田全集』第四巻、二一五頁／『西田新全集』第三巻、四二〇頁）と書かれている。知における自覚の意義は、とくに論文「左右田博士に答う」で立ち入って問題にされている。

（9）たとえば西田は次のように書いている。「私の場所というのは［…］対象を内に映している鏡の如きものである。かくいえば、鏡と対象とが別のものと考えられるかも知らぬが、一般が特殊を自己自身の限定として、これを自己の内に成立せしめるとともに、特殊に対しては何処までも一般其者として特殊とはならない、単に特殊がこれに於てある無なる場所と考えられた時、自己の中に自己を映す鏡となるのである」（論文「左右田博士に答う」第五節。『西田全集』第四巻、三二〇頁／『西田新全集』第三巻、五〇二頁）。

（10）自覚が「深まり」と本質的に結び付いているという思想は、すでに『自覚に於ける直観と反省』（一九一七年刊）の中に見られる。場所と自覚の関連については、たとえば論文「叡智的世界」第二節における「自覚的一般者」についての論究（『西田全集』第五巻、一二五頁以下／『西田新全集』第四巻、一〇二頁以下）参照。

（11）たとえば「ありのまま」という言葉を西田は次のように使っている。「意識の野は真に自己を空うすることによって、対象をありのままに映すことができる」（論文「場所」第一節。『西田全集』第四巻、二二一頁／『西田新全集』第三巻、四二五頁）。また、『善の研究』の「版を新にするに当って」には、「私は何の影響によったかは知らないが、早くから実在は現実そのままのものでなければならない［…］という考を有っていた。［…］その頃の考がこの書の基ともなったかと思う」（『西田全集』第一巻、七頁／『西田新全集』第一巻、四頁）と書かれているが、そのことがここで思い出されてもよいであろう。

（12）絶対無の場所を固定的に考えることはできないという西田の考えは、論文「場所」の中にも読み取ることができるが（たとえば、「随意」が問題にされている箇所など。『西田全集』第四巻、二三四頁、二四〇頁／『西田新全集』第三巻、四三五頁、四三九頁等）、論文「叡智的世界」第八節における宗教的意識の解明（『西田全集』第五巻一七三頁以下／『西田新全集』第四巻、一三九頁以下）においては、そのことが主題的に論じられている。たとえばそこには「迷えるものこそ天使にもましてもっとも神に近い」というような言葉が記されている。

（13）他者は、『無の自覚的限定』（一九三二年刊）以降、西田によって大きな問題として取り上げられる。

編者あとがき

「まえがき」でも述べたように、本書は、日本学術振興会の科学研究費補助金の援助を得て、この九年間にわたって行ってきた共同研究の、そしてその間に台湾や韓国、中国などで行ってきた国際シンポジウムの成果を集めたものである。

これらの共同討議を通して強く感じたのは、哲学においても「対話」がきわめて重要な意味をもつこと、また「対話」を通して、これまでの閉じた形での研究では生み出せなかった、哲学の新しい創造的な発展を可能にすることができるのではないかということであった。本書が、少しでもそのような意味での創造的な発展に寄与しうることを願っている。またその成果を通して日本哲学研究に新たな視点を提供することができればと考えている。

この間行ってきた共同研究の一つの目的は、国際的な規模での日本哲学研究のネットワーク化の基礎を築くことであった。先に述べた国際シンポジウムなどを通して、それをある程度実現することができたのではないかと思うが、本書の出版を通して、それがさらに確実になればと願っている。本書によって、この分野での国際交流をいっそう促進し、相互理解の基盤を構築する足がかりができれば、われわれにとってこの上ない幸せである。

本書のような形でこの間の研究の成果をまとめられることを、たいへんうれしく思っている。国内外のシンポジウム・研究会の開催にご尽力いただいた方々に改めて御礼申し上げたい。とくに台湾中央研究院、韓国・江原大学、北京外国語大学の研究者・スタッフの方々に御礼申し上げたい。

この間、とくに日本と中国の研究者のあいだの交流を支えてくださったのは、中国社会科学院の教授であり、中華日本哲学会の会長であった卞崇道先生であった。先生のお力と人徳なしには、われわれは両国の研究者の豊かな交流を築き上げることができなかったと言ってよい。先生は二〇一二年の九月に北京外国語大学で開催されたシンポジウムに参加され、今後のご自身の研究計画について力強くお話しされたが、その三ヶ月後に帰らぬ人になられた。これまで蒙った深いご恩に改めて感謝するとともに、ご冥福をお祈りしたい。

またこの「編者あとがき」を執筆する直前に片山洋之介先生の突然の訃報に接した。先生とはこの九年間研究をご一緒させていただいたが、ものに囚われない、ふところの深いお人柄からつねに感銘を受けてきた。また、決して日常性を離れない、足が地に着いたご研究、そして研究会での内容豊かなご発表や、ディスカッションでの的確なご発言から多くの刺激を受けてきた。いまはそのご逝去を悼むとともに、ご冥福をお祈りするばかりである。

本書の刊行にあたっては法政大学出版局の前田晃一さんに一方ならぬお世話になった。前田さんのお力添えに心より御礼申し上げたい。

二〇一五年一月三日

藤田正勝

付記

本書の刊行にあたっては、平成二六年度科学研究費補助金・研究成果公開促進費（学術図書）の助成を得た（課題番号：265016）。関係各位に感謝の意を表したい。

思想間の対話
東アジアにおける哲学の受容と展開

2015年2月25日　初版第1刷発行

編　者　藤田正勝
発行所　一般財団法人　法政大学出版局
〒102-0071 東京都千代田区富士見2-17-1
電話03(5214)5540 振替00160-6-95814
組版：HUP　印刷：平文社　製本：積信堂

Printed in Japan

ISBN978-4-588-15071-5

編者紹介

藤田正勝（ふじた・まさかつ）
1949年生まれ．京都大学大学院総合生存学館・教授．主な業績：*Philosophie und Religion beim jungen Hegel*, Bouvier, 1985年．『京都学派の哲学』（編著）昭和堂，2001年．『東アジアと哲学』（共編著）ナカニシヤ書店，2003年．『西田幾多郎——生きることと哲学』岩波書店，2007年．『西田幾多郎の思索世界——純粋経験から世界認識へ』岩波書店，2011年．『哲学のヒント』岩波書店，2012年ほか．

執筆者紹介

李 光来（イ・グァンネ）
1948年生まれ．韓国・江原大学校人文大学・教授，中国・遼寧大学哲学院教授．主な業績：『韓国の西洋思想受容史——哲学的オーケストラの実現のために』御茶の水書房，2010年．「東アジアの近代的知形における東西融合の類型再考」，『台湾東亞文明研究学刊』第11巻第1期，2014年ほか．

ブレット・デービス（Bret Davis）
1967年生まれ．アメリカ・ロヨラ・メリーランド大学哲学部・教授．主な業績：『世界のなかの日本の哲学』（共編）昭和堂，2005年．*Heidegger and the Will: On the Way to Gelassenheit*, Northwestern University Press, 2007年ほか．

卞 崇道（べん・すうどう）
1942–2012年．元中国社会科学院・教授．『日本近代思想のアジア的意義』農山漁村文化協会，1988年．『中日共同研究——東亜近代哲学的意義』（共編）中国・瀋陽出版社，2002年．『日本の思想と近代哲学』中国・学苑出版社，2012年ほか．

林 美茂（りん・びも）
1961年生まれ．中国人民大学哲学院・大学院教授．主な業績：『西方倫理思想史』（共著）中国・人民大学出版社，2004年．『東アジア世界の「知」と学問』（共著）勉誠社，2014年ほか．

高坂史朗（こうさか・しろう）
1949年生まれ．大阪市立大学大学院文学研究科・教授．主な業績：『東アジアの思想対話』ぺりかん社，2014年．『近代という躓き』ナカニシヤ出版，1997年．『実践哲学の基礎——西田幾多郎の思索の中で』創元社，1983年ほか．

清水正之（しみず・まさゆき）
1947年生まれ．聖学院大学人文学部・教授．主な業績：『日本思想全史』ちくま新書，2014年．『国学の他者像——誠実と虚偽』ぺりかん社，2005年ほか．

王 青（おう・せい）
1964年生まれ．中国社会科学院哲学研究所・研究員．主な業績：『日本近世儒学家荻生徂徠研究』中国・上海古籍出版社，2005年．『日本近世思想概論』中国・世界知識出版社，2006年ほか．

郭 連友（かく・れんゆう）
1960年生まれ．北京外国語大学日本学研究センター・教授．主な業績：『吉田松陰与近代中国』中国社会科学出版社，2007年．源了圓『徳川思想小史』（訳）中国・外語教学与研究出版社，2009年ほか．

上原麻有子（うえはら・まゆこ）
1965年生まれ．京都大学大学院文学研究科・教授．主な業績：*Origins and Possibilities*（共編著）南山宗教文化研究所，2008年．「田辺元の象徴と哲学――ヴァレリーの詩学を超えて」，『日本の哲学』第15号，2014年ほか．

平田俊博（ひらた・としひろ）
1947年生まれ．山形大学・名誉教授．主な業績：『柔らかなカント哲学』増補改訂版，晃洋書房，2001年．カント『実践理性批判・人倫の形而上学の基礎づけ』（訳）岩波書店，2000年ほか．

小浜善信（おばま・よしのぶ）
1947年生まれ．神戸市外国語大学・名誉教授．主な業績：『九鬼周造の哲学――漂泊の魂』昭和堂，2006年．『永遠回帰の思想――九鬼周造の時間論』神戸市外国語大学外国学研究所，2013年ほか．

加藤泰史（かとう・やすし）
1956年生まれ．一橋大学大学院社会学研究科・教授．主な業績：*Kant in der Diskussion der Moderne*, herausgegeben von G. Schönrich und Y. Kato, Suhrkamp, 1996. ヴェルマー『倫理学と対話――道徳的判断をめぐるカントと討議倫理学』（監訳）法政大学出版局，2013年ほか．

平子友長（たいらこ・ともなが）
1951年生まれ．一橋大学大学院社会学研究科・教授．主な業績：『社会主義と現代世界』青木書店，1991年．『遺産としての三木清』（共著）同時代社，2008年ほか．

田中久文（たなか・きゅうぶん）
1952年生まれ．日本女子大学人間社会学部・教授．主な業績：『九鬼周造――偶然と自然』ぺりかん社，1992年．『日本美を哲学する――あはれ・幽玄・さび・いき』青土社，2013年ほか．

岡田勝明（おかだ・かつあき）
1951年生まれ．姫路獨協大学・教授．主な業績：『フィヒテと西田哲学』世界思想社，2000年．『自己を生きる力』世界思想社，2011年ほか．

片山洋之介（かたやま・ようのすけ）
1940–2014 年．茨城大学・元教授．主な業績：『現代哲学への招待——哲学は現代の課題にどう答えるか』（共著）有斐閣，1995 年．『新現代社会——高校の学習と大学受験』（共著）数研出版，1995 年ほか．

嶺 秀樹（みね・ひでき）
1950 年生まれ．関西学院大学文学部・教授．主な業績：『ハイデッガーと日本の哲学——和辻哲郎 , 九鬼周造 , 田辺元』ミネルヴァ書房，2002 年．『西田哲学と田辺哲学の対決——場所の論理と弁証法』ミネルヴァ書房，2012 年ほか．

美濃部仁（みのべ・ひとし）
1963 年生まれ．明治大学国際日本学部・教授．主な業績：「フィヒテとヤコービにおける知の否定性」，『フィヒテ研究』第 21 号，2013 年．「「火は火を焼かない」——西谷啓治における「空」と「回互」」，『理想』第 689 号，2012 年ほか．

翻訳者紹介

李 基原（イ・キウォン）
1971 年生まれ．韓国・江原大学校人文大学・非常勤講師．主な業績：『徂徠学と朝鮮儒学』（ぺりかん社）ほか．

宮崎隆幸（みやざき・たかゆき）
1981 年生まれ．東京大学農学部修士課程終了，中国人民大学哲学院修士課程修了．

人名索引

サ行

タ行

ナ行

ハ行

マ行

ヤ行

ラ行

ワ行

作品名索引

タ行

ナ行

ハ行

マ行

ヤ行

ラ行